T0381520

Finanzstarke und Finanzschwache Unternehmen und Banken
Auf einen Blick

Martin Zumbuehl

iUniverse, Inc.
Bloomington

Finanzstarke und Finanzschwache Unternehmen und Banken auf einen Blick

iUniverse books may be ordered through booksellers or by contacting:

iUniverse
1663 Liberty Drive
Bloomington, IN 47403
www.iuniverse.com
1-800-Authors (1-800-288-4677)

Because of the dynamic nature of the Internet, any Web addresses or links contained in this book may have changed since publication and may no longer be valid. The views expressed in this work are solely those of the author and do not necessarily reflect the views of the publisher, and the publisher hereby disclaims any responsibility for them.

ISBN: 978-1-4502-7269-8 (sc)
ISBN: 978-1-4502-7271-1 (ebook)

Library of Congress Control Number: 2010917278

Printed in the United States of America

iUniverse rev. date: 01/13/2011

Inhalt

Finanzstarke und Finanzschwache Unternehmen auf einen Blick

Finanzstarke und Finanzschwache Unternehmen auf einen Blick

VORWORT

Geschichte zu Finanzstarke und Finanzschwache Unternehmen auf einen Blick
Eingestellt im August 1969 als Kreditversicherer einer Schweizer Versicherungsgesellschaft hatte der Autor die Aufgabe Kredit- und Lieferantenkredite der Versicherungsnehmer für verkaufte Konsumgüter und Baumaterialien an vorwiegend ausländische Kunden zu schätzen und zu versichern. Da Letztere wenig oder gar nicht bereit waren Finanzinformationen zu liefern war der Autor auf andere Quellen wie Banken und Auskunfteien angewiesen. Doch um Kreditentscheide mit bescheidenen Informationen zu fällen, suchte der Autor im Markt nach geeigneter Literatur die aber nicht seinen Anforderungen entsprach. Demzufolge kontaktierte er Buchhalter und Bücherexperten die ihm auch nicht helfen konnten. Ihre Meinung war, dass Finanzzahlen von Bilanzen und Erfolgsrechnungen von verschiedenen Branchen und Ländern nicht vergleichbar sind. Demzufolge sammelte der Autor hunderte besonders wichtige Finanzdaten von jährlichen Unternehmensberichten aus dem In- und Ausland. Dies zur Berechnung der Kennzahlen bzw. Ratios. Sodann übertrug er sie auf Tabellen und bewertete sie nach einem einfachen Schema von "A" = sehr gut bis "F" = sehr schlecht. In einem 1. Schritt wurden die Kennzahlen der Bilanz und in einem 2.Schritt die Kennzahlen der Erfolgsrechnung bewertet. In einem 3. Schritt wurden die Kennzahlen der Bilanz und Erfolgsrechnung kombiniert, nach Liquidität, Profitabilität und Stabilität sortiert und gemäss folgenden Beispielen vernetzt: Debitoren/Nettoumsatz, Warenlager/Nettoumsatz, Sachanlagen/Nettoumsatz. Bei hohen Prozentwerten hat ein Unternehmen bereits eine Reihe von Problemen, wie langsam zahlende Käufer, Ladenhüter, und ein hoher Prozentwert von Sachanlagen zum Nettoumsatz bedeutet alte Produktivmittel, Neuinvestitionen, Streiks, Überkapazitäten, Naturkatastrophen, Absatzprobleme von Fertigprodukten etc. Dagegen offenbaren tiefe Werte, dass mindestens ein Teil des Unternehmens normal läuft.

Im Laufe der Jahre prüfte der Autor Tausende Unternehmen, um optimale Strukturen von Aktiven, Passiven und Erfolgsrechnungen sowie deren beste Refinanzierungsform herauszufinden. Danach haben die besten Unternehmen auch die höchsten Bewertungs- und Prozentzahlen, wobei das Maximum 1.500 Punkte bzw. 100 Prozent beträgt. Dagegen sind 0 Punkte bzw 0 Prozent absolute Minimalwerte, was bedeutet, dass Unternehmen wertlos sind. Dadurch wird die Bonität von Unternehmen weltweit, selbst mit wenigen Finanzdaten, auf unterhaltsame Art für jedermann optisch dargestellt. Das Resultat war, dass CEO von Versicherungsnehmern, und Dritte, die früher nicht bereit waren Finanzdaten ihrer Kunden bzw. Käufer zu liefern, selbst rasch wissen wollten, wie gut ihre Unternehmen im Konkurrenzvergleich bewertet sind.

Dieses praktische Wissen zur raschen Bonitätsprüfung von Unternehmen war im Markt noch unbekannt, weshalb Buchhalter, Finanzexperten und Absolventen von Universitäten dem Autor 1969 auch nicht helfen konnten. Bis 1976 hatte der Autor über 4000 Unternehmen weltweit analysiert und schrieb zu diesem Thema ein Buch das der deutsche Gabler Verlag publizierte. Alsdann wechselte der Autor 1976/77 erneut in den Bankensektor, wo andere Tabellen als im Buch verwendet wurden, aber keine Zweifel an der zuverlässigen Aussagekraft der bewerteten Kennzahlen offen ließ. Trotzdem empfahl der Autor das überholte Buch, auch wegen geringer Auflage, seit den 1980er Jahren nicht mehr. Die Art und Weise „Zahlen zum Sprechen zu bringen" war auch Buchhaltern und Bücherexperten im Fall SWISSAIR unbekannt. Sie und die meisten Finanzanalysten merkten nicht, oder wollten es nicht wahrhaben, dass "der Stolz der Nation" schon 1996 ziemlich angeschlagen war und die Milliarden teure "Hunter Strategie" zwangsläufig zum Scheitern und zum Konkurs führen musste gemäss Seite 109.

Zu diesem Beispiel passte auch der jahrelang international erfolgreiche tätige Schweizer Elektronik Händler Interdiscount. Diese Firma ging in Konkurs, da das Management, trotz schlechteren Marktbedingungen, weiter expandierte und aus Arroganz und Gier noch auf Pump in Immobilien investierte, als der boomende Häusermarkt den Zenit bereits überschritten hatte. Mehr dazu auf Seite 108. 2006 erfuhr der Autor zufällig, dass AMAZON den deutschen Verlag übernahm und das Buch des Autors in deutscher Sprache von 1976 auf dem US Markt zu Höchstpreisen verkaufte. Da die Verlagsrechte des Autors beim deutschen Verlag abgelaufen waren, war Amazon dazu berechtigt. Dagegen wurden auf dem Finanzplatz Schweiz viele Arbeiten des Autors vom Angestellten bis zum CEO kopiert und mit ihren Namen verbreitet. Demzufolge soll mit diesem Buch ein grösserer Personenkreis profitieren. Dabei verbesserte der Autor maßgeblich Qualität und Informationsgehalt zur unterhaltsamen Aufdeckung von Stärken und Schwächen von Unternehmen und auch Banken.

Der Autor
Martin Zumbuehl

EINLEITUNG

Wegweiser durch die Welt der Bilanzen und Erfolgsrechnungen

Das Bild auf der Frontseite symbolisiert grössere und kleinere Bäume als Unternehmen und Banken. Der Wegweiser symbolisiert das Buch als Instrument zur praktischen Finanzanalyse, um gewünschte Auskünfte aus Geschäftsberichten mit wenig Aufwand sofort zu erhalten. Zur Erreichung dieses Ziels sind auch gute Kenntnisse der Buchhaltung erforderlich. Demzufolge wird im Abschnitt II auf Seite 5 unter dem Titel „Buchhaltung als Kontrolle und Management Instrument" erklärt, wie die drei Jahresrechnungen, Bilanz, Erfolgsrechnung und Kapitalfluss-rechnung einfach und verständlich zu lesen sind. Doch welches sind die Finanzinstrumente die Käufer und Verkäufer oder Lieferanten zur Finanzierung ihrer Geschäftstätigkeit benützen und wann wird davon Gebrauch gemacht? Abschnitt III auf Seite 21 unter dem Titel „Finanz-instrumente zur Liquiditätsbeschaffung und Verkaufsförderung" gibt die Antwort.

Abschnitt IV auf Seite 27 mit dem "Titel Liquidität, Profitabilität und Stabilität – Eckpfeiler und Spiegel der Unternehmensfinanzen" zeigt, wie die mit Punkten und Prozenten bewerteten Kennzahlen im neuen Auswertungssystem „zum Sprechen gebracht werden". Alsdann wird auf Seite 44 illustriert, wie finanzielle Stärken und Schwächen sechs internationaler Konzerne ABB, Schweiz, BOEING, USA, BP England, COCA COLA COMPANY, USA, CARREFOUR, Frankreich und AMAZON, USA, auf einen Blick erkenntlich sind. Diese Seite ist auch der Leitfaden für alle übrigen deutschen und englischen Quantum Research Tabellen und leicht nachvollziehbar. Später auf Seite 71 „Hinweise zu geprüften Geschäftsberichten" drei nationaler Thai Unternehmen PTT, Energy, TIPCO, „Asphalt products" and CPF, „Food processing and distribution" wird ihre Tätigkeit beschrieben und Zahlen der Bilanzen, Erfolgs- und Kapitalfluss-rechnungen in den Tabellen dargestellt. Dabei sind zwecks Vergleichbarkeit mit zukünftigen Geschäftsberichten die englischen Texte der neun börsenkotierten Gesellschaften beibehalten worden. Dagegen wurden Finanzdaten und Texte von vier nicht kotierten Firmen in der Slovakei und in Tschechien und von zwei dekotierten Firmen in der Schweiz auf Deutsch übersetzt.

Abschnitt V auf Seite 107 „Hohe Verluste durch schlechtes Management etc" beschreibt wie theoretisches Wissen von Schweizer Uni Absolventen bei der Beurteilung von Unternehmen und Banken für Aktienempfehlungen scheiterte und Investoren hohe Verluste erlitten. Schlussfolgerung: Weniger auf Staatskosten, aber mehr mit Eigeninitiative und praxisnah studieren ist viel billiger und weit effizienter. Peinlich, wenn eingebildete Betriebswirtschafter Ökonomen, Finanzanalysten, Experten etc mit akademischen Weihen, einfachste Fragen in der Praxis stellten und nicht einmal Bilanzen und Erfolgsrechnungen richtig interpretieren können.

Trotzdem führte in den Schweizer Banken ein akademischer Abschluss auch ohne praktischen Leistungsausweis automatisch zu höheren und lukrativen Positionen. Dagegen haben in den USA praktische Kenntnisse gegenüber akademischem Wissen einen weit höheren Stellenwert. In der Schweiz machte der Autor nicht gute Erfahrungen mit teilweise arroganten und eingebildeten Universitätsabsolventen ohne praktisches Wissen, die in verschiedenen Funktionsstufen, als Finanzanalysten, Bank- und Kundenberater, Fondmanager etc. operierten. Doch nicht immer zum Vorteil der Kunden denen oft Produkte empfohlen wurden, die sich als teure Flops erwiesen. Vorbei sind auch die schönen Zeiten mit dem lukrativen Bankgeheimnis mit welchem deutsche Staatsbürger von Schweizer Banken- und Kundenberater, zwecks Steuerhinterziehung, umworben wurden. Dabei erteilten sie gemäss Finanz Zeitung „Cash" vom 14. März 2003 auch folgende "Ratschläge": „Haben Sie das Vermögen vielleicht mit dem Betrieb einer Gaststätte verdient"? „Dann reichen Sie uns einfach eine Kopie einer Speisekarte bei". "Nehmen Sie das Flugzeug oder den Zug, denn Autos werden überwacht", „Bringen Sie Ihr Geld am besten persönlich vorbei", "Ist ihr Geld bei uns, ist es sicher, denn auf das Bankgeheimnis ist Verlass", "Das Bankgeheimnis wird nicht so schnell fallen, es macht deshalb sehr viel Sinn, das Geld weiterhin in die Schweiz zu transferieren", „Sie sollten jede Spur vermeiden", „Bloß keine E-Mails".

Auf Seite 127 und ff. Abschnitt VIII. "Beispiele von Quantum und Standard Research von Bankbilanzen und Erfolgsrechnungen" zeigen ferner wie Bankmanager Geld akkumulierten oder verloren. Die letzte weltweite Finanzkrise 2007-2008 machte auch die jahrelang vertretene Markttheorie überflüssig, wonach Wertpapiermärkte der Ort sind, wo in den aktuellen Kursen die vergangenen Informationen und die zukünftigen Erwartungen bereits eingepreist und deshalb besser sind als Finanzstudien. Doch im Gegensatz zu Physiker hat noch kein Ökonom jemals ein zuverlässiges Modell entwickelt. Im Übrigen gibt es „keinen Unterschied zwischen Schweinswürsten und ökonomischen Modellen", da niemand weiß, was tatsächlich drin ist. Und als Königin Elisabeth an der School of Economists die Ökonomen vor einem Jahr fragte: „Warum niemand die kommende Finanzkrise 2007-2008 vorausgesehen hatte", publiziert in der Schweizer Zeitung TA vom 3. August 2009, gaben sie zur Antwort: „Die Gefahr wurde deshalb nicht wahr genommen, da die kollektive Vorstellung von vielen intelligenten Leuten versagt hat" und entschuldigten sich dafür. Der Schweizer TA zitierte auch den Nobel Preis Gewinner Paul Krugman der sagte: "Was Ökonomen in den letzten 30 Jahre kreierten, war im besten Fall wertlos". Doch was gebraucht wird, ist gesunder Menschenverstand und die Aneignung von praktischen Fähigkeiten basierend auf Fall Studien und auf Daniel Colemans Emotional Quotient (EQ) die fünf Elemente umfasst. Es sind dies: Selbstwahrnehmung, Selbstdisziplin, Selbstmotivation, Einfühlungsvermögen und Flexibilität. Die letzte und schlimmste weltweite Finanzkrise 2007-2008 bestätigte, wie bei der Entwicklung hoch komplexer Finanzmodelle, blinde Gier, Arroganz und Verantwortungslosigkeit dominierten die Ethik und Moral vergessen ließen, da die Wirtschaft nicht nach mathematischen Formeln und Modellen zu kontrollieren ist.

The Author
Martin Zumbuehl

II. Buchhaltung als Kontrolle und Management Instrument

ARTEN VON BILANZEN

Die Praxis kennt verschiedene Arten von Bilanzen. Je nach dem Erfüllungszweck werden sie errichtet. Doch bevor die Zahlen einer Bilanz aufbereitet und in die Bilanzgliederung übertragen werden können, ist darauf zu achten, mit welcher Art von Bilanz man es zu tun hat.

Interne Bilanz

Diese dient rein internen Zwecken, nämlich zur Orientierung des Unternehmers oder des Teilhabers, oder bei größeren Unternehmungen, der Unternehmungsorgane, die den Betriebsablauf zu überwachen und das Ergebnis festzustellen haben. Diese Bilanz ist deshalb auch so ausführlich wie möglich aufgebaut, und Dritte haben praktisch keinen, oder nur in beschränktem Rahmen Einblick. Doch Insider Informationen werden of missbraucht für Börsentransaktionen.

Externe oder offizielle Bilanz

In früheren Jahren wurden Bilanzen und Erfolgsrechnungen meistens nur summarisch und in Kurzform präsentiert. Dies hat sich inzwischen dramatisch geändert, nicht zuletzt aufgrund der „kreativen Buchhaltungspraxis", die Betrug und andere Skandale in den USA und anderswo vertuschte. Durch die Einführung des "US Sarbanes Oxley Act" müssen jetzt Bilanzen nach strengen Regeln erstellt werden. Gleichzeitig wurden viele Schlupflöcher geschlossen. Banken und Versicherungen mussten ihre Bilanzen und Erfolgsrechnungen immer einheitlich darstellen. Heute gilt dies auch für Unternehmen des Industriesektors und im Einklang mit den erwähnten Buchhaltungsregeln US GAAP und IFRS. Letztere sind seit 2007 auch von der „Security and Exchange Commission (SEC)" für die Prüfung ausländischer Gesellschaften, die an der „New York Stock Exchange (NYSE)" kotiert sind, anerkannt worden. Doch, damit Bilanzen, Erfolgs- und Kapitalflussrechnungen als Instrumente zur Management Kontrolle verwendbar sind, müssen sie zuerst entsprechend aufbereitet werden.

Konsolidierte oder Konzernbilanz

Konsolidierte oder Konzern Bilanzen umfassen auch rechtlich unabhängige Gesellschaften oder Filialen die durch die Muttergesellschaft kontrolliert werden, denn nur konsolidierte bzw. Konzernbilanzen vermitteln ein vollständiges Bild von der Muttergesellschaft, den Tochtergesellschaften und Filialen.

GLIEDERUNG DER BILANZ

Der erste und wichtigste Schritt ist die richtige Gliederung der Bilanz gemäss folgender Tabelle. Die Strukturen der Aktiven umfassen die Vermögenswerte der Gesellschaft an einem bestimmten Stichtag. Dabei ist zwischen kurzfristigen Aktiven, realisierbar innerhalb eines Jahres und langfristigen schwer realisierbaren Aktiven wie Finanzbeteiligungen, Immobilien und Produktivmittel zu unterscheiden. Letztere müssen deshalb mit Eigen- und langfristigem Fremdkapital entsprechend refinanziert sein. Die Passivseite zeigt, welche Finanzquellen die Gesellschaft zur Finanzierung ihrer Aktiven verwendete. Dabei ist die Gliederung der Passiven nicht nur abhängig von den Finanzquellen, sondern auch von der Dauer ihrer Verfügbarkeit für die Gesellschaft.

AKTIVEN
Kurzfristige Aktiven bis 1 Jahr
Geldmittel, Guthaben, handelbare Wertpapiere
Kundenforderungen
Wechselforderungen auf Sicht
Besitzwechsel aus Warenforderungen
Besitzwechsel aus Finanzgeschäften
Übrige Forderungen
Forderungen von Aktionären
Anzahlungen für Lieferungen und Leistungen
Transitorische Aktiven
Warenlager
Laufende Arbeiten
Langfristige & schwer realisierbare Aktiven
Beteiligungen
Finanz Leasing
Darlehen
Gesellschafterbezüge
Konzernforderungen
Mittel- bis langfristige Besitzwechsel
Kautionsdepots
Anlagevermögen
Grundstücke und Gebäude
Maschinen & feste Einrichtungen
Mobiliar& Einrichtungen
Anlagen im Bau
Immaterielle Aktiven

PASSIVEN
Kurzfristige Passiven bis 1 Jahr
Kurzfristige Bankverbindlichkeiten
Wechselverpflichtungen
Verbindlichkeiten aus Lieferungen & Leistung
Sonstige kurzfristige Verbindlichkeiten
Transitorische Passiven
Anzahlungen von Kunden
Kurzfristige Rückstellungen
Wertberichtigungen
Langfristige Verbindlichkeiten
Hypotheken
Darlehen & Anleihen
Darlehen von Firmeninhaber & Gesellschafter
Konzernverbindlichkeiten
Mittel- bis langfristige Schuldwechsel
Langfristige Rückstellungen
Pensions- & ähnliche Verpflichtungen
Rückstellungen für Rechtsstreitigkeiten:
Rückstellungen für entstandene Schäden:
Rückstellungen für grosse Reparaturen,
Steuerrückstellungen
Eigene Mittel & Minderheitsaktionäre
Aktien oder Grundkapital
Minderheitsaktionäre
Reserven und Rücklagen
Reingewinn- und Reinverlust Vortrag

Die Gliederung der Aktiven und Passiven von Unternehmen ist überall gleich, nur die Texte in den Bilanzen unterscheiden sich leicht, je nach Art der Gesellschaft und ihrer Tätigkeit. Zur besseren Prüfung von Effizienz, Produktivität und Kapazitätsauslastung der Produktions-einheiten empfiehlt es sich, diese in der Bilanzgliederung durch Subtotale zu trennen.

Der Wert der immateriellen Aktiven, wie Patente, Konzessionen oder selbst Goodwill hängt von vielen Faktoren ab. Die Meinungen in dieser Angelegenheit sind deshalb in vielen Fällen geteilt. Dies obwohl, aktivierte Forschungs- und Entwicklungskosten, erworbene Patente, Konzessionen und selbst Goodwill erheblich zur Steigerung von Umsatz und Gewinn beitragen können.

In der Tat, ist in vielen Gesellschaften der Anteil der immateriellen Aktiven und Goodwill im Verhältnis zu den Produktionseinheiten inkl. Immobilien beträchtlich oder noch grösser. Beispiele dafür sind ABB, Schweiz, und CARREFOUR, Frankreich. Sie können deshalb nicht ignoriert werden und sind somit wie Immobilien und Produktivmittel für die Bewertung der Kennzahlen bzw. Ratios zu behandeln. Ganz anders ist die Situation von aktivierten Gründungskosten die rasch abzuschreiben sind.

STRUKTUR DER AKTIVEN

Kurzfristige Aktiven bis ein Jahr
Geldmittel, Guthaben, handelbare Wertpapiere umfassen liquide Mittel bei Banken und andern Finanzinstituten, Checks, handelbare Wertpapiere die rasch realisierbar sind, wie kotierte und nicht kotierte Obligationen und Aktien. Gegenwärtig hat sich der Markt für verbriefte Hypotheken MBS bzw. „Mortgage Backed Securities" und ABS bzw. „Asset Backed Securities" nach der Finanzkrise 2007-2008 noch nicht erholt. **Kundenforderungen, Wechselforderungen auf Sicht, Besitzwechsel aus Warenforderungen, Investitionsgüter und aus Finanzgeschäften, Forfaitierung,** werden im Abschnitt III auf Seite 21 & ff mit dem Titel „Finanzinstrumente zur Liquiditätsbeschaffung und Verkaufsförderung" besonders beschrieben. **Übrige Forderungen** enthalten alle kleinen Buchhaltungsposten die zusammengefasst wurden, um Platz zu sparen, da sie nicht besonders erwähnenswert sind. Es handelt sich dabei gewöhnlich um kurzfristige Darlehen und Vorschüsse an das Personal, Filialen, ausstehende Depots die als Garantien für Service und geleistete Lieferungen dienen, Forderungen von Versicherungen für erlittene Schäden, Forderungen aus Steuerrückerstattungen etc. **Forderungen von Aktionären** für gezeichnete, aber noch nicht bezahlte Aktien der Gesellschaft. **Anzahlungen für Lieferungen und Leistungen:** Für bestellte Rohmaterialien, Maschinen und geleistete Arbeiten. **Transitorische Aktiven** sind Ausgaben im alten Jahr, aber Kosten im nächsten Jahr, wie im Voraus bezahlte Personalkosten, Mieten, Prämien für Versicherungen, Steuern, Reparaturen etc. Das Gegenteil ist der Fall bei Transitorischen Passiven, wonach Einnahmen im alten Jahr dem neuen Jahr als Einkünfte zugeordnet werden.

Warenlager: Die Gliederung der Warenlager nach Roh- und Hilfsstoffen, nach Halbfertig- und Fertigprodukten ist in der Unternehmungspraxis der Verarbeitungsindustrie fliessend, wo der Produktionsprozess für Halbfertig- und Fertigfabrikate in verschiedenen Phasen für den Verkauf abläuft. Zu den Rohstoffen gehört alles, was in den Produktionsprozess eingeht, und zu den Betriebsstoffen alles, was den Produktionsprozess in Betrieb hält. Betriebsstoffe die nicht ins Endprodukt eingehen sind Energie, Heizöl- und Schmieröl. Die Haltung grosser Warenlager ist teuer, bindet viel Kapital und beeinträchtigt die Liquidität. Grosse Warenlager sind nur von Nutzen im Fall von Lieferungsproblemen oder zukünftigen Preissteigerungen für Roh- und Hilfsstoffe.

Doch in den letzten Jahren haben die Gesellschaften ihre Logistik beträchtlich verbessert. In der Folge werden Roh- und Hilfsstoffe sowie extern produzierte Bestandteile nicht mehr zuerst in die Lagerhallen, sondern direkt in die Werkhallen zum Fertigungsprozess geliefert. Prominentes Beispiel ist BOEING, weltweit grösster Hersteller von Zivilflugzeugen und integrierten Verteidigungssystemen. Bei der Produktion des neuen technisch hochentwickelten Zivilflugzeugs, bekannt als "Dreamliner", wurden die vielen Bestandteile von weltweit 150 Herstellern produziert und nach Seattle zum BOEING Hauptsitzsitz geliefert, wo sie nach zeitlich abgestimmten Logistik Plänen zusammengesetzt wurden.

Laufende Arbeiten: Hier geht es nicht um Warenerzeugung im üblichen Sinn, sondern um Leistungen bei grossen Projekten, die noch nicht fakturiert sind. Solche Kapitalgüter haben vom Auftrag bis zur Fertigstellung und Lieferung einen langen Produktionszyklus. Beispiele sind der Bau von Elektrizitätswerken, Ölraffinerien, Flugzeuge, Maschinen, Schiffe etc. In diesem Geschäft ist es üblich, dass der Teil der Kosten der laufenden noch nicht beendigten Arbeiten im laufenden Jahr zum Warenlager gezählt und als solche in der Bilanz ausgewiesen werden. Im Fall von Aufträgen für welche die Kosten am Ende des Jahres die Anzahlungen von Kunden übersteigen, werden ebenfalls als Laufende Arbeiten in der Bilanz ausgewiesen. Im Fall von Aufträgen, wo die Anzahlungen von Kunden die laufenden Rechnungen überschreiten, werden die Kosten als "Anzahlung und Fakturierung über den effektiven Kosten" bilanziert. Das bedeutet, dass die ausgewiesenen Beträge in der Bilanz als Warenlager inkl. Roh- und Hilfs-stoffe und andere Materialien sowie die Laufenden Arbeiten nur die effektiven Kosten für das laufende Projekt sind. Anderseits werden Anzahlungen von Kunden und laufende Rechnungen getrennt ausgewiesen und vom Auftragsvolumen abgezogen.

Langfristige und schwer realisierbare Aktiven

Beteiligungen sind Anteile an Tochtergesellschaften, Filialen und an andere Unternehmen sowie alle Beteiligungen die Kontrolle darstellen die das Unternehmen behalten will oder im Fall von Syndikaten behalten muss. **Finanzleasing:** Im Fall von Bauprojekten oder im Fall von Kauf von Maschinen und Ausrüstungen benötigen Besitzer oder Käuferfirmen nicht unbedingt Bankkredite. Das Objekt kann durch einen Vermittler der Leasing Gesellschaft geleast werden der die Vorfinanzierung für das ganze Projekt besorgt und dafür das Gebäude oder Projekt vom Verkäufer übernimmt und dadurch Leasinggeber wird. Dagegen kann der Leasingnehmer das Gebäude, Maschinen und Einrichtungen für die Geschäftstätigkeit gegen Zahlung der jährlichen Leasingraten inkl. Zinsen, Amortisationen und andere Kosten nutzen. Am Ende des Leasing-vertrages wird der Leasingnehmer Eigentümer des ehemaligen geleasten Gebäudeprojekts. Die Tatsache, dass der Leasingnehmer verpflichtet ist Kapital und jährliche Leasingraten zurückzu-zahlen bedingt, dass er wie ein Kreditnehmer der Bank vertrauenswürdig sein muss. Ausser-dem ist in der Bilanz das geleaste Objekt als langfristiger Aktivposten aufzuführen, während auf der Passivseite die noch ausstehenden Leasingraten als Schulden zu verbuchen sind. **Darlehen** sind Kredite an Dritte mit Laufzeiten von über ein Jahr. Kurzfristige Darlehen wie Vorschüsse als Überbrückungskredite mit Laufzeiten unter einem Jahr gehören in der Bilanzgliederung zu den kurzfristigen Aktiven.

Gesellschafterbezüge: In der Praxis ist es nicht ungewöhnlich, dass Gesellschafter und Firmeninhaber Mittel für ihre privaten Zwecke beschaffen. Dagegen ist nichts einzuwenden, wenn die entnommenen Mittel wieder zurückfliessen, doch erfahrungsgemäss ist dies nicht der Fall, wenn sie langfristig für private Zwecke investiert wurden. Da solcher Liquiditätsentzug die Unternehmen schwächt, ist im Umgang mit solchen Firmen Vorsicht geboten. **Konzern-forderungen** sind Lieferungen und Darlehen an Konzernmitglieder oder neu erworbene Unternehmen. Sie sind meist langfristiger Natur, da die Rückzahlung an die Mutter Gesellschaft oft Jahre dauert. Für Lieferungen an Konzernmitglieder in gewissen Ländern erfolgen die Lieferungen gegen unwiderrufliche Akkreditive, um einen Importstop zu verhindern. Mehr dazu im Abschnitt III auf Seite 21 & ff mit dem Titel „Finanzinstrumente zur Liquiditätsbeschaffung und Verkaufsförderung". **Mittel bis langfristige Besitzwechsel:** Näher erläutert im Abschnitt III auf Seite 21 & ff mit dem Titel „Finanzinstrumente zur Liquiditätsbeschaffung und Verkaufs-förderung". **Kautionsdepots:** Viele Unternehmen haben für ihre Lieferungen und Leistungen Garantiedepots zu hinterlegen, die erst nach Jahren ausbezahlt oder zurückerstattet werden. In der Praxis ist es so, dass den Unternehmen lediglich 80-90% des Rechnungsbetrages ausbezahlt werden und der Rest erst vergütet wird, wenn die vereinbarte Garantiedauer abgelaufen ist. Treten während der Garantiedauer Mängel auf, die nachweisbar zulasten der Unternehmung gehen, so müssen diese durch die Unternehmung kostenlos behoben werden. Damit die Unternehmung den vollen Rechnungsbetrag erhält, kann sie gegen eine Prämie eine Bank oder Versicherung einschalten, welche dann die Garantie für die Unternehmung zu Gunsten des Käufers übernimmt

Anlagevermögen

Bedeutung und Umfang des Anlagevermögens sind von Industrie zu Industrie und von Gesellschaft zu Gesellschaft verschieden. Entscheidenden Einfluss auf Grösse und Zusammensetzung des Anlagevermögens haben Produktionsprogramm, Fertigungstiefe, Geschäftspolitik und Investitionsvolumen. Die Wirtschaftlichkeit der Fertigung wird entscheidend durch das Anlagevermögen bestimmt. Es ist verständlich, dass sich Planungsfehler nachhaltig negativ auswirken können. Der Wert des Anlagevermögens bemisst sich nicht nach der Höhe des investierten Kapitals, sondern nach dem Nutzen, den es zuleisten vermag. Das Anlage-vermögen gliedert sich wie folgt:

Grundstücke und Gebäude: Grundstücke und Gebäude sind unbewegliche Wirtschaftsgüter des Anlagevermögens, weshalb sie in der Praxis als "Immobilien" zusammengefasst und aufgeführt werden. Im Unterschied zu den Gebäuden werden Grundstücke nicht abgeschrieben, da sie keinem Wertverschleiss unterliegen und sogar die Tendenz haben, im Wert zu steigen. Dagegen unterliegen Gebäude einer zunehmenden Abnützung, wobei Fabrik-gebäude schneller abzuschreiben sind als Apartmenthäuser. Bauten auf fremden Grundstücken sind ebenfalls schneller abzuschreiben, bedingt durch das Risiko, dass Gebäude am Ende des Leasingvertrages entfernt und der ursprüngliche Zustand des Grundstückes wieder hergestellt werden muss. **Maschinen und feste Einrichtungen:** Maschinen und maschinelle Anlagen sind z.B. Krafterzeugungs- und Kraftverteilungsanlagen, Hochöfen, Kräne, Transportanlagen. Die wirtschaftliche Nutzung ist vom technischen Fortschritt abhängig. Dabei ist noch zu erwähnen, dass unter Eigentumsvorbehalt gelieferte Maschinen und Einrichtungen automatisch den EV-Schutz verlieren, wenn sie fest mit dem Gebäude verbunden werden.

Mobiliar und Einrichtungen: Darunter fallen alle Wirtschaftsgüter des Anlagevermögens, die als mobil und beweglich bezeichnet werden können, wie Werkzeuge, Vorrichtungen, kleine Maschinen, Modelle Transportfahrzeuge und Büroeinrichtungen. **Anlagen im Bau:** Alle bis zum Stichtag noch nicht fertig gestellten Gebäude und Anlagen sind unter diesem Posten auszuweisen.

Immaterielle Aktiven

Diese können als Vermögenswerte ohne physische Existenz definiert werden. Sie sind jedoch für die Unternehmung von eminenter Bedeutung. Nach den strengen Regeln der US Kredit Standards dürfen sie jedoch nicht in der Bilanzgliederung erscheinen oder müssen vom Eigenkapital abgezogen werden, da der reale Wert schwierig zu schätzen ist. Dagegen haben **Gründungs- und Organisationskosten** von neu gegründeten Gesellschaften keinen realen Wert auch wenn sie oft grosse Summen verschlingen und deshalb rasch abzuschreiben sind. Doch da die meisten Unternehmen, wie CARREFOUR; ihre Immateriellen Werte ausweisen, sollten sie mindestens mit eigenen Mitteln finanziert sein. **Goodwill:** Ein arbeitendes Unternehmen ist mehr Wert als die Summe seiner Einzelteile. Es ist ein "Organismus" der sich schon dadurch als Einheit präsentiert, dass er einen eigenen Namen hat. Wenn man daher eine Unternehmung kauft, wird man nicht nur die Einzelteile, wie Geräte, Grundstücke oder Waren erwerben, sondern auch den Namen bzw. die Kombination von produktiven Faktoren. Ist das Unternehmen gewinnbringend und zukunftsträchtig, so wird es mehr kosten als die Summe der Vermögensgegenstände. Dieses Mehr wird als "Goodwill", „Firmenwert" oder „Unternehmenswert" bezeichnet. **Konzessionen, Gewerbliche Eigentumsrechte und Lizenzen:** Für die Firmenbilanz besteht keine Aktivierungspflicht, jedoch muss in der Steuerbilanz ein solches Recht bewertet werden, sofern die dafür gemachten Aufwendungen in zukünftigen Gechäftsjahren Nutzen abwerfen. **Patente:** Es gibt Sachpatente und Verfahrenspatente. Die Eigenart liegt in der Sache selbst, d.h. ein anderes Unternehmen darf den gleichen Gegenstand nicht herstellen. Bei den Verfahrenspatenten wird der Produktionshergang geschützt. Letzteres sollte so rasch wie möglich abgeschrieben werden, da die Gefahr der Überholung oder Veralterung besteht. Diese Abschreibungspraxis wird auch von den Steuerbehörden akzeptiert. **Mietrechte:** Dieser Buchungsposten ist in französischen Bilanzen mit der Bezeichnung „droit au bail" üblich, was eine Art Abstandszahlung an den Vormieter bedeutet. In diesem Zusammenhang müssen auch die grundstücksähnlichen Rechte erwähnt werden. Diese bestehen in Baurechten, Pachtrechten, Grunddienstbarkeiten oder grundstückähnlichen Gewerberechte, wie Ausbeutungsrechte für Mineralien. Die Gemeinden vergeben Grundstücke oft für 99 Jahre im Bau- und Pachtrecht, weil sie aus bestimmten rechtlichen und wirtschaftlichen das Eigentum nicht aufgeben wollen.

STRUKTUR DER PASSIVEN

Kurzfristigen Passiven bis ein Jahr

Kurzfristige Bankverbindlichkeiten sind Vorschüsse, Kontokorrentkredite, Überbrückungskredite und Saisonkredite. Sie sind kurzfristig, da die Dauer begrenzt ist und die Banken das Recht haben ihre Forderungen jederzeit geltend zu machen, sofern nichts andere vereinbart wurde. Vorschüsse sind feste Beträge mit festen Zinssätzen und von fester Laufzeit.

Wechselverpflichtungen sind Dokumente wie Besitzwechsel aber Schulden gegenüber Lieferanten und Exporteuren. **Verbindlichkeiten aus Lieferungen und Leistung** sind ausstehende Schulden für Warenlieferungen auf Basis offener Rechnungen. **Sonstige kurzfristige Verbindlichkeiten:** Gleich wie bei den Aktiven sind sie kurzfristige Schulden von geringer Bedeutung, wie Leasingraten, Mieten, Kommissionen und andere kleine Beträge etc. die zusammengefasst und in einem Betrag verbucht werden. Dagegen sind grössere Beträge, wie Einkommenssteuer, Darlehen von Dritten und Gesellschafter sowie Dividenden die beschlossen, aber noch nicht ausbezahlt wurden, getrennt zu verbuchen: **Transitorische Passiven:** Der Zweck ist der Gleiche wie bei den Transitorischen Aktiven, doch hier werden Einnahmen im alten Jahr dem nächsten Jahr zugeordnet.

Anzahlungen von Kunden Dieser Posten hat für Unternehmen der Investitionsgüterindustrie grosse Bedeutung. Investitionsgüterhersteller benötigen aufgrund der langen Fabrikationsdauer und erheblichen Finanzierungsbelastung während der Zeit der Fertigung, Montage und Inbetriebsetzung vom Käufer entsprechend hohe Anzahlungen. Dabei geht es nicht nur um eine teilweise Vorfinanzierung von Bauten, Industrieanlagen, Pipelines für die Ölindustrie etc., sondern auch um die Sicherstellung des Auftrags. Früher wurden Kundenanzahlungen und Laufende Arbeiten nicht miteinander verrechnet, sondern vollständig separat aufgeführt Dies führte zu Aufblähungen der Bilanzen. Diese Praxis hat inzwischen gewechselt, wie die Beispiele von ABB Schweiz und BOEING USA später in den Kapiteln „Warenlager" und „Laufende Arbeiten" zeigen. Schliesslich ist noch darauf hinzuweisen, dass Anzahlungen von Kunden auch eine unwiderrufliche Verpflichtung zur Warenlieferung, allenfalls zur Rückzahlung in Geld darstellen. Aus diesem Grund sind die Kundenanzahlungen eindeutig Fremdkapital.

Kurzfristige Rückstellungen: Nach Schweizer Recht OR art. 670 müssen Unternehmen für zu erwartende Verluste aus gegebenen Garantien entsprechende Rücklagen bilden. Im Fall eines Unternehmens das die Verluste seiner Garantien auf SFr 100.000 schätzt, wird die Erfolgsrechnung und das Warenlager mit diesem Betrag belastet und auf der Passivseite als Rückstellung verbucht. Belaufen sich die effektiven Entschädigungen auf SFr 70.000, werden die Rückstellungen mit dem Betrag belastet und der Rest entweder erhöht oder in der Erfolgs- rechnung als aussergewöhnlicher Gewinn verbucht. Im Fall von laufenden Rechtstreitigkeiten haben solche Rückstellungen meist langfristigen Charakter. Früher wurden Rückstelllungen hauptsächlich zur Dotierung stiller Reserven gebildet, weshalb sie oft auch als Eigenkapital betrachtet wurden. Heute haben die neuen Buchhaltungsregeln diesen Missbrauch stark eingeschränkt. **Wertberichtigungen:** Es sind dies Korrekturposten auf der Passivseite zu Positionen der Aktivseite der Bilanz. Es werden unterschieden: Wertberichtigungen zu Positionen des Umlaufvermögens, wie Kundenforderungen, Warenlager. Wertberichtigungen zu Positionen des Anlagevermögens, wie Immobilien, wobei Abschreibungen in der Bilanz kumuliert aufgeführt sind und vom Originalwert der Immobilien abgezogen und als Nettowert in der Bilanz ausgewiesen werden. Früher war die Bildung von Rückstellungen ebenfalls ein beliebtes Mittel stille Reserven zu bilden und den Reingewinn zu manipulieren.

Langfristige Verbindlichkeiten

Die Zusammensetzung der langfristigen Verbindlichkeiten ist wie folgt: **Hypotheken** sind grundbuchlich gesicherte, langfristige Verbindlichkeiten. Sie dienen zur Finanzierung der Immobilien durch Banken und Finanzierungsinstitute. In der Schweiz geschieht die Gewährung von Hypothekarkrediten durch Grundpfandverschreibungen oder "Sicherungshypotheken" ohne Wertpapiercharakter und gegen Schuldbriefe mit Wertpapiercharakter. Schuldbriefe sind Dokumente die in verschiedenen Stückelungen errichtet werden. Das Hypothekargeschäft funktioniert solange gut, wenn sich Bank und Hausbesitzer kennen. Schuldbriefe innerhalb des Schätzungswerts von 60% eines Hauses von 1.000.000 sind erste Hypotheken oder "prime" und solche 61% bis 80% und mehr zweitklassig oder „subprime". Mitte der 80er Jahren begann in den USA die Verbriefung der Schuldbriefe, indem diese zu Bonds namens „ABM bzw. Asset Backed Mortgages" und „MBS bzw. Mortgages Backed Securities" gebündelt wurden. Die Banken konnten dadurch ihre Bilanzen entlasten und die Käufer erzielten höhere Renditen. Die Nachfrage nach diesen Derivaten stieg ab 2000 sprunghaft und erreichte 2003 ein Volumen von $4000 Mrd. Dadurch ging im Markt die Übersicht verloren, zumal die einstigen direkten Beziehungen zwischen Bank und Hausbesitzer nicht mehr existierten. Hinzu kam, dass Marktteilnehmer die MBS/ABS für kriminelle Zwecke missbrauchten und faule "Subprime Hypotheken" mit „Prime Hypotheken" vermischten. Noch schlimmer war die Kreation von "CDO bzw. Cash Deposit Obligation" indem die MBS/ABS nochmals bis 10 CDO gestückelt und gebündelt wurden. In der Folge war das Vertrauen vollständig weg, der US Markt kollabierte und die weltweit grösste Finanzkrise 2007-2008 nahm ihren Anfang.

Darlehen und Anleihen: Es sind dies feste Beträge, meist gewährt von Banken und Finanzinstituten für eine unbestimmte Zeit mit Kündigungsklausel und vielfach mit der Auflage diese in Raten zurückzuzahlen. Anleihen sind ebenfalls feste Beträge, jedoch für eine feste Laufzeit. Langfristige gedeckte oder nicht gedeckte Darlehen und Anleihen dienen nicht nur zur Finanzierung des Anlagevermögens, sondern auch zur Finanzierung der schwer realisierbaren Aktiven und teilweise grösserer Warenlager. **Darlehen von Firmeninhaber und Gesellschafter** als Einlagen zur Erzielung höhere Renditen kommen in der Praxis häufig vor. Ein weiterer Grund ist, dass deren investiertes Kapital in der Bilanz als Fremd- und nicht als Eigenkapital erscheint. Gleichwohl partizipieren sie am Erfolg des Unternehmens und im Fall einer Insolvenz sind sie gleichberechtigt wie die übrigen Gläubiger. Erhaltene Darlehen von Gesellschaftern und Geschäftsinhaber sind in der Bilanzgliederung besonders auszuweisen, ebenso Obligationenanleihen mit Verfalldaten. **Konzernverbindlichkeiten** sind ähnlich wie Konzernforderungen mit dem Unterschied, dass Filialen und kontrollierte Unternehmen Ansprüche gegenüber der Muttergesellschaft haben. Solche Forderungen können auch langfristigen Charakter haben, doch in der Praxis sind sie meist kurzfristig. **Mittel bis langfristige Schuldwechsel:** Während die mittel bis langfristigen Besitzwechsel den Verkauf von Investitionsgüter zum Gegenstand haben, ist dies bei den mittel bis langfristigen Wechselverbindlichkeiten der Ankauf. Da der Importeur den Kaufpreis nicht sofort bezahlen kann, übergibt er dem Exporteur an Zahlungsstatt Monats-, Quartals- oder Semesterakzepte, die insgesamt eine lange Laufzeit haben können. Es sind dies somit Lieferantenkredite, die vor allem Käufer aus devisenarmen Ländern eine Finanzierung ihrer Anlagevermögen ermöglichen.

Langfristige Rückstellungen

Pensions- und ähnliche Verpflichtungen basieren auf mathematischen Berechnungen nach welchen die Gesellschaft jährliche Prämien in den Pensionsfonds zur Altersvorsorge der Mitarbeiter einzahlen muss. In der Schweiz sind solche Pensionsfonds unabhängige juristische Personen, während in vielen anderen Ländern diese Mittel für die Unternehmungsfinanzierung verwendet werden. Die neuen Richtlinien der International Accounting Standards (IFRS) lassen die alte Praxis nicht mehr zu, weshalb die Pensionsverpflichtungen unabhängig vom Unternehmen getrennt auszuweisen sind. BOEING zum Beispiel musste Ende 2006 den Pensionsfonds in der Bilanz von den eigenen Mitteln herausnehmen. Bei der Beschreibung der kurzfristigen Rückstellungen wurde erwähnt, dass sie auch langfristigen Charakter haben können. Die Unterschiede zwischen kurz- und langfristigen sind deshalb oft vernachlässigbar oder fliessend. Die folgenden Beispiele illustrieren, dass sie Beides sein können.

Rückstellungen für Rechtsstreitigkeiten: Für schwebende Prozesse, wo die Gesellschaft die Beklagte oder Klägerin ist. **Rückstellungen für entstandene Schäden:** Industrieunternehmen aus der chemischen Branche können oft grossen Schaden durch Rauch Emissionen, Wasserverunreinigungen etc. anrichten etc. **Rückstellungen für grosse Reparaturen,** wie Instandstellungsarbeiten die nicht kontinuierlich, sondern stossweise in Abständen von mehreren Jahren vorgenommen werden. In solchen Fällen verlangt der Grundsatz der periodengerechten Verteilung des Aufwandes. **Rückstellungen für Risiken aus Liefer- und Abnahmeverpflichtungen:** Es handelt sich hier um Risiken aus „schwebenden Geschäften" die am Bilanzstichtag noch nicht oder nur teilweise erfüllt sind, wie langfristige Kaufverträge zu festen Preisen. Bei derartigen Geschäften können aus späteren Preisänderungen auf dem Beschaffungs- oder Absatzmarkt, aus Schadenansprüchen wegen Nichterfüllung oder Konventionalstrafen Verluste entstehen. **Steuerrückstellungen** kommen nur für Steuern in Frage die noch nicht verbindlich veranlagt sind oder bei denen man mit Nachveranlagungen zu rechnen hat.

Eigene Mittel und Minderheitsaktionäre

Aktien oder Grundkapital: Es hat die Aufgabe, die aus der Unternehmungstätigkeit entstehenden Risiken zu übernehmen, die Kreditfähigkeit zu erhöhen und bei Gesellschaftsunternehmen die Beteiligungs- und Haftungsverhältnisse zum Ausdruck zu bringen sowie die rechtliche Grundlage für die Gewinnverteilung zu bilden. Die Aktiven die mittels eigenen Mitteln erworben wurden, tragen die Risiken und Verluste und sichern dadurch das Fremdkapital. Das Eigenkapital wird deshalb auch als Haftungs- Garantie und Sicherheitskapital bezeichnet. Im fall, dass das Aktienkapital durch Verluste mehr als 50% an Wert verliert, muss es herabgesetzt und durch Kapitalerhöhungen wieder aufgestockt werden. In der Praxis stimmt das Aktienbzw. Eigenkapitalkapital selten mit dem Buchwert überein. Über den richtigen Wert des Unternehmens und Management entscheidet der Markt der in der Regel die Aktien höher bewertet als deren Buchwert.

Minderheitsaktionäre sind Investoren die Aktien an der Börse kaufen oder durch Übereinkunft sich am Aktienkapital am Unternehmen beteiligen. Dies können auch natürliche oder juristische Personen sein die aus spekulativen Gründen investieren wollen. Im Fall, dass in der Schweiz Minderheitsaktionäre eine Unternehmungsbeteiligung von über 5% erwerben, müssen sie dies der Börsenkommission mitteilen und öffentlich publizieren. Bei einer Beteiligung von über 30% müssen die Minderheitsaktionäre den übrigen Aktionären ein Übernahmeangebot machen. Doch, um Erfolg zu haben, müssen die Angebote wesentlich höher sein als der Marktpreis. Eine andere Methode die Gesellschaft zu übernehmen ist „Green Mailing". Danach wird auf die Gesellschaft so lange und so viel Druck ausgeübt bis der Übernahmekandidat aufgibt. Solche "Investoren" waren oft Hedgefonds die das Unternehmen alsdann in Einzelteile zerlegten und verkauften, um hohe Gewinne zu erzielen. Minderheitsaktionäre haben keinen Einfluss auf die Kapitalstruktur und normalerweise auch nicht auf die Geschäftspolitik. Sie haben die gleichen Rechte wie die übrigen Aktionäre und können am Erfolg der Gesellschaft teilnehmen.

Reserven und Rücklagen: In Theorie und Praxis spricht man von offenen und von stillen Reserven bzw. Rücklagen. Von offenen Reserven spricht man, wenn diese als „Reserven" in der Bilanz ausgewiesen werden, wogegen die stillen Reserven, gebildet durch Unterbewertung der Aktiven und Überbewertung von Ausständen der Passiven nur vermutet werden können. Früher war es gängige Buchhaltungspraxis nur das zu zeigen, was dem Management passte, wodurch Verluste und Unregelmässigkeiten verschwiegen wurden. Doch die neuen Buchhaltungsstandards (IFRS) and (GAAP) beendeten diese Praxis. Reserven sind normalerweise nicht ausgeschüttete Teile des Reingewinns und ähnlich wie die „US retained earnings" zur Stärkung der eigenen Mittel. **Dividendenausschüttung:** Diese ist abhängig von der Art des Unternehmens, von ihrer Tätigkeit und Geschäftspolitik. Junge Unternehmen mit Fokus auf Wachstum und Innovation behalten ihre Gewinne zurück zur Wertsteigerung der Unternehmungsaktien. Anderseits erwarten Aktionäre von einer etablierten Gesellschaft die gute Resultate erzielt, auch im vergangen Jahr Dividendenausschüttungen von 25-30% vom ausgewiesenen Reingewinn. In gewissen Fällen ist nicht der Unternehmungsgewinn für die Festsetzung der Dividende entscheidend, sondern um die Aktionäre zufrieden zu stellen, im Fall eines unfreundlichen Übernahmeversuchs durch eine andere Gesellschaft. **Aktienrückkauf:** Beispiel einer schlechten Dividendenpolitik war ABB. Dieses Unternehmen war 2002 besonders stark angeschlagen. In der Absicht den Aktienpreis zu erhöhen, wurden hohe Dividenden ausgeschüttet und gleichzeitig mit Bankkrediten eigene Aktien auf dem Markt zurückgekauft. Der Versuch scheiterte kläglich, weil dem verschuldeten Unternehmen nun die Mittel fehlten, worauf die Anleger sich erst recht von den ABB Aktien trennten.

Gewinn- und Verlust Vortrag: Gewinne lauten selten auf runde Summen. Werden Gewinne ausgewiesen, die genau der ausgeschütteten Dividende entsprechen, so sind sie sicherlich "manipuliert", was man in der Praxis kaum antrifft. Sie sind deshalb der Rest aller Verteilungen und Bereinigungen.

GLIEDERUNG DER ERFOLGSRECHNUNG

Umsatzerlöse
Andere Betriebserträge
Kosten für Material, Energie, Service Dritter:
Kosten für Forschung und Entwicklung
Kosten für Personal
Verkauf, Administration & Marekting (S+A)
EBITDA
Zinsen, Steuern, Abschreibungen und Amort.

EBIT
Netto Erträge aus Zinsen & Beteiligungen
Finanzkosten
Einkommenssteuer
Minderheitsanteile
Gewinn/Verlust aufgegebener Aktivitäten
Andere ausserordentliche Erträge & Kosten
Reingwinn

Die neuen Buchungsstandards IFRS und GAAP zeigen, wie die verschiedenen Aufwand- und Ertragsposten der Erfolgsrechnung in einer einheitlichen Struktur darzustellen sind. Ihr Stellenwert und ihre Funktionen werden somit, wie in einem "Glasmodell", sichtbar gemacht, um Vergleiche mit anderen Unternehmen weltweit zu ziehen. **Umsatzerlöse:** In der Finanzanalyse sind sie die dynamischsten betrieblichen Positionen der Erfolgsrechnung und der Maßstab zur Bewertung anderer Komponenten und Kennzahlen in der Bilanz und Erfolgsrechnung. **"Netto"** Diese Bezeichnung bedeutet, dass Rabatte, Skonti etc. schon in Abzug gebracht wurden. Das war früher in der Schweiz und Deutschland nicht selbstverständlich, wo Unternehmen Umsatz als "Bruttoumsatz" inkl. Verpackung, Transport und Mehrwertsteuer bezeichneten. „Netto" wird auch in der Finanzwirtschaft verwendet, um klarzustellen, dass die Finanzerträge ohne jeglichen Abzug gemeint sind **Andere Betriebserträge:** Praktische Beispiele sind Fluggesellschaften die den Nettoumsatz aus Einnahmen vom Personenflugverkehr getrennt zeigen. Dabei ist zu bemerken, dass andere Betriebserträge, wie Catereing, Hotels, Restaurants und Reparatur Shops für eigene und fremde Flugzeuge oft mehr als die Hälfte der Gesamteinnahmen betragen. Das Gleiche ist der Fall für alle anderen Gesellschaften, wie Boeing, Caterpillar, Auto- und PC Hersteller die nach Produktion und Verkauf von Baumaschinen, Flugzeugen, Nutzfahrzeugen, Autos etc. auch hohe Erträge aus Dienstleistungen erzielen, wie Unterhalts- und Reparaturarbeiten und Verkauf von Bestandteilen. **Produktionskosten für Material, Personal, Energie, Service Dritter (COGS):** Dies sind Kosten die durch den Herstellungsprozess der Fertigprodukte entstehen. Sie umfassen, Rohstoffe, Energie, Arbeiterlöhne und andere direkte Produktionskosten. Die Kostenstruktur hängt von der Tätigkeit, vom Geschäftsumfeld, Art des Produktes und von der Dauer der Produktionszyklen ab. So mussten in den 80/90er Jahren Goldminen in Südafrika und Kohlengruben in Deutschland wegen zu geringer Nachfrage geschlossen werden, da die Produktionskosten höher waren als die erzielten Erlöse. **Kosten für Forschung und Entwicklung:** Sie sind für jedes Unternehmen von solcher Bedeutung, dass sie getrennt und meistens in einer Fussnote ausgewiesen werden. **Kosten für Personal:** Jene Gesellschaften die die Buchhaltungsstandards IFRS und GAAP übernommen haben weisen die Personalkosten selten noch getrennt aus, da sie meistens im Produktionsaufwand und oft inkl. Aufwand für Administration und Marketing als COGS enthalten sind. Der Personalaufwand bezogen auf den Umsatz vermittelt jedoch interessante Hinwiese zur Produktivität und Effizienz eines Unternehmens. Für Fabrikationsbetriebe sind Werte von plus/minus 33% normal, doch bei 40% und mehr ist erfahrungsgemäss der „Wurm im Unternehmen drin". **Verkauf, Administration und Marketing {S+A}:** Ein Aufwandposten der in angelsächsischer Länder schon immer existierte und als „overhead expenses" bzw. Nebenkosten betrachtet und angewendet wird. Die Kosen für S+A sollten deshalb weniger als 25% des Umsatzes betragen, was in der Praxis auch der Fall ist.

EBITDA = Gewinn vor Zinsen, Steuern, Abschreibungen und Amortisationen, sind besonders wichtig für Hersteller von Investitionsgütern, denn je grösser die Ertragskraft der Unternehmung ist, desto grösser sind Abschreibungen auf Maschinen und Anlagen möglich. Dies mit dem Zweck Rückstellungen für Überholungen, Verbesserungen und Ersatz für Produktivmittel zu bilden oder zu erhöhen. **EBIT** = Gewinn vor Zinsen und Steuern. Dieser hat noch grössere Bedeutung, denn er reflektiert die operative Ertragskraft bzw. Betriebsgewinn der Unternehmung. Dagegen vermittelt der Reingewinn oft ein falsches Bild, weil er nicht ausschliesslich durch die Geschäftstätigkeit erzielt, sondern durch andere oder aussergewöhnliche Gewinne oder Verluste beeinflusst wird. Die internationale Ratingagentur Standard & Poor (S&P) hat deshalb die "operating earnings" bzw. den Betriebsgewinn neu definiert. Der Übungszweck war die vielen Bezeichnungen für "operating income" in den Quartalsberichten einzuschränken. Demzufolge sollten Bezeichnungen, wie "pro forma profit", "ongoing earnings" and "normalized earnings" verschwinden. In Übereinstimmung mit den US GAAP sollten nur noch zwei Kategorien von "operating incomes" in Betracht gezogen werden, nämlich „Gewinne und Verluste aus verkauften oder nicht verkauften stillgelegten Aktivitäten" und „aussergewöhnliche Kosten und Erträge" die durch die US GAAP streng definiert sind.

EBIT Margen geben Aufschluss über die betriebliche Ertragskraft der Unternehmen. Sie sind Instrumente und Maßstäbe zur Messung der Unternehmungsleistung, für Zielsetzungen der zukünftigen Ertragskraft und für Vergleichszwecke mit der Konkurrenz. Im Fall von Fabrikations- und Fluggesellschaften sollten die EBIT Margen in der Grössenordnung von 8% liegen. Dabei ist zu beachten, dass der EBIT ausreichen muss, um auch gute ROE und ROA zu erzielen. Frühere unterschiedliche Meinungen zum EBIT existieren nicht mehr, denn es ist heute ein ungeschriebenes Gesetz, dass Aktienoptionen Personalkosten sind. Und da Pensionsüberschüsse, als Folge der Börsen Turbulenzen, zu Verlusten mutierten, würde niemand auf die Idee kommen diese Verluste noch dem Betriebsgewinn zu belasten. Dagegen sind Zinserträge, **Finanzkosten, Steuern,** andere nicht betriebliche Erträge und Kosten inkl. außergewöhnliche Kosten und Erträge in der Erfolgsrechnung nach EBIT auszuweisen. EBITDA und EBIT sind heute anerkannte int. Kennzahlen bzw. Ratios gemäss den IFRS Richtlinien. **Netto Erträge aus Zinsen und Beteiligungen** sind separat auszuweisen und dürfen nicht mit den Finanzkosten vermischt werden. **Finanzkosten:** Auch sie dürfen nicht mit den Finanzerträgen verrechnet werden, um den Eindruck zu vermitteln, als wären die Schulden klein oder gar zinsfrei. Die Finanzkosten sind somit ein wichtiges analytisches Hilfsmittel zur Messung der Verschuldung und geben auch Aufschluss über die Zinssituation auf dem Kapitalmarkt. So betrugen in der Slovakei und in Tschechien vor dem EU Beitritt die Zinssätze über 20%. **Steuern** sind abhängig vom Land und der Geschäftstätigkeit ab. Hohe Ertrags- und Kapitalsteuern sind der Anlass vieler Gesellschaften ihren rechtlichen Hauptsitz zu verlegen und die Produktion in Länder mit tiefen Lohnkosten und niedrigen Steuern zu verlagern. **Minderheitsanteile** sind Teil der eigenen Mittel und bereits erwähnt worden.

Gewinne und Verluste von aufgegebenen Aktivitäten: Konzerne mit hunderten Filialen und Tochtergesellschaften müssen sich ständig veränderten Marktverhältnissen und Strategien anpassen. Im Fall, dass sie nicht mehr profitabel oder nicht mehr in die neue Strategie passen werden sie stillgelegt oder oft mit grossen Verlusten verkauft. Beispiele sind die "All Finanz Strategien" von Banken und Versicherungsgesellschaften in der Schweiz und Deutschland in den 1990er Jahren die mit Milliarden Verlusten endeten.

Ein Beispiel der besonderen Art war die Übernahme der Schweizer Winterthur Versicherungsgesellschaft durch Credit Suisse CEO Lukas Mühlemann am 9. Dezember 1997. Die Restrukturierungskosten und der Verkauf an die französische AXA Versicherungsgruppe war ein milliardenschweres Abenteuer. **Andere ausserordentliche Erträge und Kosten** sind Sonderposten mit betrieblichem und nicht betrieblichem Charakter die sich positiv oder negativ auf die Erfolgrechnung auswirken, wie Schäden durch Naturkatastrophen durch Feuer, Wasser, Erdbeben, Umzugskosten, Outsourcing etc. Aussergewöhnliche Gewinne entstehen durch einen erfolgreich abgeschlossenen Patentrechtsstreit oder durch Auflösung von früheren offenen oder stillen Rückstellungen.

Reingewinn: Früher waren die ausgewiesenen Reingewinne kaum glaubhaft und wurden auf manche Art manipuliert. Beispiele sind "Kreative Buchhaltung" indem, mangels Buchhaltungs-regeln, betriebliche und nicht betriebliche Zahlen vermischt wurden. Doch das war noch harmlos im Vergleich zu vielen anderen betrügerischen Machenschaften in den Jahres- und Geschäftsberichten. Sie wurden oft erst aufgedeckt, wenn es bereits zu spät war und das Unternehmen schon kollabierte. Es brauchte einen Finanzskandal in der Grössenordnung von ENRON, damit endlich entsprechende Buchungsstandards geschaffen wurden. ENRON war auch der grösste Unternehmenszusammenbruch in der US Geschichte. Er wurde möglich, weil Top Manager in den Buchhaltungsstandards bzw. US Accepted Accounting Principle GAAP Schlupflöcher entdeckten und missbrauchten. Dabei konsolidierten sie viele Gesellschaften nicht, weil ENRON nur mit einer Minderheit an ihnen beteiligt war. In der Folge operierten diese unabhängigen Finanzvehikel bzw. "Special Purpose Companies (SPCI) als "Steuerverstecke" und Profit Centers auch mit hohen Bankkrediten. Am Ende erreichten die unkontrollierten Transaktionen ein derart riesiges Ausmaß, dass die siebt grösste US Gesellschaft ENRON im November 2001 implodierte und wie ein Kartenhaus zusammenbrach. Zurück blieben 4000 Angestellte ohne Job und Schulden in Milliardenhöhe.

Bald darauf folgte "Telekom Star" WORLD COM der durch dubiose Aktiengeschäfte etc. zur zweit grössten Unternehmenspleite in der Geschichte der USA wurde. Als jedoch bekannt wurde, dass auch andere grosse US Konzerne ihre Gewinne verschönerten verloren die Investoren in den USA und Europa das Vertrauen und die Aktienmärkte tauchten. Darauf schufen die US Behörden den Sarbanes-Oxley Act, um die Exzesse und Betrügereien im Aktien Research der Banken zu stoppen. **Cash Flow:** Als Folge der Einführung der neuen Buchhaltungsstandards hatten die alten Cash Flows definiert als „Reingewinn plus non-cash Abschreibungen" ihre einstige Bedeutung verloren. Die neuen Definitionen für Cash Flows heissen heute "Cash Flow From Operation", "Free Cash Flow" und "Available Cash Flow" und werden im nächsten Kapital weiter erläutert.

KAPITALFLUSSRECHUNG
FREIER ODER VERFÜGBARER CASH FLOW?

Entwicklung des Cash Flow von 1950 – 2007
Die Bezeichnung „Cash Flow" wurde 1950 in den USA entwickelt und war während Jahrzehnten der Maßstab zur Messung der Unternehmungsleistung und Liquidität.

In Europa wurde die Bezeichnung „Cash Flow" erstmals im Geschäftsbericht 1959 der Imperial Chemical Industries (ICI), London erwähnt. In der Folge fand diese Kennzahl auch in anderen europäischen Geschäftsberichten und in der Finanzpresse Eingang. Warum die Akzeptanz des alten „Cash Flow", definiert als Reingewinn und Abschreibungen viele Jahre anhielt, waren fehlende Alternativen. Demzufolge ist die alte Definition „Cash Flow" in einigen Investment Research Abteilungen immer noch aktuell, obwohl diese Bezeichnung nicht den Tatsachen entspricht. Ausserdem existierte keine einheitliche Definition für den „Cash Flow" der in den USA als "Reingewinn plus Abschreibungen", in Deutschland als „selbst erarbeitete Mittel", als "Selbstfinanzierung" oder noch schwerfälliger als „Kapitalrückfluss aus betrieblicher Tätigkeit" bezeichnet wurde. Diese Bezeichnungen konnten sich jedoch im Markt nicht durchsetzen. Und mangels gemeinsam anerkannter Richtlinien wurde der „Cash Flow" von Land zu Land, von Unternehmen zu Unternehmen oft irreführend und falsch definiert. So verlor der alte „Cash Flow" jede Glaubwürdigkeit durch Einbezug weiterer Aufwandposten, womit er künstlich aufgebläht wurde. In diesem Buch wurde, infolge fehlender Daten, die alte „Cash Flow" Form nur für die Schweizer Bespiele Interdiscount und Swissair verwendet. Sie wurden im Abschnitt V auf Seite 107 mit dem Titel "Hohe Verluste durch Schlechtes Management, Mangelhafte Buchprüfung und Schwaches Research" dargestellt. Bei allen übrigen Unternehmen wurden die alten Bezeichnungen durch "Verfügbarer Cash Flow" ersetzt. Schliesslich zum Zweck der Information müssen alle US Gesellschaften seit Oktober 1971 nebst Bilanz und Erfolgs-rechnung auch eine Kapitalflussrechnung beifügen die früher "Statement of Changes of Financial Positions" und „Statement of Sources and Application of Funds" bezeichnet wurden. Heute erfolgt die Präsentation des „Verfügbaren Cash Flow", gemäss dem US Bespiel COCA COLA COMPANY AND SUBSIDIARIES das nach den Buchungstandards GAAP erstellt wurde.

GLIEDERUNG DER KAPITALFLUSSRECHNUNG
COCA COLA COMPANY

+ Reingewinn
+ Abschreibung & Amort. Immaterieller Aktiven
+ Aktienbasierte Kompensationskosten
- Steuerrückstellung
+ Gewinn/Verlust auf eigenen Mittel, netto Dividende
+ Anpassungen zu Fremdwährungen
o Gewinn/Verlust aus Aktien Emission
- Gewinn/Verlust a/Aktiven inkl. Flaschenabfüllung
+ Andere betriebliche Kosten
+ Andere betriebliche Posten
Reingwinn und Non Cash Posten
- Veränderung des Umlaufvermögen
+ Emission von Schuldverschreibungen
Cash Flow aus betrieblicher Tätigkeit

- Erwerb und Beteiligung von/an Markennamen
- Erwerb anderer Beteiligungen
+ Erlös aus Veräusserung anderer Beteiligungen
- Kauf von Immobilien, Anlagen & Ausrüstungen
+ Verkaufserlös schwer realisierbarer Aktiven
- Andere getätigte Investitionen
Cash Flow benützt für Betriebs Investitionen
Verfügbarer Cash Flow
- Rückzahlung von Schulden
+ Emission eigener Aktien
- Rückkauf eigener Aktien
- Dividenden Ausschüttung
Cash flow benützt für Finanz Investitionen
- Zunahme/Abnahme liquider Mittel
Liquide Mittel zu Beginn des Jahres
Liquide Mittel am Ende des Jahres

Trotz vieler Regeln zur Präsentation der Kapitalflussrechnung, gibt es nicht einheitliche Standards zu deren Länge und Textbeschreibung. Das Beispiel COCA COLA ist deshalb einfach und kurz, da Produktion und Verteilung von Softdrinks, im Vergleich zu Unternehmen mit hoher Fertigungstiefe, weniger Erklärungsbedarf benötigen.

Demzufolge publiziert die weltweit zweit grösste Warenverkaufskette CARREFOUR mit niedriger Fertigungstiefe auch eine relativ kurze Kapitalflussrechnung. Anders ist die Situation bei BP und BOEING mit ihrem reichhaltigen Angebot von Energieprodukten und Investitions-güter mit hoher Fertigungstiefe. Doch keine Unternehmen präsentieren so lange und ausführliche Kapitalflussrechnungen inkl. detaillierten Information wie Thai Gesellschaften, weshalb sie in den Beispielen gekürzt werden mussten. Anderseits werden die Ausgabe langfristiger Schuldverschreibungen und die Rückzahlung langfristiger Verbindlichkeiten getrennt dargestellt.

Der Einbezug der kurz- und langfristigen Bankverbindlichkeiten als Teil des Verfügbaren Cash Flow vermittelt einen besseren Einblick zum Mittelzufluss. Ausserdem bestätigt das Beispiel Coca Cola, dass die Zunahme der kurzfristigen Verbindlichkeiten ein integrierter Teil der Betriebstätigkeit ist, wie alle anderen Positionen des Umlaufvermögens. Folglich sollten sie nicht, wie in Ländern ausserhalb der USA, getrennt als „Cash Flow from financing activities" aufgeführt werden. Dies deshalb, damit sofort klar wird, in welchem Ausmass verfügbare Mittel inkl. Bankkredite bereit stehen, um irgendwelche Entscheide zu treffen. Die Bezeichnung "Freier Cash Flow" wurde in diesem Buch für einige Zeit verwendet und alsdann in „Verfügbarer Cash Flow" umbenannt. Der Grund war, dass kein Unternehmen diese Bezeichnung verwendete und außerdem ist der „Freie Cash Flow" wirklich frei? Nein! Nur liquide Mittel die wirklich nicht mehr benötigt werden, sollten besser den Aktionären zurück vergütet werden. Bedingt durch die Bedeutung des verfügbaren Cash Flow und damit er weltweit einheitlich erstellt wird, wurden die Tabellen der Kapitalflussrechnungen der Unternehmen in Europa und Thailand den US Standards angepasst.

Um Missverständnisse zu vermeiden ist bei Erstellung von Kapitalflussrechnungen, basierend auf Bilanzen und Erfolgsrechnungen, darauf zu achten, dass jede Erhöhung von Aktiven inkl. liquide Mittel ein "outflow" und jede Abnahme der Aktiven ein „inflow" ist. Dagegen ist jede Erhöhung der Passiven ein „inflow" und jede Abnahme ein "outflow".

III. Finanz Instrumente
zur Liquditätsbeschaffung und Verkaufsförderung

Allgemeine Informationen In der Praxis werden, je nach Käufer Land und Produkt, kurz-, mittel- und langfristige Lieferantenkredite gewährt, deren Finanzierung besondere Kenntnisse erfordern. Kurzfristige Lieferantenkredite sind kommerzielle Kredite, die von Unternehmungen an gute Kunden zum Warenbezug eingeräumt werden. Dabei wird dem Käufer eine Kreditlinie für unbestimmte, aber jederzeit kündbare Frist gesetzt, die es ihm ermöglicht die Waren nach seinen Bedürfnissen zu bestimmen. Dem Käufer wird dabei auf offene Rechnung geliefert, d.h. er muss die Ware erst nach Ablauf einer gewissen Frist viertel- oder halbjährlich bezahlen, ohne dass ihm Zinsen verrechnet werden.

Dabei besteht das Kreditrisiko darin, dass der Verkäufer selten die Möglichkeit hat, näheren Einblick in die Finanzlage des Käufers zu erhalten. Diese Nachteile kennt die Bank nicht. Die Bank kann sich deshalb bei drohender Zahlungsunfähigkeit des Käufers rechtzeitig absichern.

Wohl kann der Verkäufer die Waren, sofern noch vorhanden, zurückverlangen, doch ist dies mit hohen Kosten und Umtrieben verbunden und bei Konsumgüter meist zwecklos. Deshalb ist bei Lieferungen auf offener Rechnung zwischen Käufer und Verkäufer einzig das gegenseitige Vertrauen der Schlüssel zum Erfolg. Bei grossen Verkaufscenters und internationalen Ladenketten ist die Lieferungs- und Zahlungsweise teilweise unterschiedlich, da sie den direkten Barverkauf mit tausenden Einzelkunden pflegen. Verteilungscenters und international tätige Ladenketten profitieren dabei von ihrer Marktmacht indem sie kurz- und mittelfristig grosse Warenmengen zu Discountpreisen zinsfrei einkaufen und gegen bar an ihre Einzelkunden, je nach Marktlage, zu Einstands- oder höheren Preisen verkaufen.

Kurz bis mittelfristige Lieferantenkredite von Verkäufer
Lieferanten können nicht unbeschränkt auf Kredit verkaufen, da immer grössere Lieferantenkredite bzw. Kundenforderungen ein zunehmendes Risiko darstellen. Dagegen wird das Kreditrisiko in jenen Fällen ausgeschaltet, wo die Bonität des Käufers nicht zur Diskussion steht. Die Qualität der ausstehenden Kundenforderungen hat deshalb entscheidenden Einfluss auf die Liquidität des Verkäufers, da bei nicht gedeckten Warenlieferungen seine rechtliche Stellung, erfahrungsgemäss schwach ist, um von notleidenden Debitoren Zahlung zu erhalten. Hohe ausstehende Debitoren sind auch ein sichtbares Zeichen von langsamer und schleppender Zahlungsweise der Kundschaft, womit die Liquidität des Verkäufers eingeschränkt wird.

Zessionskredit – Abtretung von Kundenforderungen zur Liquiditätsbeschaffung
Der Lieferant kann seine offenen Buchforderungen an eine Bank abtreten. Aufgrund dieser Abtretung wird dem Lieferant ein Kredit gewährt, wobei die Belehnungsgrenze in der Regel bei 70% des Rechnungsbetrages liegt. Erlösminderungen jeder Art und Debitorenverluste gehen voll zu Lasten des Lieferanten. Die Bank wird bei der Beurteilung eines solchen Zessionskreditgesuches die Kreditwürdigkeit der Abnehmer wie auch diejenige des Lieferanten prüfen, allenfalls ist die Garantie des Importlandes nötig. Bei der Bevorschussung von Exportforderungen wird die kreditgebende Bank jedoch erhöhte Kreditrisiken berücksichtigen müssen. Dabei geht es neben dem wegen der räumlichen Distanz schwerer abzuschätzenden Kundenrisiko bzw. Delkredere auch insbesondere um das politische sowie Währungs- und Transferrisiko. Durch Wechselakzepte wird das Kreditrisiko gemildert, doch die Garantie, dass die Zahlung fristgerecht erfolgt ist von Land zu Land verschieden und der Bankkunde bzw. Lieferant bleibt gegenüber der Bank in der Pflicht bis die ausstehende Forderung bezahlt ist.

Wechselforderungen auf Sicht sind rechtsgültige Dokumente mit Wertpapiercharakter und sind deshalb besonders geschützt. Rechtliche Schritte können innert wenigen Tagen unternommen werden, sollte der Wechsel bei Verfall nicht honoriert werden. Eine juristische Person oder Gesellschaft kann auf Konkurs und eine natürliche Person auf Verpfändung ihrer Vermögenswerte betrieben werden. Wechselforderungen sind diskontierbar und ein Instrument Liquidität zu generieren. **Besitzwechsel aus Warenforderungen:** Der Verkäufer kann mit diesem Dokument dem Käufer einen Lieferantenkredit einräumen und ihm helfen während der Laufzeit Umsatz und Gewinn zu steigern. Dieser anderseits kann sich während der Karenzfrist durch Geschäfte mit Dritten Liquidität verschaffen.

Besitzwechsel aus Lieferung von Investitionsgüter: Nach Erhalt der vereinbarten Anzahlungen für Maschinen und Anlagen etc. gewähren Hersteller mittel- bis langfristige Kredite zur Begleichung der Restschuld. Als Gegenleistung erhalten sie vom Käufer unterzeichnete Wechselakzepte oder „Promissory Notes" bzw. Eigenwechsel die nach Verfalldaten bis zu fünf Jahren und mehr zahlbar sind. **Besitzwechsel aus Finanzgeschäften** werden für Überbrückungskredite von Banken und deren verbundenen Gesellschaften verwendet. Kurzfristigen Charakter haben Lieferungen an Einzelhändler von Konsumgüter. Dagegen sind Lieferungen von Investitionsgüter an Investoren langfristig und zahlbar gegen Monats und Jahres Besitz- und Eigenwechsel bis zu sieben und mehr Jahren.

Konzernforderungen entstehen aus Lieferungen und Leistungen an Konzernmitglieder. So wird z.B. eine Muttergesellschaft ihre gewährten Darlehen und erfolgten Lieferungen an ihre neugegründete Tochter unter Umständen erst nach Jahren zurückerhalten. Ebenso kann dies für andere Konzernmitglieder wie Filialen und übernommenen Firmen der Fall sein. Gewisse Konzernforderungen können aber auch kurzfristig sein. Für Lieferungen an Tochtergesellschaften in gewissen Ländern bevorzugt der Hauptsitz Zahlung gegen unwiderruflich bestätigte Akkreditive, um allfällige Importstops zu verhindern. In der Bilanz sind Konzernforderungen bei den schwer realisierbaren Aktiven einzuordnen, damit kein falsches Bild über die leicht realisierbaren Aktiven bzw. Umlaufvermögen entsteht.

Lieferung gegen Akkreditiv ist die gebräuchlichste Form für Lieferungen, die nicht auf offener Rechnungsbasis möglich sind. Bei wenig intensiven Kontakten mit bestimmten ausländischen Kunden in Exportmärkten mit unstabilen wirtschaftlichen und monetären Bedingungen sind L/C oder Akkreditive das einzige Zahlungsinstrument. Sie sind besondere für Länder mit Devisenproblemen erforderlich, wo Behörden die Verwendung von Akkreditiven vorschreiben. Im Fall von Sicht Akkreditiven "Documents Against Payment" können Waren bei Aushändigung der Dokumente sofort bezogen werden. Bei Akkreditiven „Documents Against Acceptance" wird dem Käufer eine Zahlungsfrist von beispielsweise 90 Tagen eingeräumt.

Dabei genügt es, dass der Käufer einfach den laufenden Wechsel, der untrennbar mit dem Akkreditiv verbunden ist, unterschreibt. Dieses Wechselakzept kann der Verkäufer einer Bank zum Diskont einreichen, wobei er aber gegenüber der Bank bis zu dessen Bezahlung haftbar bleibt.

Lieferungen unter Eigentumsvorbehalt zur Sicherung von Lieferungen dauerhafter Konsumgüter, wie Kühlschränke. TV Geräte. Möbel, Autos etc. erfolgt in der Regel nur innerhalb der Landesgrenzen und sind gewöhnlich von kurz- bis mittelfristigem Charakter. Dieser "Güterschutz" wird für Kunden angewendet die für den Verkäufer ein Kreditrisiko darstellen. Bei Zahlungseinstellung des Käufers kann er davon Gebrauch machen. Ausserdem bevorschussen spezialisierte Banken, für Kreditzwecke, abgetretene Kundenforderungen nur, wenn darauf ein Eigentumsvorbehalt registriert wurde. Trotzdem ist ein zahlungsunfähiger Kunde für den Verkäufer eine hohe Kosten- und Zeitverschwendung der gegenüber der Bank weiterhin in der Pflicht steht. Im Fall von Lieferungen von Maschinen im In- und Ausland wird der EV wirkungslos, sobald diese mit dem Gebäude fest verbunden werden und die Bank als Hypothekargläubigerin auch Eigentümerin der Maschinen wird.

Forfaitierung: Dies ist eine Möglichkeit für den Lieferanten sich vom Kreditrisiko ganz zu befreien. Unter diesem Titel wird der Ankauf von Forderungen aus Warenlieferungen, meist Exportgeschäften, unter Ausschluss des Rückgriffsrecht auf vorherige Forderungseigentümer verstanden. Der Ankauf erfolgt unter Abzug des Zinses bzw. Diskont für die ganze Laufzeit in der Regel sechs Monate bis fünf Jahre. Der Lieferant erreicht damit praktisch die Umwandlung seiner auf Kredit getätigten Verkäufe in einen Barverkauf. Bei der Forfaitierung haftet der Lieferant lediglich für Mängel an der gelieferten Ware und den richtigen Bestand der Forderung. Alle anderen Risiken, wie Delkredere, Transfer- und Währungsrisiko übernimmt der Forfaiteur.

Factoring: Darunter versteht man die laufende Übernahme des gesamten Debitorenbestandes des Lieferanten durch eine Factoring Gesellschaft. Diese Gesellschaft erfüllt je nach Wunsch des Kunden drei Funktionen, nämlich 1. Absatzfinanzierung, 2. Übernahme des Delkredererisikos und 3. Dienstleistungen, wie Debitorenbuchhaltung, Inkasso- und Mahnwesen und Verkaufsstatistik. Die Übernahme der Ausstände durch einen Factor unterscheidet sich somit wesentlich von einem Zessionskredit bei dem das Delkredere beim Lieferanten verbleibt, ein bestimmtes Kreditlimit festgelegt wird und die Bank keine weiteren Dienstleistungen übernimmt. Factoring ist somit ein Forderungskauf ohne Rückgriffsrecht für den Lieferanten.

Mittel- bis langfristige Lieferantenkredite
Von Verkäufer und Banken mit Staatsgarantie

Für mittelfristige Lieferantenkredite beträgt die Dauer durchschnittlich ein bis sieben Jahre. Diese Kreditart hat vor allem den Verkauf auf Kredit von Investitionsgütern, wie Maschinen, Anlagen, industrielle Einrichtungen, schweren Nutzfahrzeugen etc. zum Gegenstand. Da Investitionsgüter nicht wie Konsumgüter die Unternehmung durchlaufen, um als veredelte Produkte in den Verkauf zu gelangen, bleiben sie in der Firma, um durch Verarbeitung von Rohstoffen zur Steigerung von Umsatz und Ertrag beizutragen. Demzufolge nennt man Investitionsgüter auch Produktivmittel deren Kauf beträchtliche finanzielle Mittel erfordert und Käufer lange Zahlungsziele beanspruchen Der Verkäufer muss sich somit folgender Risiken bewusst sein.

Fabrikationsrisiko: Dieses beginnt für den Lieferanten je nach Art des Auftrags ab Beginn der Arbeiten in den technischen Büros, ab Beschaffung des erforderlichen Materials respektive mit der Erteilung von Bestellungen an Unterlieferanten oder ab Fabrikationsbeginn und dauert bis zum Zeitpunkt der Ablieferung. Da bis zum Zeitpunkt der Ablieferung, je nach Produkt Jahre verstreichen können, ist für den Lieferanten das Risiko groß, dass der Käufer in der Zwischenzeit zahlungsunfähig wird, oder aus welchen Gründen auch immer, nicht mehr bereit ist die versandbereiten Produktivmittel zu kaufen. Im Fall der Unmöglichkeit zu liefern entstehen für den Lieferanten, vor allem im Grossmaschinenbau, ernsthafte Probleme die zu vermeiden sind.

Zahlungs- und Kreditrisiko kann durch eine Kreditversicherung gemildert werden. Kreditversicherungen versichern aber nur Kreditrisiken, wenn sie entsprechend einschätzbar sind. Ausserdem wissen Kreditversicherer nicht, ob der versicherte Lieferant auch noch andere Verbindlichkeiten gegenüber weiteren Lieferanten eingegangen ist, womit für den Versicherer das Schuldnerrisiko des versicherten Lieferanten weit höher wird als anfänglich geschätzt wurde. Ein weiterer Nachteil ist, dass versicherte Lieferanten wenig Einblick in die Tätigkeit ihrer Käufer haben die oft nur widerwillig bereit sind Bilanz- und Erfolgsrechnungszahlen mitzuteilen.

Länderrisiko: Politische und wirtschaftliche Informationen von Entwicklungsländern sind heute, dank weltweit tätiger Medien, leicht erhältlich. Im Übrigen erstellen viele Universitäten und spezialisierte Bankenabteilungen Statistiken, Zahlenmodelle, Wirtschafts- und Presseberichte, während der International Monetary Fund (IMF) ein weites Spektrum von Nachrichten liefert. Durch die Schaffung der European Union (EU), die 27 Länder umfasst, entstanden weitere Informationsquellen. Ferner hat der Aufstieg vieler Entwicklungsländer, insbesondere in Asien, zur Milderung der Länderrisiken beigetragen. Doch die Flut von Informationen nützt wenig, wenn daraus keine Schlüsse und keine Konsequenzen gezogen und keine strengen Maßnahmen getroffen werden So war zum Beispiel schon lange bekannt, dass Griechenland die Statistiken fälschte, um sich den EU Beitritt zu erschleichen. Plötzlich mit harten Euros statt weichen Drachmen in den Taschen leisteten sich die gut bezahlten 40-50 jährigen Frührentner und Staatsdiener ein Luxusleben auf Pump und die EU reagierte nicht. Als die feiernden Griechen über € 60 Mrd. verprasst hatten und von den mit Finanzproblemen kämpfenden EU Staaten weitere € 40 Mrd. forderten und mit Streiks drohten, brachte das kleine Griechenland die EU beinahe an den Rand des Abgrunds.

In den 70er Jahren sagte Brasilien's Finanzminister Herzog scherzhaft: "Schulde ich $5 Mrd. habe ich ein Problem, schulde ich $50 Mrd habe es andere. Griechenland ohne Ressourcen und geringer Arbeitsethik hatte nicht nur keine Skrupel, sondern stellte zusätzliche Forderungen in zweistelliger Milliardenhöhe.

Finanzierung und Sicherung von Investitionsgütern durch Kundenanzahlungen ist für den Lieferanten besonders wichtig. Von schwachen Käufern ist aber manchmal eine gewisse Vorsicht zu empfehlen. Es ist schon vorgekommen, dass 50% des Verkaufspreises im Voraus bezahlt wurden, damit der Lieferant dem Käufer die Produktivmittel ohne weiteres überliess. Der Restbetrag konnte aber nicht mehr aufgebracht werden. In diesem Fall hätte ein rechtsgültiger Eigentumsvorbehalt, trotz Kosten für den Rücktransport oder Weiterverkauf der Güter, den Lieferanten weitgehend vor Schaden bewahren können. Gelingt es jedoch dem Lieferanten den Kunden zu bewegen, für den zu gewährenden Kreditbetrag eine Solidarbürgschaft einer erstklassigen Bank beizubringen, ist die Bonität des Kreditnehmers nebensächlich, weil durch die Solidarbürgschaft der Bank das Kreditrisiko für den Verkäufer ausgeschaltet wird. Statt einer Bank erfüllt auch eine staatliche Exportrisikogarantie, die bis 85% des Kreditrisikos übernimmt, einen ähnlichen Zweck. In der Schweiz ist es die Staatliche Exportrisiko Garantie bzw. ERG, in Deutschland Hermes und in Frankreich die Staatliche Coface.

Bei Verkäufen von Investitionsgütern bedeutet die Gewährung eines mittelfristigen Lieferantenkredites zunächst eine Produktionsfinanzierung und anschliessend eine Finanzierung des gelieferten Produktes bis 85% über mehrere Jahre. Demzufolge ist es begreiflich, dass der Verkäufer bei der Gewährung mittelfristiger Lieferantenkredite auf die Refinanzierung der Banken angewiesen ist. Die Banken haben für diesen Zweck folgende Möglichkeiten entwickelt:

Diskontierung der akzeptierten Warenwechsel mit Verfalldaten bis zu mehreren Jahren und Überweisung des Erlöses nach Abzug der Zinskosten an den Lieferanten

Kreditgewährung direkt an den Käufer der Ware der seine Bank beauftragen wird den Betrag dem Verkäufer zu überweisen

Die Bank übernimmt die akzeptierten Wechsel des Verkäufers. Der Verkäufer muss dabei die Bonität der Wechsel garantieren und als Eventualverpflichtung in der Bilanz ausweisen.

Langfristiger Lieferantenkredit von Verkäufer und Banken mit Staats Garantie

Langfristige Lieferantenkredite dienen in der Regel zur Finanzierung von Industrieanlagen, Tunnels, Wasser- und Elektrizitätswerke, atomare Stromerzeuger, Ölpipelines, Raffinerien, Strassen- und Schienen als Transportsysteme sowie alle Art von Entwicklungsprojekten. Da die Realisierung dieser Projekte erhebliche finanzielle Mittel – oft in der Grössenordnung von mehreren hundert Millionen bis über eine Milliarde in harter Währung – erfordert die erst nach 10 bis 20 Jahren wieder vollständig zurückbezahlt werden, stellen sich für Lieferanten und Banken ganz besondere Finanzierungs- und sonstige Probleme.

Dabei werden die finanziellen Probleme zusätzlich noch vergrößert, weil bis zur Fertigstellung und Inbetriebnahme der Projekte vielfach 2 – 3 Jahre verstreichen, ohne das die Lieferanten oder Banken vom Auftrag- geber während dieser Zeit irgendwelche Anzahlungen erhalten. Die Praxis hat deshalb folgende Finanzierungsmodelle entwickelt:

Rahmenkredit: Dies ist eine durch Staatsvertrag festgelegte Kreditlimite, das als Instrument der Entwicklungshilfe zu betrachten ist und einheitliche Normen für die Zahlungsbedingungen, die Zinsgestaltung und die Gewährung der Exportrisikogarantie bei den betreffenden Geschäften festlegt. Die Abwicklung erfolgt in der Regel durch Grossbanken, die zu diesem Zweck ein Konsortium gebildet haben. Dieses erstellt den syndizierten Kreditvertrag der bis zu 80 A4 Seiten umfasst. Dabei hat eine Bank die Federführung inne, die die Konsortialmitglieder zur Teilnahme eines bestimmten Teils des in Frage kommenden Kredits verpflichtet. Meist geben diese Konsortialbanken auch Unterbeteiligungen an weitere Geldgeber ab. Bei diesen Geschäften pflegen Schweizer Banken das von der staatlichen Exportrisiko nicht gedeckte Zinsrisiko zu übernehmen, während das nicht gedeckte Kapitalrisiko beim Lieferanten verbleibt.

Mischkredit ist die Weiterentwicklung des Rahmenkredites bei dem der Staat des Lieferanten sich mit den Banken hälftig in der Finanzierung teilt. Da die Staatsmittel zu einem Vorzugssatz gewährt werden, tritt das Schuldnerland in den Genuss eines ermäßigten Mischzinssatzes.

Parallelfinanzierung ist eine gemeinsame Finanzierung von Entwicklungsprojekten durch die Lieferantenländer und die Weltbank oder ein anderes Institut der Entwicklungshilfe.

IV. Liquidität, Profitabilität, and Stabilität
Eckpfeiler und Spiegel der Unternehmensfinanzen

Allgemeine Informationen

Bei genügend liquiden Mittel können Unternehmen ihren Betrieb weiter führen, ansonst überleben sie nur, wenn sie Vertrauen besitzen bzw. kreditwürdig sind. Das war immer so, denn das Wort „Kredit" stammt vom lateinischen "Credere" und hat für Banken fundamentale Bedeutung. Swissair hatte am Tag des Grounding am 2. Oktober 2001, kein Vertrauen mehr, da weltweit kein Flughafen mehr bereit war die Flugzeuge aufzutanken. Dagegen können sich kreditwürdige Unternehmen jederzeit Liquidität beschaffen um Engpässe zu überbrücken.

LIQUIDITÄT KENNZAHLEN = Max. Punkte 400 bzw. 100%

Liquidität oder Zahlungsbereitschaft wird in der Buchhaltungspraxis wie folgt definiert:
„Liquide oder flüssige Mittel": Wird als Maßstab selten für Vergleichszwecke gebraucht
„Quick Ratio": Als liquide und greibare Mitte werden sie in den Jahresrechnungen aufgeführt
„Current Ratio": Diese Kennzahl ist der meistgebrauchte Maßstab zur Liquiditätsmessung

Folgende Bewertungspunkte reflektieren die Qualität der Finanzdaten

100 P = sehr gut	**40 P** = unbefriedigend
80 P = gut	**20 P** = ungenügend
60 P = befriedigend	**0 P** = **schlecht**

Verfügbarer Cash Flow in Währung ;Million, Tausend
1. Verfügbarer Cash Flow in % Nettoumsatz
2. Kundenforderungen bzw. Debitoren in % Nettoumsatz

3. Warenlager und Laufende Arbeiten in % Nettoumsatz
4. Current Ratio= Kurzfr. Aktiven minus Kurzfr. Passiven

Verfügbarer Cash Flow in Währung Million, Tausend

Gemäss Kapitel Gliederung der Kapitalflussrechnung auf Seite 18 ist der Verfügbare Cash Flow der Betrag der nach Abzug der Betriebs- und Finanzinvestitionen vom betrieblichen Cash Flow übrig bleibt. Dabei wurden auch Entstehung und Zweck des Verfügbaren Cash Flow erwähnt, wobei noch beizufügen ist, dass ein hoher Verfügbarer Cash Flow oft auch für wohltätige Zwecke zur wirksamen Image Pflege für wohltätige Zwecke verwendet wird.

1. Verfügbarer Cash Flow in Prozent vom Nettoumsatz

100 P	+5.0%	40 P	1.0 – 1.4%
80 P	2.5 – 4.9%	20 P	0.5 – 0.9%
60 P	1.5 – 2.4%	0 P	–0.4%

Mit dem Zweck den verfügbaren Cash Flow mit anderen Gesellschaften vergleichbar zu machen, wurden die verschiedenen Präsentationen der Kapitalflussrechnungen nach einheitlichen US Standards aufbereitet. Das wird dadurch deutlich gemacht, dass auf der Passivseite die kurzfristigen Bankkredite ein integrierter Bestandteil der Current Ratios (kurzfristige Aktiven minus kurzfristige Passiven) und die langfristigen Schulden Teil des betrieblichen Cash Flow sind und nach Abzug der Betriebs- und Finanzinvestitionen den verfügbaren Cash Flow ergibt. Bank- und andere Schulden werden auf diese Weise in den betrieblichen Cash Flow eingebettet und nicht mittels eines Finanzausweises getrennt aufgeführt, wie dies ausserhalb der USA der Fall ist. Die oben gezeigten bewerteten Prozent Zahlen für den Cash Flow sind Richtlinien, wobei auf die Zusammensetzung der Finanzquellen besonders zu achten ist. So ist ein mit Fremdkapital "aufgeblasener" Verfügbarer Cash Flow entsprechend tiefer zu bewerten. Ausserdem sollten die Bankkredite im betrieblichen Cash Flow auch im Verfügbaren Cash Flow ersichtlich sein, um keine falschen Schlüsse zu ziehen. Ein solcher Fall ereignete sich bei ABB 2001, als das Management die Aktien "hochjubeln" wollte, indem hohe Dividenden ausgeschüttet und in großem Umfang Aktien auf dem Markt mit Bankkrediten zurückgekauft wurden. Der Versuch war ein totaler Misserfolg. Eine andere wichtige Funktion des Verfügbaren Cash Flow ist die Transparenz, wonach Dividendenausschüttungen, Aktienrückkäufe, Schuldentilgung, Zunahme und Abnahme von liquiden und greifbaren Mitteln und weitere Transaktionen sofort sichtbar sind. Demzufolge sind niedrige Prozentzahlen des Verfügbaren Cash Flow in % vom Netto Umsatz nicht per se schlecht die bei CARREFOUR durchschnittlich über gute 2% betragen. Dank dem hohen Verkaufsvolumen kann dieser Grossverteiler vom Verfügbaren Cash Flow 21% zur Schuldentilgung, 23% für Dividenden und 56% zur Erhöhung liquider und greifbarer Mittel verwenden

2. Kundenforderungen bzw. Debitoren in Prozent vom Nettoumsatz

100 P	0 – 20%
80 P	21 – 25%
60 P	26 – 30%
40 P	31 – 35%
20 P	36 – 40%
0 P	+41%

Einleitend ist festzuhalten, dass kein Unterschied zwischen Kundenforderungen und Debitoren besteht. Da jedoch das Wort „Kundenforderungen" zu lang, etwas scherfällig und schwierig für Tabellen zu verwenden ist, wird in diesem Buch dieses Wort nur in Ausnahmefällen verwendet. Die Realisierung der Debitorenausständen wurde früher als "Debitorenumschlag" bezeichnet. Heute werden Debitorenausstände als Prozente vom Netto Umsatz dargestellt. Diese Berechnungsart ist übersichtlicher, einfacher, genauer, und besser vergleichbar.

Sehr informativ ist auch die Relation Debitorenausstände bezogen auf den Nettoumsatz, woraus die durchschnittliche Zahlungsdauer der Kunden zur Begleichung der Rechnungen festgestellt werden kann. So zum Beispiel bei Debitorenausständen die 20% des Nettoumsatzes betragen entsprechen diese 1/5 von 360 Tagen oder durchschnittliche Zahlungsziele von 72 Tagen.

Je tiefer also diese Prozentzahlen liegen, desto schneller zahlen die Käufer ihre Rechnungen. Anderseits können hohe Debitorenausstände folgende Ursachen haben, nämlich Liquiditäts- probleme der Kunden, Missbrauch von zinsfreien Lieferantenkredite, oder der Lieferant hat Probleme, wie schlechte Lieferungen und Kundenreklamationen die den Lieferanten zwingen Konzessionen zu machen, wie Gewährung langer Zahlungsziele. Ausserdem hängt die Realisierung der Debitoren auch von der Art der Geschäfte und Produkte ab. Hersteller und Lieferanten von Konsumgütern haben allgemein tiefe Prozentzahlen, während die Werte für dauerhafte Konsumgüter, besonders bei lukrativen Verkaufsangeboten, wie Auto, Haushalt- geräte, Möbel etc entsprechend höher sind. Doch generell sind Debitorenausstände in den Bilanzen der Konsumgüterindustrie in der Grössenordnung von 20-30%.

Doch Vorsicht, wenn ein Käufer oder Händler von Haushaltswaren Zahlungsziele bis zu 180 Tagen verlangt, was 50% des Nettoumsatzes entspricht. In der Schweiz ereignete sich so ein Fall indem ahnungslose Lieferanten dem betrügerischen Käufer, dessen Geschäftsstrategie von Anfang expansionsorientiert war. Innert kurzer Zeit eröffnete er 19 Verkaufsläden und erzielte einen Netto Umsatz von SFr 20 Mio. Dies war möglich, da ihm die Lieferanten die Waren gegen Wechselakzepte mit Laufzeiten von 180 Tagen lieferten, während die Kunden des Käufers bar bezahlten. Doch diese Bareinnahmen dienten nicht zur Honorierung der Wechsel, sondern zur Finanzierung neuer und teurer Verkaufsläden mit einem Werbeaufwand von 9% des Netto- umsatzes. Schlimmer noch der Käufer verlängerte die ohnehin langen Laufzeiten der Wechsel. Doch, trotz aggressivem Marketing stockte der Verkauf und die Schulden stiegen. Nach einer Prüfung des Käufer's Geschäftstätigkeit wurde festgestellt, dass er die Buchhaltung fälschte und die Firma ging in Konkurs. Doch die Verkäufer die glaubten mit den Wechselakzepten reale Gegenwerte mit Wertpapiercharakter zu besitzen verloren fast alles.

3. Warenlager und Laufende Arbeiten in Prozent vom Nettoumsatz

100 P	0 – 20%	**40 P**	29 – 30%
80 P	21 – 25%	**20 P**	31 – 40%
60 P	26 – 28%	**0 P**	+41%

Die Funktion des Warenlagers ist bereits im Abschnitt II mit dem Kapitel "GLIEDERUNG DER BILANZ" auf Seite 6 erklärt worden. Die alte Bezeichnung „Umschlagshäufigkeit des Waren- lagers" wurde durch Prozentzahlen ersetzt, da dieses, ähnlich wie bei den Debitoren, leichter und genauer zu berechnen ist. Die Funktion und Bedeutung der Laufenden Arbeiten innerhalb der Warenlager von Herstellern von Investitionsgütern wurde im gleichen Kapital ebenfalls aus- führlich beschrieben. Doch dieses Kapital zeigt die Ursachen von grossen und kleineren Warenlagern, ihre Auswirkungen auf die Liquidität der Gesellschaften und welche Schlüsse gezogen werden können, wenn man sie in Prozent zum Nettoumsatz darstellt.

Zuerst ist festzuhalten, dass dank grossen Fortschritten in der Logistik Lieferungen direkt oder "just in time" rechtzeitig in die Werkhallen gelangen, so dass frühere grosse Warenlager selten geworden sind. So hat zum Beispiel BOEING ein relativ kleines Warenlager. Anders bei mittleren und kleineren Firmen die nicht über ausgeklügelte Logistik Systeme verfügen, ist der Unterhalt entsprechend grösserer Warenlager die einzige Wahl. Demzufolge hängt der Unterhalt von größeren und kleineren Warenlager von der Art der Unternehmen ab.

Bei Händlern, Grossverteiler und Hersteller von Konsumgütern mit geringer Wertschöpfung ist der prozentuale Anteil der Warenlager an den Nettoumsätzen relativ bescheiden bzw. niedrig. Marktsituation, Produktionszyklus sowie Angebot und Nachfrage bestimmen deshalb den erforderlichen Anteil der Waranlager am Nettoumsatz gemäss folgenden Beispielen

- Umsatzschwankungen: Saisonal bedingt, wie Erntezeit bei Agrarprodukten, Weinhändler etc,

- Günstige Markbedingungen: Unternehmen kaufen grosse Mengen Roh- und Betriebsstoffe, um von günstigen Preisen zu profitieren.

- Mögliche Streiks: Im Fall von Arbeitern von Lieferanten-Unternehmen oder Angestellte von Eisenbahngesellschaften die demnächst streiken wollen, wird die Gesellschaft ihr Warenlager erhöhnen müssen, um den Produktionsprozess nicht zu gefährden

Zwischen Debitoren und Warenlager besteht ein enger Zusammenhang, denn Beide binden erhebliche und oft teure Finanzmittel bei zu langsamer Realisierung und schränken die Liquidität und Profitabilität der Unternehmen ein Es ist deshalb Aufgabe des Operation Managers und Finanzchefs in der Produktion und im Verkauf die beste Lösung zu finden.

4. Current Ratio =
Kurzfristige Aktiven bis 1 Jahr minus Kurzfristige Passiven bis 1 Jahr

100 P	+2.0x
80 P	1.5x – 1.9x
60 P	1.3x – 1.4x
40 P	1.0x – 1.2x
20 P	0.8x – 0.9x
0 P	0.0x - 0.7x

Diese Kennzahl ist der älteste und meist verwendete Masstab zur Messung der Liquidität von Unternehmen und ein Indikator den Erfolg und die Ertragskraft der Gesellschaft zu schätzen. Ein Beispiel ist die Schweizer Pharma Gesellschaft Roche deren Current Ratios oft bis zu 4.8x betragen und damit weit über den durchschnittlichen Werten liegen. Es ist dies das Resultat von konstanter Stärkung der liquiden und greifbaren Mittel durch hohe verfügbare Cash Flows und ausgezeichnetem Cash Management der kumulierten kurzfristigen Vermögenswerte in zweistelliger Milliardenhöhe. Doch zum Zweck des "Window Dressing" können Current Ratios verschönert oder "colored" werden, um sie besser darzustellen als sie sind. Dies geschieht einfach indem ein Teil der kurzfristigen Verbindlichkeiten den langfristigen Verbindlichkeiten zugeordnet werden.

Dies ist meist der Fall bei schwächeren Firmen die auch keine geprüften Jahresrechnungen vorlegen. Zur Messung der Liquidität ist nicht unbedingt die Grösse der Current Ratios maßgebend, sondern die rasche Realisierung der kurzfristigen Aktiven. In diesen Fällen können auch Current Ratios unter 1.3x gut sein. Doch die allgemeine Regel ist, dass je grösser das Working Capital bzw. die Differenz zwischen kurzfristigen Aktiven minus kurzfristige Passiven ist, desto liquider ist die Gesellschaft.

PROFITABILITÄT KENNZAHLEN = Max. 700 Punkte bzw. 100%
Folgende Bewertungspunkte reflektieren die Qualität der Finanzdaten

100 P = sehr gut	**40 P = unbefriedigend**
80 P = gut	**20 P = ungenügend**
60 P = befriedigend	**0 P = schlecht**

Nettoumsatz in Währung, Million, Tausend	**4. EBIT % Netumsatz – Kapitalgüter, Energie**
Personalkosten inkl. oder exkl. COGS % Nettoumsatz	**4. EBIT % Netumsatz – Konsumgüter, Detailhan.**
1. Administration, Verkauf, Marketing % Nettoumsatz	5. Zinskosten % EBIT
2. EBITDA % Netumsatz – Kapitalgüter, Energie	6. RG % Umsatz generell für Hersteller div. Prod.
2. EBITDA % Netumsatz – Konsumgüter, Detailhan.	6. RG % Umsatz generell für Groß & Detailhandel.
3..Abschreibungen % a/ Immob.& Immaterielle Aktiven.	7. RG % Eigene Mittel = ROE

Nettoumsatz in Währung, Million, Tausend
Funktion und Bedeutung des Netto Umsatzes als dynamische Grösse wurde bereits im Kapitel "GLIEDERUNG DER ERFOLGSRECHNUNG" auf Seite 15 beschrieben. Noch in den 1970er Jahren publizierten viele Gesellschaften in der Schweiz die Netto Umsätze nicht, sondern nur den Bruttogewinn, da Netto Umsätze eine Fülle von Informationen in Bezug auf Aktiven, Passiven und Positionen der Erfolgsrechnung vermitteln gemäss folgenden Darstellungen.

Produktion- und Personalkosten (COGS) % Nettoumsatz
Keine Tabellenbewertung, sondern als Information zum Personalaufwand

100 P	0 – 26.0%	**40 P**	32.0 – 34,0%
80 P	26.0 – 28.0%	**20 P**	35.0 – 36.0%
60 P	29.0 – 31.0%	**0 P**	+36.0%

Im Kapitel "GLIEDERUNG DER ERFOLGSRECHNUNG" auf Seite 15 wurde bereits darauf hingewiesen, dass die Personalkosten in der Regel in den COGS (Cost Of Goods Sold) bzw. im Produktionsaufwand für verkaufte Produkte enthalten sind. Doch, wenn dieser Aufwand bezogen auf den Nettoumsatz hohe Werte aufweist, so liegen die Ursachen in den hohen Kosten für Rohstoffe, Energie und vor allem für den Personallaufwand. Es gibt viele Gründe für hohe Personalkosten, wie hohe Wertschöpfung der Produkte die von hoch qualifizierten, aber teuren Mitarbeitern in einem ausgetrockneten Arbeitsmark hergestellt werden. Ferner Mängel in der Geschäftsleitung, wie zum Beispiel in einer Baufirma deren Arbeiterkosten 43% des Nettoumsatzes absorbierten. Auf diesen Faktor hingewiesen, gab der Vertreter der Baufirma zu, dass, bedingt durch die starke Expansion die Kontrolle verloren ging, weshalb zu viele Leute eingestellt und auf den verschiedenen Baustellen teilweise unterbeschäftigt waren. Ein weiteres Beispiel war Pelikan, der deutsch/schweizerische Hersteller von Büromaterial, wo die Personalkosten 36% des Nettoumsatzes verschlangen.

Die Ursachen lagen im rezessiven Umfeld, hohe Abfindungsentschädigungen and die entlassenen Mitarbeiter, Verkauf und Umzugskosten von Teilen der Produktion ins Ausland im Rahmen des "Outsourcing Programms". In der Folge sanken die Kosten schrittweise auf den normalen Wert von 28% des Nettoumsatzes. In den 1970er Jahren betrugen die Personalkosten des Pharma Konzerns Sandoz 34% des Nettoumsatzes. Nach einer Unter-suchung durch die Beratungsfirma McKinsey ging der Anteil des Betriebsaufwands auf 30% vom Nettoumsatz zurück. Die oben erwähnten Prozentzahlen sind deshalb Erfahrungswerte und Richtlinien die aber auf den EBITDA einen starken positiven oder negativen Einfluss haben gemäss folgenden Kapiteln.

1. Verkauf, Administration und Marketing (S+A) in Prozent vom Nettoumsatz

100 P	0 – 19.0%
80 P	19.0 – 21.0%
60 P	22.0 – 24.0%
40 P	25.0 – 27,0%
20 P	28.0 – 30.0%
0 P	+30.0%

Siehe auch Kapitel GLIEDERUNG DER ERFOLGSRECHNUNG auf Seite 15 wo diese Aufwendungen bereits erwähnt wurden In den angelsächsischen Ländern werden sie als "overhead costs" bzw Nebenkosten bezeichnet, die möglichst tief zu halten sind, um die Produkte weiterhin preiswert zu verkaufen. In den US Credit Standards sollten die S+A Kosten nicht höher als 25% des Nettoumsatzes betragen. Bei BOEING betragen sie nur 6.8%, während COCA COLA mit 39.2% den höchsten Umsatzanteil aufweist, da seit Jahrzehnten Herstellung und Geschmack der Produkte gleich sind, hat COCA tiefe Produktionskosten und reichlich Mittel für teure Werbung.

2. EBITDA in Prozent vom Nettoumsatz
Produzenten von Kapitalgüter, Energie, Versorger

Nettoumsatz	**100%**
Kosten für Material, Energie, Service von Dritten	-40%
Kosten für Forschung und Entwicklung (F+E}	-5%
Kosten für Personal	-30%
Kosten für Verkauf, Administration und Marketing	-10%
EBITDA	**+15%**

100 P	+15.0%	40 P	3 – 4.9%
80 P	7 – 14.9%	20 P	1 – 2.9%
60 P	5 – 6.9%	0 P	-1%

Im Kapitel GLIEDERUNG DER ERFOLGSRECHNUNG auf Seite 15 wurden Funktion und Bedeutung dieser Kennzahl als Masstab in der Buchhaltug und Finanzanalyse erläutert. Doch welches ist die optimale Grösse für Hersteller von Kapital- oder Investitionsgüter?

Der Markt hat dafür keine Antwort, da folgende Faktoren eine Rolle spielen, wie Art der hergestellten Produkte, Produktionszyklen, Wertschöpfung und Geschäftstätigkeit. Folglich sind die EBITDA gemessen am Nettoumsatz, selbst innerhalb des gleichen Industriesektors, sehr verschieden, wie nachstehende Tabelle illustriert.

25.6% Holcim, weltweit führender Zementhersteller, Schweiz	
16.7% BP, Weltweit führender Integrierter Öl- und Gas Konzern, England,	
11.4% PTT Integrierter Öl- und Gas Konzern von nationaler Bedeutung, Thailand	
12.9% ABB, Energie- und Information Technologie, Schweiz	
7.4% BOEING, Weltweit führender Hersteller von Flugzeugen & integrierte Verteidigungssysteme	
7.2% TIPCO, Hersteller von Asphalt Produkten, Thailand	

Hinzu kommt, dass in den Geschäfts- und Jahresberichten die (COGS) bzw. Produktionskosten nicht im Detail angegeben werden. Doch, um dennoch die EBITDA einheitlich zu bewerten, wurde die oben erwähnte theoretische Kostenstruktur mit prozentualen Anteilen der Kosten innerhalb der COGS bzw. Produktionskosten erstellt. Es sind Erfahrungswerte, wie zum Beispiel die Durchschnittskosten für Forschung und Entwicklung (R+D) von ca. 5% und der durchschnittliche Aufwand für Verkauf, Administration und Marketing von ca. 7%-15%. Dagegen betrugen die Produktionskosten der schweizerischen ABB inkl. R+D 69.5% vom Nettoumsatz, bei BOEING 84.2% and BP 70%. Anderseits ist der Aufwand für Verkauf, Administration und Marketing bei diesen Gesellschaften sehr unterschiedlich. Danach ist er bei ABB 18.8%, bei BOEING 6.9% und bei BP 14.4%. Relativ tief sind vergleichsweise die Produktionskosten der Produzenten von Baumaterial, wie zum Beispiel beim erfolgreichen und weltweit bekannten Zementhersteller Holcim, Schweiz. Doch mit Hilfe der oben dargestellten theoretischen Kostenstruktur konnten einheitliche Richtlinien für die Bewertung der EBITDA in Prozent des Nettoumsatzes geschaffen werden. Hohe Produktionskosten sind somit nicht per se negativ bei Produkten mit hoher Wertschöpfung und guter Marktakzeptanz.

2. EBITDA in Prozent vom Nettoumsatz
Produzenten von Konsumgütern, Detailhandel,

Netto Umsatz	**100%**
Kosten für Material, Energie, Service von Dritten	-30%
Kosten für Forschung und Entwicklung (F+E}	-5%
Kosten für Personal	-25%
Kosten für Verkauf, Administration and Marketing	-15%
EBITDA	**+25%**

100 P	+20.0%	40 P	5.0 – 9.9%
80 P	15.0 – 19.9%	20 P	3.0 – 4.9%
60 P	10.0 – 14.9%	0 P	–3.0%

Im Kapital EBITDA für Produzenten von und Kapitalgüter wurde erwähnt, dass der Markt keine Antwort zur optimalen Grösse von EBITDA für diese Produzenten hat. Dasselbe gilt für Hersteller von Nahrungsmitteln, dauerhafter Konsumgüter, wie Möbel, Haushaltwaren, Autos etc. In der Folge sind auch hier die Unterschiede bei den EBITDA Prozentzahlen erheblich. Doch, um auch diese EBITDA Prozentzahlen messen zu können, wurde der Bewertungsrahmen erweitert.

In der Tat, je nach Art der Produkte, Produktionszyklus und Wertschöpfung sind tiefere EBITDA Prozentzahlen nicht ein Nachteil, insbesondere dann nicht, wenn im Herstellungsprozess Produktivität und Effizienz erhöht wurden. Im Dienstleistungssektor und im Groß- und Detailhandel mit geringer Wertschöpfung sind tiefere EBITDA Prozentzahlen die Regel. Der Fokus liegt deshalb auf den EBIT Margen die zeigen, wie groß der Spielraum für ROE bzw. Rendite auf Eigenkapital und ROA bzw. Rendite auf Aktiven sowie für Sonderausschüttungen noch ist. Ein gutes Beispiel lieferte das führende Schweizer Reiseunternehmen Kuoni, das im ersten Halbjahr 2007 einen EBITDA von 14% erzielte, doch nach Abzug ausserdentlicher Kosten vom EBIT nichts mehr übrig blieb. Die nachstehenden prozentualen EBIT wurden mittels Zahlen der Geschäftsberichte berechnet, wobei die Sonderstellung von COCA COLA bereits unter Rubrik „Verkauf, Administration, Marketing" erläutert wurde, da Produktion und Flaschenabfüllung geringe Kosten verursachen, weshalb außerordentlich hohe EBIT die Folgen sind und viel Spielraum für teures Marketing und Gewinnverteilung offen lassen.

30.1% COCA COLA Company And Subsidiaries, USA
 6.2% CARREFOUR, France
 5.5% AMAZON, USA
 4.9% CPF, Agro Industrial and Integrated Food Business Group Thailand

3. Abschreibungen in Prozent auf Immobilien und Immaterielle Aktiven

100 P	+10.0%
80 P	8.0 – 9.9%
60 P	6.0 – 7.9%
40 P	4.0 – 5.9%
20 P	2.0 – 3.9%
0 P	−1.9%

Abschreibungen sind in der Investitionsgüterindustrie, wo grosse Summen in Immobilien, Werkanlagen und Produktivmittel investiert sind von besonderer Bedeutung. Sie dienen nicht nur zur Anpassung der Wertverminderung durch Abnützung und Verschleiß, sondern auch zur Bildung von Rückstellungen für Ersatzinvestitionen und auslaufende Patente. Je höher also die Profitabilität der Unternehmen ist, desto höher sind steuergünstige Abschreibungen sowie die Bildung von offenen und stillen Reserven möglich. Die oben dargestellten durchschnittlichen und Prozentzahlen sind allgemeine Praxis, während 'Werte unter 6% als nicht befriedigend zu betrachten sind

4. EBIT in Prozent vom Nettoumsatz
Produzenten von Kapitalgüter, Energie, Versorger

EBITDA	15%
Abschreibungen	−10%
EBIT	+5%

100 P	+5.0%
80 P	4.4 − 4.9%
60 P	4.0 − 4.3%
40 P	3.5 − 3.9%
20 P	3.0 − 3.4%
0 P	−2.9%

Der EBIT ist der wichtigste Masstab zur Messung der betrieblichen Leisuntungsfähigkeit, da er nur den erzielten Geschäftserfolg vermittelt und nicht betriebsbedingte Erträge und Verluste ausschließt. EBIT Kennzahlen sind deshalb unverzichtbar für Investoren, Finanzpresse und Finanzanalysten. Die Finanzmärkte reagieren somit empfindlich, wenn gute und schlechte EBIT Kennzahlen publiziert werden. Die nachstehende Tabelle macht ebenfalls deutlich, dass publizierte EBIT, selbst innerhalb der gleichen Branche, ziemlich voneinander abweichen. Doch, um EBIT trotzdem einheitlich und korrekt bewerten zu können, wurden die EBIT Kennzahlen in der Tabelle als praxisbezogene Richtwerte geschaffen. Als Ausgangsbasis und Masstab diente ein theoretischer EBITA von 15% bis zum EBIT von 5%. Da tiefere EBITDA Werte nicht per se schlecht sind, wäre es falsch deswegen erstklassige Unternehmen zu unterbewerten. Die folgenden EBITDA Kennzahlen wurden mit den Zahlen der Geschäftsberichten der Gesellschaften berechnet.

13.2% BP integrated oil and gas group	5.0% TIPCO. Asphalt Produkte, Thailand
10.8% ABB, Energy and Information Technology	5.0% OC Oerlikon, High Tech Kapital Güter
10,7% Sulzer, Pump, -Gas und Turbine Maschinen	4.9% BOEING, Kommerzielle Flugzeuge & Verteidigungsysteme
9.0% PTT Integrated Oil and Gas Group, Thailand	4.9% RUAG Verteidigungsysteme
5.8% Schindler, Hersteller von Lift and Rolltreppen	

4. EBIT in Prozent vom Nettoumsatz
Produzenten von Konsumgüter, Detailhandel, Dienstleistungen

EBITDA	25.0%
Depreciations	10.0%
EBIT	15.0%

100 P	+13.0%
80 P	7.0 − 12.9%
60 P	3.5 − 6.9%
40 P	2.5 − 3.4%
20 P	1.5 − 2.4%
0 P	−1.5%

Diese theoretische und doch praxisnahe EBIT Tabelle basiert auf dem gleichen Prinzip wie jene für EBITDA. Sie dient dem gleichen Zweck, dass nicht sehr gute und sehr schlechte EBIT als Masstab und Richtlinie verwendet werden.

Bei dieser neuen Darstellung entscheidet der Markt, welche Gesellschaft bei den erheblichen EBIT Abweichungen besser oder schlechter abschneidet. Die Zahlen stammen aus den Geschäftsberichten 2006 und sind heute im Durchschnitt allgemein besser.

32.9% Synthes: Hersteller von Zahnimplatanten	13.5% Nestle: Weltweiter Nahrungsmittelproduzent
32.5% Biocare: Hersteller von Zahnimplataten	11.7% Kudelski: Hersteller von High Tech Produkten
26.2% COCA COLA: Hersteller von Soft Drinks	11.5% Schweizer Post: Postdienstleistungen
24.7% Zürich-Airport: Flughafenbetreiber	11.5% Kaba: Hersteller von Sicherheitstechnik
21.9% Richemont: Handel mit Luxus Güter	6.3% Galenika: Verkauf Pharmaceutical products
19.6% Swatch: Uhren Produzent, Verkauf Luxusgüter	6.1% Adecco: Weltweit führender Personalvemittler
17.1% Ems Chemie: Hersteller chemischer Produkte	4.2% CARREFOUR: Weltweit No 2 im Detailhandel
16,9% Vetropack: Hersteller von Verpackungsmaterial	3.6% AMAZON: Weltweit No.1 Internet Verkäufer
15.5% Lindt & Sprüngli: Hersteller von Schokolade	3.4% Publigroup: Grösster schweiz. Inseratenvermittler
14,8% Heineken: Hersteller & Verkauf Bierprodukte	1.9% CPF: Thailand Nr.1 Agro Produzent & Verteiler

5. Finanzkosten in Prozent vom EBIT

100 P	0 – 15.0%
80 P	16.0 – 20.0%
60 P	21.0 – 25.0%
40 P	26.0 – 30,0%
20 P	31.0 – 35.0%
0 P	+36.0%

Die Finanzkosten für kurz- mittel- und langfristige Verbindlichkeiten geben interessante und wertvolle Informationen über die Verschuldung des Unternehmens und über die Zinssituation auf dem Geld- und Kapitalmarkt. Ein gutes Beispiel gibt wiederum ABB, Schweiz: Im dunklen Jahr 2001 betrugen die Finanzkosten $801 Mio. während der EBIT lediglich $515 Mio. betrug, womit das Verhältnis Finanzkosten/EBIT 155.7% erreichte. Diese Kennzahl sollte aber nicht höher als 30% vom EBIT sein. Mit anderen Worten Finanzkosten können in der Praxis den EBIT ganz oder teilsweise zum Verschwinden bringen. Weitere Beispiele illustrieren Firmen in der Slovakia und in der Czech Republic. Doch die oben erwähnte "astronomische" Kennzahl ist bei einem Verschuldungsfaktor bzw. Leverage von 6.2 und einer Eigenkapitalbasis von 6.9% keine Überraschung. In solchen Fällen lassen sich Verluste kaum vermeiden.

6. Reingewinn in Prozent vom Nettoumsatz
generell für Hersteller diverser Produkte

EBIT	25.0%
Financial expenses	-5%
Other and extraordinary expenses	-7%
Other income	0%
Income taxes	-5%
Net profit	**8%**

100 P	+8.0%
80 P	4.0 – 7:9%
60 P	3.0 – 3.9%
40 P	2:0 – 2:9%
20 P	1:5 – 1:9%
0 P	–1:5%

Im Kapital "GLIEDERUNG DER ERFOLGSRECHNUNG auf Seite 14 wurde die Aussagekraft der publizierten früheren Reingewinne hinterfragt, nachdem diese fast überall und oft auf betrügerische Weise manipuliert wurden. Doch, dank internationalen strengen Buchhaltungs-regeln wurden die "Schlupflöcher", so weit bekannt, geschlossen. Obschon der Reingewinn die Erträge aus liquiden und greifbaren Mitteln einschliesst, war und ist er in der Finanzanalyse immer noch eine wichtige Kennzahl bei der Berechnung des Gewinns pro Aktie, denn diese ist mitentscheidend bei der Kursbildung der Aktien. Die Prozentzahlen in der Tabelle sind Erfahrungswerte, ohne Berücksichtigung der Finanzerträge die aber bei einigen Gesellschaften von erheblicher Bedeutung sind. So beträgt zum Beispiel der Anteil der Finanzerträge beim Pharmaunternehmen Roche bis zu 20% vom Nettoumsatz. Und der Bierhersteller Heinecken aus den Niederlanden mit Reingewinnmargen von 9% beweist, dass da Biergeschäft auch sehr lukrativ sein kann.

6. Reingewinn in Prozent vom Nettoumsatz
generell für Groß- und Detailhandel und Dienstleistungen

100 P	+2.5%
80 P	2.0 – 2.4%
60 P	1.5 – 1.9%
40 P	1.0 – 1.4%
20 P	0.5 – 0.9%
0 P	–0.9%

Die in der Tabelle aufgeführten Kennzahlen sind weltweit im Groß - und Detailhandel üblich. Zum Beispiel CARREFOUR erzielte seit 1971 Reingewinn Margen von 2.5% und gehörte damit auch zu den profitabelsten und führenden Unternehmen im Groß- und Detailhandel. Dagegen sind die Gewinnmargen im schweizerischen Detailhandel von durchschnittlich 1-2% relativ bescheiden und werden nur noch unterboten von Commodity Gesellschaften die mit Rohöl, Gas, Metallen, und "Soft Commodities", wie Getreide, Kakao, Fleisch etc. Nettoumsätze bis zu $100 Mrd. bei minimalen Gewinnmargen von 0.5% bis max. 1% tätigen. Anderseits zum Beispiel im Autohandel sind Reingewinnmargen bis zu 10% die allgemeine Regel.

7. Reingewinn in Prozent der Eigenen Mittel = ROE

100 P	+25.0%	**40 P**	5.0 – 9.9%
80 P	15.0 – 24.9%	**20 P**	3.0 – 4.9%
60 P	10.0 – 14.9%	**0 P**	–3.0%

Die Erzielung von dauerhaft hohen Eigenkapitalrenditen bzw. ROE gehört zum Pflichtenheft der Manager, um Aktionäre zufrieden zu stellen. Gelingt dies nicht, kürzt man zum Beispiel ein wenig die Rückstellungen, um den "gewünschten Reingewinn" auszuweisen, doch diese kleinen Buchhaltungstricks sind heute verboten Das war früher ganz anders, da wollte man mit Under-statements wenig zeigen. Der Verfasser erinnert sich noch gut, wie man versuchte den „Schleier des Geheimnis hinter den publizierten Zahlen zu lüften". Inzwischen fand ein radikaler Wechsel statt. Nicht mehr Verschleierung, sondern Offenlegung ist "in". Die Bilanzkosmetik zur Verbesserung der Resultate, nahm aber solche Ausmaße an, dass neue Regeln erstellt werden mussten, um klare Verhältnisse zu schaffen. Schliesslich ist noch zu erwähnen, dass hohe ROE, als Folge ungenügender Eigenen Mittel mit Hinweis tiefer zu bewerten sind.

STABILITTÄT KENNZAHLEN `= Max. Punkte 400 bzw. 100% ´
Folgende Bewertungspunkte reflektieren die Qualität der Finanzdaten

100 P = sehr gut	**40 P = nicht befriedigend**
80 P = gut	**20 P = ungenügend**
60 P = befriedigend	**0 P = schlecht**

Eigene Mittel in Währung, Million oder Tausend
1. Verschuldungsfaktor = Kurz- und langfristige Verbindlichkeiten vs. Eigene Mittel (Leverage)
2. Eigenfinanzierung = Immobilien, Produktivmittel und Immaterielle Aktiven in% Eigene Mittel
3. Kapitalintenstät = Immobilien, Produktivmittel und Immaterielle Aktiven in % Nettoumsatz
4. Netttoverschuldung = Nötige Jahre die NS mit Verfügbaren Cash Flows zurückzuzahlen

Eigene Mittel in Währung, Million, Tausend

Im Kapitel GLIEDERUNG DER BILANZ auf Seite 6 wurden die Eigenen Mittel bereits erklärt. Im Gegensatz zu leeren Kassen und hohen Verlusten ist eine Gesellschaft mit ausreichend Eigenen Mittel bzw. hohem Eigenkapital immer noch lebensfähig, da Letztere das Unternehmen stützt. Das Eigenkapital ist somit die Stütze des Unternehmens und fällt dieses tiefer als das nominelle Aktienkapital muss dieses aufgestockt werden, oder das Unternehmen hat die unangenehme Aufgabe die Bilanz zu deponieren. Damit fallen Stütze, Kreditwürdigkeit, Vertrauen etc, wie beim Domino, weg. Es sei denn, ein Minderheitsaktionär ergreift die Chance und ist bereit die Gesellschaft zu seinen Bedingungen zu übernehmen. Das bestätigt, dass die Trennung von Eigen- und Minderheitskapital akademisch ist, da Minderheits- und Mehrheits-aktionäre mit ihren Aktienanteilen mit gleichen Rechten und Pflichten mithaften. Demzufolge müssen bei der Berechnung des Gewinns pro Aktie die Minderheitsanteile auch berücksichtigt werden. Die Grösse des Eigenkapitals hängt von der Art und Geschäftstätigkeit der Untenehmen ab. Sie ist tiefer bei Anbieter von Dienstleistungen, Detailhandel, als bei Produzenten von Kapital- bzw. Investitionsgüter die mit aufwendigen Produktionsanlagen arbeiten müssen.

Früher diente das Eigenkapital bei der Überwertung der Passiven und Unterbewertung der Aktiven auch als eine Art "Manipuliermasse". Die neuen internationalen Buchhaltungsregeln haben diese Praxis weitgehend eingeschränkt.

1. Verschuldungsfaktor = Kurz- und langfristige Verbindlichkeiten vs. Eigene Mittel (Leverage)

100 P	– 2.0.x	40 P	3.1 – 3.5x
80 P	2.1 – 2.5.x	20 P	3.6 – 4.0x
60 P	2.6 – .3.0x	0 P	+4.1x

"Leverage" ist ein sehr gebräuchlicher Ausdruck in den US Kreditabeilungen. Doch nachdem weltweiten Bankendebakel 2007-2008, als UBS mit Verbindlichkeiten operierte die bis 50x höher waren als ihre Eigenen Mittel, weiss heute ziemlich Jedermann was "Leverage" bedeutet. Die europäischen Banken verwenden einen anderen Maßstab mit der Bezeichnung "Eigenkapitalquote" und diese bedeutet nichts anderes als eigene Mittel in Prozent der Bilanzsumme. Letzterer ist deshalb leicht verschieden, da der „Leverage" nur die effektiven Verbindlichkeiten in der Bilanz erfasst, wie Rückstellungen, Kundenanzahlungen und andere Verbindlichkeiten. Demzufolge und weil der „Leverage" nur die effektiven Schulden berücksichtigt, kann er für alle Unternehmen und egal aus welcher Branche angewendet werden. Im Fall von BOEING betrug das Eigenkapital $4.739 Mio. oder nur 9.1% der gesamten Verbindlichkeiten bzw. Bilanzsumme von $51.794 Mio. per Ende Dezember 2006. Doch die effektiven Schulden beliefen sich auf $20.987 Mio. Das Leverage ist dadurch besser, aber noch nicht optimal. Doch, dank der guten Auftragslage erhielt BOEING Kundenanzahlungen die 31.3% der Bilanzsumme entsprechen. Ferner ist die Kapitalintensität mit 20.2% ausgezeichnet, weil die Produktionskapazitäten effizient arbeiten und optimal ausgelastet sind. Das erlaubte BOEING aktionärsfreundliche Aktienrückkaufprogramme zu tätigen. Trotzdem ist festzuhalten, dass eine gute Eigenfinanzierung der Aktiven das Rückgrad für die Stabilität der Gesellschaft ist gemäss folgendem Kapitel.

2. Eigenfinanzierung = Eigene Mittel in % Immobilien, Produktivmittel und Immaterielle Aktiven

100 P	+100%	40 P	50 – 59%
80 P	70 – 99%	20 P	40 – 49%
60 P	60 – 69%	0 P	–40%

Immobilien, Produktivmittel und Immaterielle Aktiven sind nicht nur schwer realisierbar, sie sind auch unverkäuflich, weil sie für den Produktionsprozess unverzichtbar sind. Sie müssen deshalb vollständig mit Eigenkapital finanziert sein, während die Refinanzierung langfristiger Finanzaktiven mittels langfristigen Verbindlichkeiten tolerierbar ist. Ein großes Eigenkapital kann finanzielle Rückschläge und Verluste auffangen, die Stabilität gewährleisten, die Kreditwürdigkeit stärken und das Vertrauen der Kunden wahren. Doch die Beschaffung von Eigenkapital ist nicht billig, weil die Ausschüttung von Dividenden auf dem erhöhten Aktienkapital die Gesellschaft teuer zu stehen kommt, insbesondere, wenn es nicht gebraucht wird.

Und wenn die Emission von Anleihen auch keine Lösung bringt, dann sollte man es machen, wie C Blocher, Ex Schweizer Bundesrat und Besitzer der EMS Chemie, der sagte: „Besser man gibt nicht benötigtes Kapital den Aktionären zurück, dann macht man keine Dummheiten" und unterstrich diese Aussage mit regelmässigen Aktienrückkaufs-programmen.

3. Kapitalintensität =
Immobilien, Produktivmittel und Immaterielle Aktiven in % Nettoumsatz

100 P	0 – 20.0%	**40 P**	31.0 – 35,0%
80 P	21.0 – 25.0%	**20 P**	36.0 – 40.0%
60 P	26.0 – 30.0%	**0 P**	+40.0%

Die Kapitalintensität zeigt das Verhältnis der Immobilien, Produktivmittel und Immaterielle Aktiven zum Nettoumsatz. Früher lautete die Frage, wie viele Dollars für Investitionen in Immobilien und Produktionsanlagen braucht es, um einen Dollar Umsatz generieren zu können. Vertreter der Textilindustrie zum Beispiel sagten, dass der Nettoumsatz in dieser Branche ungefähr viermal höher sein sollte, als die investierten Mittel in die Produktionsanlagen. Die Prozentzahlen in der oben erwähnten Tabelle machen die Berechnung übersichtlicher, einfacher und genauer. In der Tat, je tiefer die Kennzahlen sind, desto besser, effizienter sind die Produktivmittel ausgelastet. Diese Kennzahlen sind auch deshalb interessant, weil sie Probleme im Unternehmen aufzeigen, wenn sie zu stark von der Norm abweichen, wie zum Beispiel stockender Absatz der Produkte, unausgelastete Kapazitäten, Produktionsunterbruch durch Streiks, Naturkatastrophen, veralteter Maschinenpark sowie Neu- und Fehlinvestitionen.

In diesem Zusammenhang ist der folgende Fall von Interesse, obwohl er sich vor Jahren ereignete, aber nichts von seiner Aktualität eingebüsst hat. Eine Kreditversicherungsgesell-schaft versicherte einmal Waren Lieferungen an eine italienisches Unternehmen. Die Auskünfte waren nicht sonderlich gut, aber das Unternehmen hatte eine gewisse Bedeutung und erzielte Nettoumsätze von SFr 80 Mio. and die Immobilien und Sachanlagen betrugen SFr. 140 Mio. Basierend auf diesen Tatsachen lieferte der Schweizer Lieferant Waren im Wert von SFr. 1 Mio. und bat die Versicherungsgesellschaft die Deckung auf SFr. 350.000 zu erhöhen. Doch kurze Zeit später ging die Firma in Italien in Konkurs und die Million Swiss Franks gingen durch „den Schornstein". Dieser Verlust hätte vermieden werden können, wenn man die Zahlen besser geprüft hätte, denn die gebundenen Sachanlagen waren 175% des Nettoumsatzes statt in der Grössenordnung von 25%

4. Nettoverschuldung =
Benötigte Jahre die Nettoverschuldung
mit jährlich Verfügbaren Cash Flows zurückzuzahlen

100 P	0.0 – 1.5x	40 P	3.7 – 4.5x
80 P	1.6 – 2.5x	20 P	4.6 – 5.5x
60 P	2.6 – 3.6x	0 P	+5.6x

Die Grad der Nettoverschuldung zeigt an, wie viele jährliche Verfügbare Cash Flows nötig sind, um die Schulden der Gesellschaft zurückzahlen zu können. Für die Bewertung der Verschuldung der Gesellschaft sind nicht die Durchschnittswerte des Industrie Sektors maßgebend, sondern Gewinn- und Wachstumspotential der Gesellschaft. Tatsache ist, dass grosse Industriekomplexe kaum ihre riesigen Sachanlagen als Sicherheit zur Liquiditätsbeschaffung, verwenden können. Das Bundesaufsichtsamt für das Finanzwesen (BAFIN) respektive die deutsche Überwachungskommission hat deshalb neue Regeln zur Absicherung von langfristigen Verbindlichkeiten erarbeitet. Die Bezeichnung dafür ist "Negative Klausel" und bedeutet, keine Hypotheken sind gestattet, kein anderer Gläubiger hat Sonderrechte und keine Abweichung der klassischen horizontalen Finanzierungsstruktur ist erlaubt. Diese Negative Klausel wird jedoch nur dann offiziell registriert, sollte der Bank Schuldner von der vereinbarten Negative Klausel abweichen. Die Registrierung bzw. Eintragung sollte nur als eine "zweite Waffe" dienen, um den Kredit sicherzustellen. Negativ Klausel umfassen demnach auch Bilanzrelationen und Finanzierungsregeln die nachstehend wie folgt erläutert werden:

Erste Regel
Fokussiert und definiert die Ertragskraft. Das bedeutet, dass die Nettoverschulung in den letzten drei Jahren nicht höher war, als der 3 1/2 fache jährliche Verfügbare Cash Flow. Verfügbarer Cash Flow und Nettoverschuldung müssen in der Vereinbarung klar festgelegt werden. Verfügbarer Cash wird somit für die Gesellschaft zum Maßstab der Ertragskraft die Schulden zurückzuzahlen. Dies ist ähnlich wie in den USA, wo die effektiven Verbindlichkeiten der Gesellschaft nicht mehr als das 3 1/2 fache des Eigenkapitals überschreiten sollten.

Zweite Regel
Fokussiert und definiert die Eigenfinanzierung der Immobilien, Produktivmittel und Immateriellen Aktiven. Dabei wird auch festgelegt, dass die erwähnten gebundenen Vermögenswerte zu 100% mit Eigenen Mitteln finanziert sein müssen.

Dritte Regel
Definiert und bewertet die Komponenten der Verbindlichkeiten in Relation zum Verfügbaren Cash Flow. Dabei werden die Verbindlichkeiten berechnet und gemessen durch addieren und abziehen von Bilanzpositionen auf der Aktiv- und Passivseite. Da diese Arbeit zeitaufwendig ist, wurden die Komponenten gemäss der folgenden Darstellung zusammengefasst, wobei der gleiche Effekt erzielt wird.

Definition kurz- und langfristiger Netto Schulden vs. Verfügbare Cash Flows

    Kurzfr. Schulden, Kreditoren, Obl. , keine Rückstellungen, Trans Akt. & Anzahlungen,

\+   Langfr. Schulden, Kreditoren, Obl., keine Rückstellungen, Trans Akt & Anzahlungen,

−   Kurzfr. Aktiven

\+   Warenlager

=   Nettoverschuldung dividiert durch Verfügbare Cash Flows

=   Benötigte Jahre die Nettoverschuldung
    mit jährlich Verfügbaren Cash Flows zurückzuzahlen

Gemäss der Deutschen Aufsichtsbehörde BAFIN müssen Pensionsrückstellungen nicht berücksichtigt werden, obwohl sie de jure Fremdkapital sind. In der Schweiz sind Pensionsfonds unabhängige juristische Personen mit eigener Rechnungslegung. BOEING zum Beispiel publizierte bis Ende 2006 den Pensionsfond als Eigenkapital, doch gemäss den neuen Buchhaltungsregeln ist der Pensionsfond nun Fremdkapital und ist getrennt auszuweisen.

Stärken & Schwächen sechs internationaler Konzerne auf einen Blick

ABB and **BOEING**, Kapitalgüter, **BP**, Energie, **COCA COLA COMPANY**, Konsumgüter, **CARREFOUR**, Weltweit Nr. 2 im Detailhandel, **AMAZON**, Weltweit Nr. 1 im Internethandel

LIQUIDITÄT KENNZAHLEN = Max. Punkte 400 bzw. 100%

Verfügbarer Cash Flow in Währung ;Million, Tausend
1. Verfügbarer Cash Flow in % Nettoumsatz
2. Kundenforderungen bzw. Debitoren in % Nettoumsatz

3. Warenlager und Laufende Arbeiten in % Nettoumsatz
4. Current Ratio= Kurzfr. Aktiven minus Kurzfr. Passiven

	ABB	P	BOEING	P	BP	P	COCA	P	CARREFOUR	P	AMAZON	P
	1,370		4,313		22,527		4,874		1,649		467	
1.	5.6%	100	7.0%	100	8.5%	100	20.2%	100	2.1%	60	4.4%	80
2.	29.8%	60	8.6%	100	14.6%	100	10.7%	100	4.6%	100	3.7%	100
3.	15.9%	100	13.2%	100	7.1%	100	6.8%	100	7.8%	100	20.1%	100
4.	1.4x	60	1.1x	60	1.0x	60	0.9x	60	0.7x	60	1.3x	60
	80%	320	90%	360	90%	360	90%	360	80%	320	85%	340

PROFITABILITÄT KENNZAHLEN = Max. 700 Punkte bzw. 100%

Nettoumsatz in Währung, Million, Tausend
Produktion-& Personalkosten (COGS) % Nettoumsatz
1. Administration, Verkauf, Marketing % Nettoumsatz
2. EBITDA % Netumsatz – Kapitalgüter, Energie
2. EBITDA % Netumsatz – Konsumgüter, Detailhan.
3..Abschreibungen % a/ Immob.& Immaterielle Aktiven.

4. EBIT % Netumsatz – Kapitalgüter, Energie
4. EBIT % Netumsatz – Konsumgüter, Detailhan.
5. Zinskosten % EBIT
6. RG % Umsatz generell für Hersteller div. Prod.
6. RG % Umsatz generell für Groß & Detailhandel.
7. RG % Eigene Mittel = ROE

	ABB	P	BOEING	P	BP	P	COCA	P	CARREFOUR	P	AMAZON	P
	24,412		61,530		265,906		24,088		77,901		10,711	
	-69.5%		78.9%		80.7%		-30.0%		78.6%		75.2%	
1.	-18.2%	100	-6.8%	100	-5.4%	100	-39.2%	60	-16.6%	100	-4.3%	100
2.	12.9%	80	7.4%	100	16.7%	100	30.1%	100	6.2%	60	5.5%	40
3.	2.3%	60	-12.4%	100	-8.5%	80	-7.8%	60	-6.2%	60	-31.4%	100
4.	10.6%	100	4.9%	100	13.2%	100	26.2%	100	4.2%	60	3.6%	60
5.	-5.9%	100	-11.6%	100	-2.0%	100	-3.5%	100	-14.8%	100	-20.1%	80
6.	5.7%	80	3.6%	60	8.4%	100	21.1%	100	2.4%	100	1.8%	60
7.	21.4%	80	46.7%	100	26.1%	100	30.0%	100	17.7%	80	44.1%	100
	86%	600	94.%	660	97%	680	89%	620	80%	560	77%	540

STABILITÄT KENNZAHLEN `= Max. Punkte 400 bzw. 100%

Eigene Mittel in Währung, Million, Tausend
1. Verschuldungsfaktor = Kurz- und langfristige Verbindlichkeiten vs. Eigene Mittel (Leverage)
2. Eigenfinanzierung = Eigene Mittel % Immobilien, Produktivmittel und Immaterielle Aktiven
3. Kapitalintenstät = Immobilien, Produktivmittel und Immaterielle Aktiven in % Nettoumsatz
4. Netttoverschuldung = Nötige Jahre die Nettoverschuldung mit Verfügbaren Cash Flows zurückzuzahlen

	ABB	P	BOEING	P	BP	P	COCA	P	CARREFOUR	P	AMAZON	P
	6,489		4,739		85,465		16,920		10.503		431	
1.	1.6x	100	4.8x	20	0.8x	100	0.8x	100	3.39x	40	9.1x	0
2.	113.8%	100	38.2%	20	79.9%	80	140.6%	100	41.0%	20	66.1%	60
3.	23.4%	80	20.2%	100	40.2%	60	50.0%	40	32.9%	60	6.1%	60
4.	0.0x	100	1.7x	80	2.8x	60	1.2x	100	11.8x	0	3.1x	60
	95%	380	55%	220	75%	300	85%	340	30%	120	45%	180

LIQUIDITÄT, PROFITABILITÄT UND STABILITÄT = Total Max. Punkte 1.500 bzw. 100%

2006	Total ABB, Schweiz	87%	1.300	2006	Total	COCA COLA, USA	88%	1,320
2006	Total BOEING, USA	83%	1,240	2006	Total	CARREFOUR, France	67%	1,000
2006	Total BP, England	89%	1,340	2006	Total	AMZON; USA	71%	1,060

Hinweise zu geprüften Geschäfts- und Jahresberichten nach anerkannten Standards von sechs globalen tätigen Konzerne

US General Accepted Principles, (GAAP),
International Accepted Standards (IAS)
International Financial Reporting Standards (IFRS) of

Die amerikanische Börsenaufsichtsbehörde (SEC) anerkannte bis November 2007 nur die US General Accepted Accounting Principle (GAAP) für die Erstellung von Geschäfts- und Jahresberichten. Folglich richteten sich auch BOEING, COCA COLA und AMAZON immer danach. Die anderen drei Konzerne erstellen ihre Bilanzen und Erfolgsrechungen nach den Standards der international Financial Reporting Standard (IFRS). Sie lösten damit die langjährigen Standards mit der Bezeichnung International Accepted Standards (IAS) ab. Letzterer wurde durch das Standard Komitee in Sydney 1973 "aus der Taufe gehoben" und umfasste weltweit 150 Mitglieder in über 100 Länder. Der in deutscher Sprache übersetzte Zweck wurde damals wie folgt beschrieben:

„Formulierung und Publikation, um die Allgemeinheit dafür zu interessieren, dass (Basic) Buchungsstandards bei der Präsentation von Geschäfts- und Jahresberichten beachtet werden und die Förderung der Akzeptanz und Überwachung weltweit. Dabei sollen grösste Anstrengungen gemacht werden die „National Standard Setters" zu überzeugen, dass die Übereinstimmung der publizierten Geschäfts- und Jahresberichte mit den IAS gewährleistet ist und für die Akzeptanz der IAS bei Gesellschaften, Bücherexperten und Kontrollorganen zu sorgen. Zu diesen Zweck sind Unternehmen gefordert, dass die Geschäfts- und Jahres- berichte die Finanz Positionen, die finanzielle Leistung und die Cash Flows fair präsentieren".

In 2000 wurden die IAS Standards mit zusätzlichen Regeln erweitert, so dass sie mehr als 1000 Seiten umfassten. Die Tatsache jedoch, dass trotzdem viele Buchhaltungsskandale, wie "Kreative Buchhaltung" wieder für Schlagzeilen sorgten, bewies, dass viele Schlupflöcher noch nicht geschlossen waren. In der Folge erstellte der International Accounting Standard Board (IASB), London, für den Nachfolger von IAS die „International Financial Reporting Standards (IFRS)". Diese wurden nach jahrelangen kontroversen Diskussionen im November 2007 auch vom US Financial Supervision Board und von der US Securities and Exchange Commission (SEC) akzeptiert. Das bedeutet das für Aktien von ausländischen Gesellschaften die an der NYSE kotiert sind nicht mehr, wie früher, zusätzlich Geschäfts- und Jahresberichte nach US Standards (GAAP) einzureichen sind. Inzwischen hat aber die weltweite Bankenkrise 2007-2008 dafür gesorgt, dass noch mehr und strengere Regulierungen geschaffen werden müssen.

ABB Ltd., Switzerland
Capital Goods

BUSINESS – Power and automation technologies for the utility and industry
The company is a leader in power and automation technologies that enables utility and industry customers to improve their performance while lowering environmental impact. The group's division products are power systems, automation products, process automation and robotics operating in around 100 countries. At the end of 2006 ABB employed more than 110,000 people worldwide. ABB achieved a remarkable turnaround after a gloomy past since 1987 when the Swiss BBC and the Swedish Concern ASEA merged to ABB. The downward trend reached the bottom line 2001. Then a new management and a new business strategy made ABB competitive again. In fact in the first nine months of 2007 ABB's profit soared by $738 MLN or 86%. To continue the boom the management implemented new growth and profit targets with the aim to improve the EBIT margins up to 20%. Besides, in 2011 ABB wants to have increased its market share of Asia to the same size of presently Europe.

Liquidity = Max. Points of 400 or 100%	2006	P	2005	P	2001	P
Available cash flow in US$, million	1.370		842.0		2043	
Available cash flow % net sales	5.6%	100	3.8%	80	8.6%	0
Accounts receivables % net sales	29.8%	60	29.1%	60	35.3%	40
Inventory, work in profess % net sales	15.9%	100	13.7%	100	13.0%	100
Current Ratio = current assets – short term debt	1.4x	60	1.2x	40	1.0x	40
Subtotal	80%	320	50%	200	45%	180
Profitability = Max. Points of 700 or 100%	**2006**	**P**	**2005**	**P**	**2001**	**P**
Net sales in US$, million,	24.412		22.012		23.726	
Production & Personal Costs (COGS) % net sales	-69.5%		-71.8%		-78.3%	
S+A expenses and marketing % net sales	-18.2%	100	-17.6%	100	-15.8%	100
EBITDA % net sales – capital goods, energy	12.9%	80	10.8%	80	5.5%	60
Depreciations % fixed assets and intangibles	2.3%	60	2.7%	60	2.4%	20
EBIT % net sales – capital goods, energy	10.6%	100	8.1%	100	2.2%	0
Interest expenses % EBIT	-5.9%	100	-13.8%	100	155.7%	0
Net profit % net sales – general producer of prod.	5.7%	80	3.3%	60	-2.9%	0
Net profit % equity = ROE	21.4%	80	19.2%	80	-33.5%	0
Subtotal	86%	600	71%	500	26%	180
Stability = Max. Points of 400 or 100%	**2006**	**P**	**2005**	**P**	**2001**	**P**
Equity in US$, million	6,489		3,824		2,229	
Leverage = short & long term debt vs. equity	1.6x	100	2.9x	80	9.4x	0
Equity financing = equity % F/A & intangibles	113,8%	80	71,2%	80	32.7%	0
Capital intensity = - F/A & intangibles % net sales	23.4%	80	24.4%	80	26.6%	60
Net debt = years needed repay debt by cash flows	0x	100	0x	100	1.5x	0
Subtotal	95%	380	41%	340	9%	60
Total and in % of Max. Points of 1,500 or 100%	**87%**	**1.300**	**69%**	**1040**	**20%**	**420**

Available cash flow used as % by financing Activities incl. change of cash & equivalents	2006	2005	2001
Repayment of debt	-13.8%	-116.2%	0.0%
Payments for securities transactions	-9.9%	4.2%	0.0%
Dividends paid	-14.8%	0.0%	-24.6%
Shares repurchased	0.0%	0.0%	-70.2%
Other	0.8%	-11.8%	0.0%
Increase /decrease of cash and equivalent	-62.3%	23.8%	-5.2%
Total	100.0%	100.0%	100.0%

LIQUIDITY

2006 Cash flow from operation including bank borrowings of $125 MLN or 6.1% was $2.064 MLN. 2005 the similar figures were $1.158 MLN including borrowings of $146 MLN or 12.6%. Compared to 2005 this was an increase of 78.2% reflecting the strong demand for ABB's products generating high sales and earnings This was different 2001 when the operating cash flow was $3.447 MLN including borrowings of $2.427 MLN or 70.4% but used only for stock repurchases and paying dividends. Behind this idea stood a big investor and board member who wanted to push up the company's share prices. However, this was wishful thinking as ABB shares tumbled and its debt increased further. Although 2006 investing activities more than doubled compared to 2005 the available cash flow increased by 62.7% which underlines that ABB has become a little money borrower. This is in contrast to a Swiss economist who forecasted 2002 in a Swiss financial newspaper wrongly that ABB will be soon bankrupt. Instead after many failures and mistakes a new management restructured the group and implemented a new business strategy. These measures coupled with an upswing of the world's economies were the start of an astonishing turnaround 2003 but the shareholders were kept waiting for dividends until 2006. Due to the strong available cash flow with practically no bank support the cash and equivalent increased by 62.3% to $4.262 MLN strengthening additionally ABB's liquidity is excellent.

PROFITABILITY

2006 The effect of steady sales growth and decreasing production costs while S+A expenses and marketing increased in line with the net sales particularly since 2001 resulted in a healthy EBITDA of 12.9%. The substantial decrease of the production costs of almost 10% since 2001 was also the result of the group restructuring by selling capital intensive and less profitable companies. Depreciations of 2.3% are optically modest but sufficient as the share of the fixed assets and intangibles is only 22.7% of total assets and comparable modest for a manufacturer of capital goods. This also reflects that the operating plant and equipment are not overvalued. The EBIT 2006 increased sharply compared to 2005 when it was wiped off by the financial expenses amounting to 155.7% compared to 2006 of only 5.9%. The latter decreased in line with the constant repayments of debt illustrated on the table. Consequently all net profit margins are much better. For 2007 until 2011 the management has further growth and earnings targets. At the Swiss Stock Exchange ABB shares soared 40% and subsequently were the winner at the SWX for 2007.

STABILITY

2006 Equity and leverage improved sharply. The same is true for the equity financing of the fixed assets. Comparable low are the fixed assets in relation to higher net sales improving further ABB's good capital intensity. Consequently stability has become so strong that ABB could repay the net debt with current assets without using any available cash flow compared to 2001 when ABB was just pumping money to pay high dividend and to repurchase shares further pushing up the high leverage.

TABLE OF OPERATION – ABB

INCOME & COST STRUCTURE	2006	%	2005	%	2001	%
Revenues In US$, million	24.412	100.0%	22,012	100.0%	23,726	100.0%
Cost of products and services	-1,6971	-69.5%	-15,808	-71.8%	-18,575	-78.3%
S+A expenses and marketing	-4,434	-18.2%	-3,883	-17.6%	-3,743	-15.8%
Other expenses	149	0.6%	54	0.2%	-106	-0.4%
EBITDA	3,156	12.9%	2,375	10.8%	1,302	5.5%
Depreciation	-570	-2.3%	-597	-2.7%	-787	-3.3%
EBIT	2,586	10.6%	1,778	8.1%	515	2.2%
Interest and investment income	0	0.0%	0	0.0%	568	2.4%
Interest income incl. interest capitalized	-153	-0.6%	-246	-1.1%	-802	-3.4%
Income tax expenses	-697	-2.9%	-490	-2.2%	-105	-0.4%
Minority interest	-179	-0.7%	-131	-0.6%	-70	-0.3%
Loss from sales and closures	-167	-0.7%	-171	-0.8%	-510	-2.1%
Other expenses	0	0.0%	-5	0.0%	-51	-0.2%
Net profit	1,390	5.7%	735	3.3%	-691	-1.9%

TABLE OF BALANCE SHEET – ABB

ASSET & CAPITAL STRUCTURE	2006	%	2005	%	2001	%
Total assets in US$, million	25,142	100.0%	22,276	100.0%	32,344	100.0%
Cash and cash equivalent	4,262	17.0%	3,221	14.5%	2,767	8.6%
Securities	528	2.1%	368	1.7%	2,946	9.1%
Accounts receivables net	7,276	28.9%	6,405	28.8%	8,368	25.9%
Inventories,	3,880	15.4%	3,006	13.5%	3,075	9.5%
Deferred items	252	1.0%	250	1.1%	2,358	7.3%
Other current assets	979	3.9%	922	4.1%	0	0.0%
Current assets	17,177	68.3%	14,172	63.6%	19,514	60.3%
Debtors from financial transactions	555	2.2%	645	2.9%	4,263	13.2%
Investments	636	2.5%	618	2.8%	2,265	7.0%
Investments and other	1,073	4.3%	1,468	6.6%	0	0.0%
Long term assets	2,264	9.0%	2,731	12.3%	6,528	20.2%
Fixed assets	2,811	11.2%	2,547	11.4%	3,003	9.3%
Intangible	2,890	11.5%	2,826	12.7%	3,299	10.2%
Fixed assets and intangibles	5,701	22.7%	5,373	24.1%	6,302	19.5%
Total debt and equity	25,142	100.0%	22,276	100.0%	32,178	100.0%
Short term bank debt	122	0.5%	169	0.8%	4,747	14.8%
Accounts payable	3,936	15.7%	3,203	14.4%	3,991	12.4%
Other payable	1,848	7.4%	2,852	12.8%	2,710	8.4%
Prepayment from customers	1,526	6.1%	987	4.4%	0	0.0%
Deferred items and provisions	4,944	19.7%	4,511	20.3%	7,587	23.6%
Short term debt	12,376	49.2%	11,722	52.6%	19,035	59.2%
Long term obligations	3,160	12.6%	3,933	17.7%	5,043	15.7%
Accrued pension plan liability	885	3.5%	1,130	5.1%	1,688	5.2%
Deferred income tax	769	3.1%	691	3.1%	1,360	4.2%
Other long-term liabilities	1,463	5.8%	976	4.4%	2,989	9.3%
Long term debt	6,277	25.0%	6,730	30.2%	11,080	34.4%
Minority interest	451	1.8%	341	1.5%	215	0.7%
Share capital and paid in capital	4,514	18.0%	3,121	14.0%	2,082	6.5%
Treasury stock from repurchase 2001	-104	-0.4%	-136	-0.6%	-1,434	-4.5%
Dividend pay out	0	0.0%	0	0.0%	-502	-1.6%
Retained earnings	3,647	14.5%	2,460	11.0%	1,702	5.3%
Cum. and comprehensive losses	-2,019	-8.0%	-1,962	-8.8%	0	0.0%
Share capital and minority interest	6,489	25.8%	3,824	17.2%	2,063	6.4%

TABLE OF CASH FLOW – ABB

OPERATING ACTIVITIES	2006	%	2005	%	2001	%
Net earnings in US, million	1,390	67.3%	735	63.5%	-691	-20.0%
Depreciation, amortization of intangibles	570	27.6%	597	51.6%	787	22.8%
Pension expenses & pension plan liability	-4	-0.2%	-62	-5.4%	-878	-25.5%
Provisions	243	11.8%	466	40.2%	683	19.8%
Other	190	9.2%	176	15.2%	0	0.0%
Minority interest	179	8.7%	131	11.3%	0	0.0%
Deferred income taxes	·113	5.5%	38	3.3%	-103	0
Increase of derivative instruments	0	0.0%	0	0.0%	-506	-14.7%
Gain from sales of F/A and Equity Co.	-171	-8.3%	-153	-13.2%	0	0.0%
Net earnings and non cash items	**2510**	**121.6%**	**1928**	**166.5%**	**-708**	**-20.5%**
Increase of debt	125	6.1%	146	12.6%	2,427	70.40%
Accounts receivables	-594	-28.8%	-892	-77.0%	-39	-1.10%
Inventories,	-512	-24.8%	-328	-28.3%	117	3.40%
Accounts payables	388	18.8%	26	2.2%	616	17.90%
Advances from customers	461	22.3%	161	13.9%	0	0.00%
Other liabilities	-314	-15.2%	117	10.1%	347	10.10%
Deferred liabilities and special. provisions	0	0.0%	0	0.0%	687	19.90%
Cash flow from operation.	**2,064**	**100.0%**	**1,158**	**100.0%**	**3,447**	**100.00%**
Credit granted by third parties, finance leasing	0	0.0%	0	0.0%	-388	-11.3%
Buying and selling of securities	-310	-15.0%	147	12.7%	-287	-8.3%
Purchase of fixed assets and Intangibles	-539	-26.1%	-483	-41.7%	-729	-21.1%
Sell of property and business activities	155	7.5%	20	1.7%	0	0.0%
Cash flow used by investing activities	**-694**	**-33.6%**	**-316**	**-27.3%**	**-1,404**	**-40.7%**
Available cash flow	**1,370**	**66.4%**	**842**	**72.7%**	**2,043**	**59.3%**
Repayment of debt	-189	-13.8%	-978	-116.2%	0	0.0%
Payments for securities transactions	-136	-9.9%	35	4.2%	0	0.0%
Dividends paid	-203	-14.8%	0	0.0%	-502	-24.6%
Shares repurchased	0	0.0%	0	0.0%	-1,434	-70.2%
Other	11	0.8%	-99	-11.8%	0	0.0%
Increase/decrease of cash & equivalent	-853	-62.3%	200	23.8%	-107	-5.2%
Cash flow used by financing activities	**-1,370**	**-100.0%**	**-842**	**-100.0%**	**-2,043**	**100.0%**
Increase/decrease in cash & equivalents	853		-200		107	
Effect of F/X rates on cash and equivalents	188		-245		0	
Cash & equivalents at beginning of year	**3,221**		**3,666**		**5,606**	
Cash & equivalents at end of year	**4,262**		**3,221**		**5,713**	

BOEING, USA
Capital Goods

BUSINESS – Commercial aircrafts and integrated defense systems (IDS)

BOEING is a global leader in design, development, manufacturing, sale and support of commercial jetliners, military aircraft, satellites, missile defense, human space flight and launch systems and services. At the end of 2006 BOEING employed 154,000 people. The group continues to invest in key growth programs and spent 2006 high 5.3% of net sales into R+D soaring up by 48% to $3.3 BN of which the new 787 "Dreamliner" absorbed 70% of the costs. At the end of September 2007 the company had a record of contractual backlogs of $295.6 BN and at the end of November 2007 total orders were 1047 jets of which the "Dreamliner" alone contributed more than 800 planes. With advanced commercial and military products BOEING will further play an important role in the worldwide airplane market which needs 28.600 new commercial airplanes until 2026. The presently weak equity base due to new booking regulations will have temporary character as the outlook for even better earnings is excellent.

Liquidity = Max. Points of 400 or 100%	2006	P	2005	P	2004	P
Available cash flow in US$, million	4.313		6.902		2.058	
Available cash flow % net sales	7.0%	100	12.9%	100	4.0%	70
Accounts receivables % net sales	8.6%	100	9.8%	100	0	0
Inventory and work in progress % net sales	13.2%	100	14.7%	100	0	0
Current ratio = short term assets less. short term debt	1:1x	60	1.1x	60	0	0
Subtotal	90%	360	90%	360	18%	70
Profitability = Max. Points of 700 or 100%	**2006**	**P**	**2005**	**P**	**2004**	**P**
Net sales in US$, million	61,530		53,621		51,400	
Production- & Personal Costs (COGS) % net sales	-78.9%		-80.4%		-81.9%	
S+A expenses and marketing % net sales	-6.8%	100	-7.9%	100	-7.1%	100
EBITDA % net sales – capital goods	7.4%	100	8.0%	80	6.8%	80
Depreciations % fixed assets and intangibles	-12.4%	100	-13.4%	100	0	0
EBIT % net sales – capital goods	4.9%	100	5.2%	100	3.9%	60
Interest expenses % EBIT	-11:6%	100	-13,4%	100	-13,4%	100
Net profit % net sales – general producer div. products	3.6%	60	4.8%	80	3.6%	60
Net profit % equity = ROE	46.7%	100	23.3%	80	0	0
Subtotal	94%	660	91%	640	57%	400
Stability = Max. Points of 400 or 100%	**2006**	**P**	**2005**	**P**	**2004**	**P**
Equity in US$, million	4,739		11,059		11,266	
Leverage = short and long term debt vs. equity	4.8x	20	2.8x	60	0	0
Equity financing = equity % fixed assets & intangibles	38.2%	20	98.6%	80	0	0
Capital intensity = F/A & intangibles % net sales	20.2%	100	20.9%	100	0	0
Net debt = years needed to repay debt by cash flows	1.7x	80	1.9x	80	0	
Subtotal	55%	220	80%	320	0	0
Total and in % of Max. Points of 1.500 or 100%	83%	1.240	80%	1.320	31%	470

Available Cash flows used as % by financing activities incl. change of cash and equivalents	2006	2005	2004
Repayment of long term debt	-39.0%	-20.0%	-107.3%
Stock options exercised	6.8%	5.0%	4.8%
Tax benefits from share-based arrangements	9.2%	1.0%	1.1%
Common shares repurchased	-38.5%	-42.2%	-36.5%
Dividends paid	-22.2%	-11.9%	-31.5%
Increase/decrease in cash and equivalents	-16.4%	-32.0%	69.4%
Total	-100.0%	-100.0%	-100.0%

LIQUIDITY

2006 Cash flow from operation without borrowings increased by 7.1% to $7.499 MLN The reason why BOEING is not a money borrower is the result of the substantial money flow from customer financing and particularly from advances and billings excess of related costs which increased by 64.2% to $16.201 MLN mainly due to the large orders for the new "Dreamliner". New investments into fixed assets, acquisitions and investments were $6,125 MLN and counterbalanced by the proceeds from investments and dispositions amounting to $2'850 MLN resulting in the available cash flow of $4.313 MLN. Similar investments in 2005 of $4,499 MLN were almost fully counterbalanced by similar proceeds. Although in 2006 the available cash flow decreased by $2.589 MLN or 37.1% due to the increased investing activities BOEING could make substantial debt repayments, dividend payments, repurchase of stock and increase the cash and equivalent by 16.4% to $6,118 MLN 2006. The excess tax benefits from share based arrangement of 9.2% respectively $395 MLN mitigated the high income tax in the income statement of $988 MLN. In the light of the mentioned facts, the low accounts receivable, the low inventories including the partial costs relating to programs and contracts and particularly the advances and billings above related costs of $16.201 MLN or 31.3% of total assets BOEING's liquidity is excellent despite low current ratios.

PROFITABILITY

2006 Net sales increased by 14.7% to $61.530 MLN of which the USA contributed 59.3%, Asia 21.7%, Europe 8.8% and Latin America 7.9%. The appropriate shares of the products were as follow: commercial airplanes 46.3% and IDS 52.7%. At the end of 2006 the company had contractual backlogs of $250 BN. The annual decreases of the production costs and the very low S+A expenses as percent of sales influenced positively the EBITDA. Despite substantial depreciations the EBIT 2006 expressed in Dollars terms increased by 7.2%. Boeing's greater independence from bank borrowings paid off as the financial expenses decreased annually substantially. The lower net profit was the effect of much higher income tax of $988 MLN but was mitigated as mentioned above.

STABILITY

2006 The company adopted the new accounting standard no 158 "Employer's Accounting for Defined Benefit Pension and Other Postretirement Plans". As a result the shareholder's equity was reduced by $8.200 MLN and subsequently the lower equity increased the leverage and the equity financing of the fixed assets decreased appropriately. However, stronger expected net income in the following years should strengthen the company's retained earning again to improve leverage and equity base. On the other hand the capital intensity is excellent due to comparable low fixed assets as percent of total assets and higher sales. Inventory too is comparable low which is mainly the result of BOEING's new production methods. In case of the "Dreamliner" BOEING works with partner companies in Japan, Europe, USA and elsewhere which develop, produce and deliver much of the finished products made from new and advanced composite materials. Subsequently Boeing's main duty is the complex and timely integration of all parts at the Seattle headquarters. Despite the weaker equity and lower available cash flow due to substantial higher investments and acquisitions the net debt compared to available cash flow is nevertheless satisfactory.

TABLE OF OPERATION – BOEING

INCOME & COST STRUCTURE	2006	%	2005	%	2004	%
Revenues in US$, million	61,530	100.0%	53,621	100.0%	51,400	100.0%
Income from operating Investment	146	0.2%	88	0.2%	91	0.2%
Cost of products and services	-48,539	-78.9%	-43,122	-80.4%	-42,109	-81.9%
Research and development expenses	-3,257	-5.3%	-2,205	-4.1%	-1,879	-3.7%
S+A expenses and marketing	-4,171	-6.8%	-4,228	-7.9%	-3,657	-7.1%
BOEING Capital Corp. interest expenses	-353	-0.6%	-359	-0.7%	-350	-0.7%
(Loss) gain on disposition/business closed	-226	-0.4%	520	1.0%	20	0.0%
Settlement with US Department of Justice	-571	8.3%	0	0.0%	0	0.0%
EBITDA	4,559	7.4%	4,315	8.0%	3,516	18.3%
Depreciation and amortization	-1,545	-2.5%	-1,503	-2.8%	-1,509	-2.9%
EBIT	3,014	4.9%	2,812	5.2%	2,007	3.9%
Other income net	420	0.7%	301	0.6%	288	0.6%
Interest and debt expense	-240	-0.4%	-294	-0.5%	-335	-0.7%
Income from discontinued operation	0	0.0%	0	0.0%	0	0.0%
Net gain/loss from discontinued operation	9	0.0%	10	0.0%	52	0.1%
Income tax expenses	-988	-1.6%	-257	-0.5%	-140	-0.3%
Net earnings	2,215	3.6%	2,572	4.8%	1,872	3.6%

TABLE OF BALANCE SHEET – BOEING

ASSET & LIABILITY STRUCTURE	2006	%	2005	%
Total assets in US$, million	51,794	100.0%	59,996	100.0%
Cash and cash equivalent	6,118	11.8%	5,412	9.0%
Short-term investments	268	0.5%	554	0.9%
Accounts receivables net	5,285	10.2%	5,246	8.7%
Current portion of customer financing net	370	0.7%	367	0.6%
Deferred income tax	2,837	5.5%	2,449	4.1%
Inventories, net of advances and billing	8,105	15.6%	7,878	13.1%
Customer financing net	8,520	16.4%	9,639	16.1%
Current assets	31,503	60.8%	31,545	52.6%
Investments	4,085	7.9%	2,852	4.8%
Deferred income tax	1,051	2.0%	140	0.2%
Other assets	2,735	5.3%	989	1.6%
Prepaid pension expense	0	0.0%	13,251	22.1%
Long term assets	7,871	15.2%	17,232	28.7%
Property, plant and equipment	7,675	14.8%	8,420	14.0%
Goodwill	3,047	5.9%	1,924	3.2%
Other acquired intangibles net	1,698	3.3%	875	1.5%
Fixed Assets and Intangibles	12,420	24.0%	11,219	18.7%
Total debt and equity	51,794	100.0%	59,996	100.0%
STD and current portion of LTD	1,381	2.7%	1,189	2.0%
Accounts payable and other liabilities	11,449	22.1%	16,513	27.5%
Advances and billings above related costs	16,201	31.3%	9,868	16.4%
Income taxes payable	670	1.3%	556	0.9%
Short term debt	29,701	57.3%	28,126	46.9%
Long term debt	8,157	15.7%	9,538	15.9%
Accrued pension plan liability	1,135	2.2%	2,948	4.9%
Accrued retiree health care	7,671	14.8%	5,989	10.0%
Deferred income tax	0	0.0%	2,067	3.4%
Other long-term liabilities	391	0.8%	269	0.4%

Long term debt	17,354	33.5%	20,811	34.7%
Common shares of par value of $5	5,061	9.8%	5,061	8.4%
Additional paid-in capital	4,655	9.0%	4,371	7.3%
Treasury shares at cost	-12,459	-24.1%	-11,075	-18.5%
Retained earnings	18,453	35.6%	17,276	28.8%
Accumulated other comprehensive loss	-8,217	-15.9%	-1,778	-3.0%
Share Value Trust shares	-2,754	-5.3%	-2,796	-4.7%
Equity	**4,739**	**9.1%**	**11,059**	**18.4%**

TABLE OF CASH FLOW – BOEING

OPERATING ACTIVITIES	2006	%	2005	%	2004	%
Net earnings in US$, million	2,215	29.5%	2,572	36.7%	1,872	53.4%
Depreciation, amortization of intangibles	1,545	20.6%	1,503	21.5%	1,509	43.1%
Share-based plans expenses	743	9.9%	1,036	14.8%	655	18.7%
Investment/asset impairment charges	118	1.6%	83	1.2%	122	3.5%
Pension expense	746	9.9%	1,225	17.5%	335	9.6%
Gain/loss on disposal of disc. operations	340	4.5%	-283	-4.0%	479	13.7%
Tax benefits share-based arrangement	-395	-5.3%	-70	-1.0%	23	0.7%
Net earnings and non cash items	**5,312**	**70.8%**	**6,066**	**86.7%**	**4,995**	**142.6%**
Accounts receivables	-244	-3.3%	-592	-8.5%	-241	-6.9%
Inventories, net of advances and billings	444	5.9%	-1,965	-28.1%	535	15.3%
Accounts payables and other liabilities	-744	-9.9%	963	15.9%	1,242	35.4%
Adv. and billings excess of related costs	1,739	23.2%	3,562	51.5%	735	21.0%
Income taxes receivable, acc. payable,	933	12.4%	628	10.4%	1,085	31.0%
Customer financing	718	9.6%	589	8.4%	-421	-12.0%
Other long-term liabilities	-62	-0.8%	-476	-6.8%	-30	-0.9%
Prepaid pension expenses	-522	-7.0%	-1,851	-30.5%	-4,355	124.3%
Accrued retiree health care	114	1.5%	30	0.4%	214	6.1%
Other	-189	-2.5%	46	0.7%	-255	-7.3%
Cash flow from operation	**7,499**	**100.0%**	**7,000**	**100.0%**	**3,504**	**100.0%**
Property, plant and equipment net	-1,456	-19.4%	-1,494	-21.3%	-804	-22.9%
Acquisitions/proceeds net cash	-1,854	-24.7%	-139	-2.0%	1,983	56.6%
Contributions to investments net	-2,815	-37.5%	-2,866	-40.9%	-4,142	-118.2%
Proceeds from investments	2,850	38.0%	2,725	38.9%	1,323	37.8%
Proceeds from dispositions	123	1.6%	1,676	23.9%	194	5.5%
Other	-34	-0.5%	0	0.0%	0	0.0%
Cash flow used by investing activities	**-3,186**	**-42.5%**	**-98**	**-1.4%**	**-1,446**	**-41.3%**
Available Cash Flows	**4,313**	**57.5%**	**6,902**	**98.6%**	**2,058**	**58.7%**
Repayment of long term debt	-1,680	-39.0%	-1,378	-20.0%	-2,208	-107.3%
Stock options exercised	294	6.8%	348	5.0%	98	4.8%
Tax benefits share-based arrangements	395	9.2%	70	1.0%	23	1.1%
Common shares repurchased	-1,698	-39.4%	-2,877	-41.7%	-752	-36.5%
Dividends paid	-956	-22.2%	-820	-11.9%	-648	-31.5%
Increase /decrease of cash and equivalents	-668	-15.5%	-2,245	-32.5%	1,429	69.4%
Cash flow used by financing activities	**-4,313**	**-100.0%**	**-6,902**	**-100.0%**	**-2.058**	**-100.0%**
Increase/decrease in cash & equivalents	668		2,245		-1,429	
Effect of F/X rate on cash and equivalents	38		-37		0	
Cash & equivalents at beginning of year	**5,412**		**3,204**		**4,633**	
Cash & equivalents at end of year	**6,118**		**5,412**		**3,204**	

British Petroleum – BP
Energy

BUSINESS – Vertically integrated global Oil and Gas Company

BP is one of the world's largest energy companies with proven reserves of 17.700 MLN of barrels of oil and gas equivalent and producing 3.9 MLN oil and equivalent per day for customers. BP's activities are oil and gas explorations in 26 countries together with related pipeline transportation. The downstream activities are oil refining, shipping and trading gas, retailing lubricants through more than 25,000 petrol stations worldwide and developing alternative energy. At the end of 2006 BP employed 97,000 people operating in 100 countries. Based on BP's strong fundamentals the management was optimistic in the first half year. However, in the first nine month of 2007 revenues stagnated coupled with higher depreciations, purchase, production and administration cost. Nevertheless, EBIT was a healthy 12.2% and cash flow from operating activities of $20.400 MLN enabled BP to make capital expenditures of $12.300 MLN, to repurchase stock of $5.800 MLN, to pay 10% higher dividend of $6.100 MLN and to decrease debts by $2.200 MLN. However, BP operated always risky leading in April 2010 to a huge oil spill in the Gulf of Mexico lasting for months. Subsequently BP lost billions from environment damages and half of its market value. Now BP wants regain lost confidence.

Liquidity = Max. Points of 400 or 100%	2006	P	2005	P	2004	P
Available cash flow in US$, million	22,527		24,992		12,047	
Available cash flow % net sales	8.5%	100	10.4%	100	6.3%	100
Accounts receivables % net sales	14.6%	100	17.1%	100	0	0
Inventory and work in progress % net sales	7.1%	100	8.2%	100	0	0
Current ratio = short term assets less short term debt	1.0x	60	1.0x	60	0	0
Subtotal	90%	360	90%	360	25%	100
Profitability = Max. Points of 700 or 100%	**2006**	**P**	**2005**	**P**	**2004**	**P**
Net sales in US$, million	265,906		239,792		192,024	
Production-& Personal Costs (COGS) % net sales	-80.7%		-78.0%			
S+A, and marketing % net sales	-5.4%	100	-5.7%	100	6.9%	100
EBITDA % net sales – energy	16.7%	100	17.3%	100	17.8%	100
Depreciations % fixed assets and intangibles	-8.5%	80	-8.7%	80	0	0
EBIT % net sales – energy-	13.2%	100	13.6%	100	13.4%	100
Interest expenses % EBIT	-2.0%	100	-1.9%	100	-1.7%	100
Net profit % net sales – producer of energy	8.4%	100	9.4%	100	9.0%	100
Net profit % equity = ROE	26.1%	100	28.0%	100	0	0
Subtotal	97%	680	97%	680	71%	500
Stability = Max Points of 400 or 100%	**2006**	**P**	**2005**	**P**	**2004**	**P**
Equity in US$, million	85,465		80,765			
leverage = short and long term debt vs. equity	0.8x	100	0.8x	100	0	0
Equity financing = equity % fixed assets & intangibles	79.9%	80	79.9%	80	0	0
Capital intensity - F/A and intangibles % net sales	40.2%	60	42.2%	60	0	0
Net debt = years needed to repay net debt by cash flow	2.8x	60	2.4x	80	0	0
Subtotal	75%	300	75%	300	0	0
Total and in % of Max. Points of 1.500 or 100%	**89%**	**1.340**	**89%**	**1.340**	**40%**	**600**

Available Cash Flows used as % by financing activities incl. change of cash and equivalents	2006	2005	2004
Repayment of long term debt	-16.2%	-19.3%	-18.3%
Repayment of short term debt	0.0%	-5.8%	-0.2%
Proceeds from long term financing	17.0%	9.9%	22.2%
Minority shareholder	-1.3%	-3.3%	-0.3%
Common shares repurchased	-67.3%	-45.3%	-59.8%
Dividends paid	-34.1%	-29.4%	-50.1%
Net increase/decrease in cash and equivalents	**1.9%**	**-6.8%**	**6.5%**
Total	-100.0%	-100.0%	-100.0%

LIQUIDITY

2006 The presentation of the statement of cash flow of BP differs slightly as in this example the separate financing items were included in the cash flow from operation. Thus the short term debt of $3.873 MLN accounting for 12.1% of the operating cash flow of $32.045 MLN are included in this amount. Compared to 2005 this was an increase of 20%. From this amount $15.354 MLN were invested into property, plant and equipment while part of it was disposed resulting in net investments of $9.518 MLN compared to $1.729 MLN 2005. The much bigger out flow 2006 may be the reason for above temporary bank borrowings. Nevertheless the available cash flow as percent of the net sales coupled with the quickly realizable current asset provided BP with enough liquidity despite the low current ratio. Despite the result of 2006 did not meet the management's expectations the company nevertheless repurchased shares of $15.151 MLN to pay dividends of $7.686 MLN and to repay long term debt of $3.655 MLN.

PROFITABILITY

2006 Although net sales increased by 10.9% it "could and should be better" according to the chairman. No doubt that the March 2005 explosion at the Texas refinery, in which 15 workers were killed and the pipeline corrosion at Prudhoe Bay in Alaska had adversely affected the net sales of which the UK generated 20.5%, rest of Europe 23.3%, USA 35.7% and the rest of the world 20.5%. Sales from business activities were as follow: Exploration 6.2%, refining and marketing 86.0%, gas power 7.4%, other 0.4%. On the other hand purchase and production costs soared by 14.7%, as well as the expensed exploration costs of $1.100 MLN while administration expenses remained stable. Nevertheless EBITDA is very good as well as the depreciations of plant and equipment calculated by the straight line method over its expected life which is for example for buildings 20-40 years and fixture 5-15 years. Oil and gas properties incl. relates pipe line have been depreciated by using unit oil production method according to the SEC rules. EBIT is excellent and due to low financial expenses.

STABILITY

2006 The equity including reserve, premiums, retained earnings etc. increased by 5.8% whereas the share capital of $5,385 MLN decreased to $5,185 MLN 2005 despite BP's repurchasing of common stock of $90 MLN which was offset due to shares reclassification. BP's leverage and equity financing ratios are good but the financial condition is much stronger as the real value of plant, equipment, intangibles of $99.000 MLN is much higher. In fact the disclosed capitalized proved and unproved oil and natural gas properties calculated at a barrel price of $60 based on the new SEC rules are only $57.400 MLN. But by using discounted future cash flows the value would be over $90.000 MLN particularly with record barrel prices of $90 during 2006. The exploration costs of $11.000 MLN were capitalized but disclosed as intangible assets of only $5.200 MLN. Besides, the proved reserves replacement ratio is a healthy 113% being the extension to which production is replaced by proved reserves additions being oil and gas reserves of the equivalent of 17.7 BN barrels. (Natural gas is converted to oil equivalent at 5.8 BN cubic feet = 1 million barrels). Undervalued are also the transportation and oil depot storage of the fixed assets as well as the oil related investments in entities and in associates. Consequently the comparable high capital intensity is justified due to BP's good liquidity, excellent profitability and strong stability.

TABLE OF OPERATION – BP

INCOME & COST STRUCTURE	2006	%	2005	%	2004	%
Revenues in US$, million	**265,906**	**100.0%**	**239,792**	**100.0%**	**192,024**	**100.0%**
Earnings from entities & associates	3,995	1.5%	3,543	1.5%	2,280	1.2%
Other revenues	701	0.3%	613	0.3%	615	0.3%
Gains on sale of business and F/A	3,714	1.4%	1,538	0.6%	1,685	0.9%
Purchases	-187,183	-70.4%	-163,026	-68.0%	128,055	-66.7%
Production, manufacturing, & taxes	-27,414	-10.3%	-24,102	-10.1%	-19,479	-10.1%
Exploration expenses	-1,045	-0.4%	-684	-0.3%	-637	-0.3%
Impairment & losses on sale	-549	-0.2%	-468	-0.2%	-1,390	-0.7%
Gain/loss on embedded derivatives	608	0.2%	-2,047	-0.9%	0	0.0%
S+A, distribution cost & marketing	-14,447	-5.4%	-13,706	-5.7%	-12,768	-6.6%
EBITDA	**44,286**	**16.7%**	**41,453**	**17.3%**	**34,275**	**17.8%**
Depreciation and amortization	-9,128	-3.4%	-8,771	-3.7%	-8,529	-4.4%
EBIT	**35,158**	**13.2%**	**32,682**	**13.6%**	**25,746**	**13.4%**
Financial cost	-718	-0.3%	-616	-0.3%	-440	-0.2%
Other finance income/expenses	202	0.1%	-145	-0.1%	-340	-0.2%
Net gain/loss from operations	-25	0.0%	184	0.1%	-622	-0.3%
Income tax expenses	-12,331	-4.6%	-9,473	-4.0%	-7,082	-3.7%
Net earnings	**22,286**	**8.4%**	**22,632**	**9.4%**	**17,262**	**9.0%**

TABLE OF BALANCE SHEET – BP

ASSET & CAPITAL STRUCTURE	2006	%	2005	%
Total assets in US$, million	**217,601**	**100.0%**	**206,914**	**100.0%**
Cash and cash equivalent	2,590	1.2%	2,960	1.4%
Derivative financial instruments	10,373	4.8%	10,056	4.9%
Accounts receivables net	38,692	17.8%	40,902	19.8%
Inventories	18,915	8.7%	19,760	9.5%
Prepayment, accrued income	3,006	1.4%	1,268	0.6%
Current assets	**74,261**	**34.1%**	**75,290**	**36.4%**
Loans, receivables, other investments	3,376	1.6%	2,558	1.2%
Defined benefit pension plan surplus	6,753	3.1%	3,282	1.6%
Derivative financial instruments	3,025	1.4%	3,909	1.9%
Prepayment and accrued income	1,034	0.5%	1,012	0.5%
Investments in entities & in associates	21,049	9.7%	19,773	9.6%
Long term assets	**36,315**	**16.7%**	**30,534**	**14.8%**
Property, plant and equipment	90,999	41.8%	85,947	41.5%
Goodwill and Intangibles assets	16,026	7.4%	15,143	7.3%
Fixed Assets	**107,025**	**49.2%**	**101,090**	**48.9%**
Total debt and equity	**217,601**	**100.0%**	**206,914**	**100.0%**
Short term debt	12,924	5.9%	8,932	4.3%
Trade and other payables	42,236	19.4%	42,136	20.4%
Derivative financial instruments	9,424	4.3%	10,036	4.9%
Accruals and deferred income	6,147	2.8%	5,017	2.4%
Current tax payable	2,635	1.2%	4,274	2.1%
Provisions	1,932	0.9%	1,102	0.5%
Short term debt	**75,298**	**34.6%**	**71,497**	**34.6%**
Long term debt	11,086	5.1%	10,230	4.9%
Other payable	1,484	0.7%	1,935	0.9%
Defined benefit pension plan surplus	9,276	4.3%	9,230	4.5%
Derivative financial instruments	4,203	1.9%	5,871	2.8%
Deferred income tax	19,077	8.8%	17,432	8.4%
Provisions	11,712	5.4%	9,954	4.8%
Long term debt	**56,838**	**26.1%**	**54,652**	**26.4%**
Share capital	5,385	2.5%	5,185	2.5%
Reserves	79,239	36.4%	74,791	36.1%
Total shareholders' equity	**85,465**	**39.3%**	**80,765**	**39.0%**

TABLE OF CASH FLOW – BP

OPERATING ACTIVITIES	2006	%	2005	%	2004	%
Net earnings in US$, million	20,909	65.2%	22,893	85.7%	18,578	**79.5%**
Depreciation, amortization of intangibles	9,128	28.5%	8,771	32.8%	8,529	36.5%
Gain on sale of businesses and assets	-3,165	-9.9%	-1,070	-4.0%	-295	-1.3%
Earnings, Dividends, interest	217	0.7%	-876	-3.3%	272	1.2%
Pension expense	-261	-0.8%	-435	-1.6%	-84	-0.4%
Net charge for provisions	340	1.1%	600	2.2%	-110	-0.5%
Exploration expenditures written off	624	1.9%	305	1.1%	274	1.2%
Net earnings and non cash items	**27,792**	**86.7%**	**30,188**	**113.0%**	**27,164**	**116.2%**
Inventories, net	995	3.1%	-6,638	-24.8%	-3,182	-13.6%
Increase/decrease of assets	3,596	11.2%	-16,427	-61.5%	-10,225	-43.7%
Increase/decrease of liabilities.	-4,211	-13.1%	18,628	69.7%	10,290	44.0%
Increase of short-term debt	3,873	12.1%	0	0.0%	0	0.0%
Other	0	0.0%	970	3.6%	-669	-2.9%
Cash flow from operation.	**32,045**	**100.0%**	**26,721**	**100.0%**	**23,378**	**100.0%**
Property, plant and equipment net	-15,354	-47.9%	-12,341	-46.2%	-13,789	-59.0%
Decrease in short debt	0	0.0%	0	0.0%	0	0.0%
Contributions to investments net	-607	-1.9%	-804	-3.0%	-2,590	-11.1%
Proceeds from disposal of fixed assets	5,963	18.6%	2,803	10.5%	4,236	18.1%
Proceeds from disposal of businesses	291	0.9%	8,397	31.4%	725	3.1%
Other	189	0.6%	216	0.8%	87	0.4%
Cash flow used by investing act.	**-9,518**	**-29.7%**	**-1,729**	**-6.5%**	**-11,331**	**-48.5%**
Available Cash Flows	**22,527**	**70.3%**	**24,992**	**93.5%**	**12,047**	**51.5%**
Repayment of long term debt	-3,655	-16.2%	-4,820	-19.3%	-2,204	-18.3%
Repayment of short term debt	0	0.0%	-1,457	-5.8%	-24	-0.2%
Proceeds from long term financing	3,831	17.0%	2,475	9.9%	2,675	22.2%
Minority shareholder	-283	-1.3%	-827	-3.3%	-33	-0.3%
Common shares repurchased	-15,151	-67.3%	-11,315	-45.3%	-7,208	-59.8%
Dividends paid	-7,686	-34.1%	-7,359	-29.4%	-6,041	-50.1%
Increase/decrease in cash & equivalents	370	1.6%	-1,601	-6.8%	697	5.8%
Effect of F/X rate on cash & equivalents	47	0.2%	-88	0.0%	91	0.8%
Cash Flows used by financing activities	**22,527**	**-100.0%**	**-24,992**	**-100.0%**	**-12,047**	**-100.0%**
Effect of F/X rate in cash & equivalents	-47		-88		91	
Increase/decrease in cash & equivalents	-370		1,601		-697	
Cash & equivalents at beginning of year	**2,960**		**1,359**		**2,056**	
Cash & equivalents at end of year	**2,590**		**2,960**		**1,359**	

The COCA- COLA COMPANY and SUBSIDIARIES
Consumer Goods

BUSINESS – Marketing 400 brands covering 2.600 beverage products

The COCA- COLA COMPANY with a global workforce of 71,000 manufactures and distributes and markets non-alcoholic beverage concentrates and syrups. It produces beverage concentrates and syrups, which it sells to bottling and canning operators, to fountain wholesalers and retailers and some finished beverages primarily to distributors. Finished products encompassing water, juice drinks, energy drinks, tea and coffees, bearing the company's trademark, are sold in more than 200 countries. The success of the company is based on its products, excellent marketing and its bottling partners which are independent companies operating locally worldwide to boost growth. In the past and now the company demonstrated to create shareholder value by earnings and sales growth coupled with annually higher dividends and regular repurchasing stock programs. 2007 will be another successful year as in the first nine month revenues increased by 19% coupled with strong cash flow.

Liquidity = Max. Points of 400 or 100%	2006	P	2005	P	2004	P
Available cash flow in US$, million	4,874		5,105		8,495	
Available cash flow % net sales	20.2%	100	22.1%	100	39.1%	100
Accounts receivable % net sales	10.7%	100	9.9%	100	0	0
Inventory % net sales	6.8%	100	6.0%	100	0	0
Current ratio = short term assets less short term debt	0.9x	60	1.0x	60	0	0
Subtotal	90%	360	90%	360	25%	100
Profitability = Max. Points of 700 or 100%	2006	P	2005	P	2004	P
Net sales in US$, million	24,088		23,104		21,742	
Production-& Personal Costs (COGS) % net sales	-30.0%		-31.4%		-31.2%	
S+A, delivery costs and marketing % net sales	-39.2%	60	-37.8%	60	-36.3%	60
EBITDA % net sales – consumer goods	30.1%	100	30.4%	100	30.3%	100
Depreciations % fixed assets	-7.8%	60	-9.7%	80	0	
EBIT % net sales – consumer goods	26.2%	100	26.3%	100	26.2%	100
Interest expenses % EBIT	-3.5%	100	-3.9%	100	-3.4%	100
Net profit net sales general producer consumer goods	21.1%	100	21.1%	100	22.5%	100
Net profit % equity - ROE	30.0%	100	29.8%	100	0	0
Subtotal	89%	620	91%	640	66%	460
Stability = Max. Points of 400 or 100%	2006	P	2005	P	2004	P
Equity in US$, million	16,920		16,355		0	
Leverage = short and long term debt vs. equity	0.8x	100	0.8x	100	0	0
Equity financing = equity % F/A & intangibles	140.6%	100	169.4%	100	0	0
Capital intensity = - F/A and intangibles % net sales	50.0%	40	41.8%	60	0	0
Net debt = years needed to repay net debt, by cash flow	1.2x	100	0.8x	100	0	0
Subtotal	85%	340	90%	360		0
Total and in % of Max. Points of 1.500 or 100%	88%	1.320	91%	1.360	37%	560

Available Cash flows used as % by financing activities incl. change of cash and equivalents	2006	2005	2004
Repayment of debt	-41.5%	-48.2%	-15.5%
Issuance of stock	3.0%	4.5%	2.3%
Repurchase of stock for treasury	-49.6%	-40.3%	-20.5%
Dividends paid	-59.7%	-52.5%	-28.6%
Net increase/decrease in cash and equivalents	47.7%	36.4%	-37.7%
Total	-100.0%	-100.0%	-100.0%

LIQUIDITY

2006 The company is presenting its statement of cash flow by netting the operating current assets and short term debt. On the other hand COCA- COLA includes the issuance of debt of $617 MLN or 9.4% in the cash flow from operation of $6.574 MLN. The slightly lower cash flow from operation 2006 resulted mainly from the balance between operating assets and short term debt of -$615 MLN compared to $430 MLN 2005 and nearly balanced by new short term of $617 MLN. By further investing into plant and equipment, trade marks and bottling companies of up to net $1.700 MLN compared to net $1.496 MLN 2005 the company underlines its strategies for long term growth and driving productivity to create shareholder value. Consequently the surplus of the cash and equivalent 2006 was used to repay loans of $2.021 MLN while the rest was used for shareholder friendly transactions by repurchasing stock of $2.416 MLN and for paying dividends of $2.911 MLN. Due to the quick realization of the current assets the low current ratios is not a disadvantage.

PROFITABILITY

2006 net sales increased by 4.3% of which 27.7% were made in the United States and 72.3% internationally. Typically for this company are the relatively low material and production costs as percentage of the net sales while administration and marketing expenses absorb nearly the same amount which is seldom in the business world where figures up to 25% are common. However, the excellent EBITDA confirm that the company's big advertising efforts in the media worldwide pays off. Depreciations of intangible assets with indefinite lives, goodwill and trademark amounting to $5.135 MLN are not amortized but are always tested for fair value. The resulting EBIT is excellent and comparable very low are the interest expenses in percent of the EBIT reflecting also that the company is only a medium money borrower but a big money maker underlined by the excellent net profit margins.

STABILITY

2006 Equity increased by 3.5% and the common stock of $900 MLN remained almost unchanged. The substantial share repurchases reflect the treasury stock which increased by $2.474 MLN. The company's strong equity base mirror the very low leverage figures and the equity financing of the fixed assts and intangibles of 140.6% despite they increased by 24.7% to $12.038 MLN. Consequently capital intensity did worsen accordingly but should have temporary character due to the 2007 third quarter revenues growth of 19% worldwide. The company's strong financial condition is further underlined by the very low leverage and net debt to available cash flow ratios.

TABLE OF OPERATION – COCA- COLA

INCOME & COST STRUCTURE	2006	%	2005	%	2004	%
Sales of products and services	24,088	100.0%	23,104	100.0%	21,742	100.0%
Cost of sales in US$, million	-7,226	-30.0%	-7,263	-31.4%	-6,781	-31.2%
S+A, delivery expenses and marketing	-9,431	-39.2%	-8,739	-37.8%	-7,890	-36.3%
Other operating charges	-185	-0.8%	-85	-0.4%	-480	-2.2%
EBITDA	7,246	30.1%	7,017	30.4%	6,591	30.3%
Depreciation and amortization of intangibles	-938	-3.9%	-932	-4.0%	-893	-4.1%
EBIT	6,308	26.2%	6,085	26.3%	5,698	26.2%
Interest income	193	0.8%	235	1.0%	157	0.7%
Interest expense	-220	-0.9%	-240	-1.0%	-196	-0.9%
Equity income - net	102	0.4%	680	2.9%	621	2.9%
Other income (loss)- net	195	0.8%	-93	-0.4%	-82	-0.4%
Income tax expenses	-1,498	-6.2%	-1,818	-7.9%	-1,325	-6.1%
Gains on issuance of stock by equity method	0	0.0%	23	0.1%	24	0.1%
Net earnings	5,080	21.1%	4,872	21.1%	4,897	22.5%

TABLE OF BALANCE SHEET – COCA- COLA

ASSET & CAPITAL STRUCTURE	2006	%	2005	%
Total assets in US$, million	29,963	100%	29,427	100.0%
Cash and cash equivalent	2,440	8%	4,700	16.0%
Marketable securities	150	1%	66	0.2%
Accounts receivables net	2,587	9%	2,281	7.8%
Inventories	1,641	5%	1,379	4.7%
Prepaid pension expenses and other assets	1,623	5%	1,779	6.0%
Current assets	8,441	28%	10,205	34.7%
Equity method investment in COCA COLA.	4,215	14%	4,499	15.3%
Equity method investment in bottling co....	2,095	7%	2,062	7.0%
Cost method investment in bottling co.	473	2%	360	1.2%
Other assets	2,701	9%	2,648	9.0%
Long term assets	9,484	32%	9,569	32.5%
Property plant and equipment - net	6,903	23%	5,831	19.8%
Trademarks with indefinite lives	2,045	7%	1,946	6.6%
Goodwill	1,403	5%	1,047	3.6%
Other intangible assets	1,687	6%	829	2.8%
Fixed Assets incl. goodwill & intangible	12,038	40%	9,653	32.8%
Total debt and equity	29,963	100.0%	29,427	100.0%
Loans, notes, current portion of debt	3,268	10.9%	4,546	15.4%
Accounts payable	5,055	16.9%	4,493	15.3%
Accrued income tax	567	1.9%	797	2.7%
Short term debt	8,890	29.7%	9,836	33.4%
Long term debt	1,314	4.4%	1,154	3.9%
Other liabilities	2,231	7.4%	1,730	5.9%
Deferred income tax	608	2.0%	352	1.2%
Long term debt	4,153	13.9%	3,236	11.0%
Common stock	878	2.9%	877	3.0%
Capital surplus	5,983	20.0%	5,492	18.7%
Retained earnings	33,468	111.7%	31,299	106.4%
Accumulated other comprehensive loss	-1,291	-92.0%	-1,669	-159.4%
Less Treasury stock	-22,118	-73.8%	-19,644	-66.8%
Shareholders' equity	16,920	56.5%	16,355	55.6%

TABLE OF CASH FLOW - COCA- COLA

OPERATING ACTIVITY	2006	%	2005	%	2004	%
Net earnings in US$, million	5,080	77.3%	4,872	73.8%	4,847	53.9%
Depreciation, amortization of intangibles	938	14.3%	932	14.1%	893	9.9%
Stock-based compensation expense	324	4.9%	324	4.9%	345	3.8%
Deferred income tax	-35	-0.5%	-88	-1.3%	162	1.8%
Equity income or loss, net of dividends	124	1.9%	-446	-6.8%	-476	-5.3%
Foreign currency adjustment	52	0.8%	47	0.7%	-59	-0.7%
Gain/loss on issuance of stock	0	0.0%	-23	-0.3%	-24	-0.3%
Gain/loss of assets. Incl. bottling interests	-303	-4.6%	-9	-0.1%	-20	-0.2%
Other operating charges	159	2.4%	85	1.3%	480	5.3%
Other operating items	233	3.5%	299	4.5%	437	4.9%
Net earnings and non cash items	**6,572**	**100.0%**	**5,993**	**90.8%**	**6,585**	**73.2%**
Change of operating assets & short term debt	-615	-9.4%	430	6.5%	-617	-6.9%
Issuances of debt	617	9.4%	178	2.7%	3,030	33.7%
Cash flow from operation	**6,574**	**100.0%**	**6,601**	**100.0%**	**8,998**	**100.0%**
Acquisition & investments trademarks	-901	-13.7%	-637	-9.7%	-267	-3.0%
Purchase of other investments	-82	-1.2%	-53	-0.8%	-46	-0.5%
Proceeds from disposal of other investments	640	9.7%	33	0.5%	161	1.8%
Purchase of property, plant and equipment	-1,407	0.0%	-899	0.0%	-755	-8.4%
Proceeds from disposal of fixed assets	112	1.7%	88	0.0%	341	0.0%
Other investing activities	-62	-0.9%	-28	0.0%	63	0.0%
Cash flow used by investing activities	**-1,700**	**-25.9%**	**-1,496**	**-22.7%**	**-503**	**-5.6%**
Available Cash Flows	**4,874**	**74.1%**	**5,105**	**77.3%**	**8,495**	**94.4%**
Repayment of debt	-2,021	-41.5%	-2,460	-48.2%	-1,316	-15.5%
Issuance of stock	148	3.0%	230	4.5%	193	2.3%
Repurchase of stock for treasury	-2,416	-49.6%	-2,055	-40.3%	-1,739	-20.5%
Dividends paid	-2,911	-59.7%	-2,678	-52.5%	-2,429	-28.6%
Increase/decrease in cash & equivalents	2,326	47.7%	1,858	36.4%	-3,204	-37.7%
Cash Flows used by financing activities	**-4,874**	**-100.0%**	**-5,105**	**-100.0%**	**-8,495**	**-100.0%**
Effect on F/X changes on cash and equivalent	65		-148		141	
Increase/decrease in cash & equivalents	-2,326		-1,858		3,204	
Cash & equivalents at beginning of year	**4,701**		**6,707**		**3,362**	
Cash & equivalents at end of year	**2,440**		**4,701**		**6,707**	

CARREFOUR, France
Consumer Goods

BUSINESS – World's 2nd largest store retailer

CARREFOUR is no 1 in Europe and no 2 worldwide operating 12,547 stores and employing 456,295 employees of which 68% are located in Europe, 16% in Asia and 16% in Latin America. As 90% of the employees work in direct contact with customers the workforce is CARREFOUR's no 1 asset. Therefore special effort is made that it have the skills, the motivation and the ability to respond customer demands. Another strategy is the low price policy by purchasing synergies and best price positioning, the increasing of the product mix and new products with high-growth potential. These strategies and good management enabled CARREFOUR the fast expansion for 40 years by maintaining the operating margins. In fact already 1971-1973 the sales net profit margins were always 2% and in 2007 CARREFOUR wants to accelerate the pace by adding a total of 1000 stores. During the fist nine month of 2007 group sales increased by 5.8% despite high competition in France but making strong growth in other markets and with Xmas and New Year in sight 2007 and 2008 will be better.

Liquidity = Max. Points of 400 or 100%	2006	P	2005	P	2004	P
Available Cash Flow in EURO, million	1,649.0		1,260.0		2,199.0	
Available cash flow % net sales	2.1%	60	1.7%	60	3.2%	80
Accounts receivables % net sales	4.6%	100	4.7%	100	4.6%	100
Inventory % net sales	7.8%	100	8.4%	100	8.1%	100
Current Ratio = short term assets – short term debt	0.7x	60	0.7x	60	0.6x	60
Subtotal	80%	320	80%	320	85%	340
Profitability = Max Points of 700 or 100%	2006	P	2005	P	2004	P
Net sales in EURO, million	77.901.1		73.059.5		69.112.6	
Productions-& Personal Costs (COGS) % net sales	-78.6%		-78.7%		78.5%	
S+A and marketing % net sales	-16.6%	100	-16.4%	100	-16.1%	100
EBITDA % net sales – whole sale & retail trader	6.2%	60	6.3%	60	6.8%	60
Depreciations % fixed assets and intangibles	-6.2%	60	-5.8%	60	-6.6%	60
EBIT % net sales – whole sale & retail trader	4.2%	60	4.3%	60	4.5%	60
Interest expenses % EBIT	-14.6%	100	-14.4%	100	-15.3%	100
Net profit % net sales – trader of consumer good	2.4%	100	2.5%	100	2.5%	100
Net profit % equity = ROE	17.7%	80	19.2%	80	22.0%	80
Subtotal	80%	560	80%	560	80%	560
Stability = Max. Points of 400 or 100%	2006	P	2005	P	2004	P
Equity in EURO, million	10.503.0		9.386.0		7876.0	
leverage = short and long term debt vs. equity	3.3x	40	3.7x	20	4.1x	0
Equity financing = equity % F/A & intangibles	41.0%	20	38.3%	20	34.7%	0
Capital intensity - F/A and intangibles % net sales	32.9%	60	33.5%	60	32.8%	60
Net debt = years needed to pay net debt by cash flow	11.8x	0	15.8x	0	9.1x	0
Subtotal	30%	120	25%	100	15%	60
Total and in % of Max. Points of 1.500 or 100%	67%	1000	63%	940	64%	960

Available Cash Flows used as % by financing activities incl. change of cash & equivalents	2006	2005	2004
Repayment of debt	-48.5%	0.0%	-74.6%
Dividends paid by parent co. and cons. co.	-49.4%	-60.2%	-30.8%
Change in shareholders' equity and other	-5.6%	0.0%	0.0%
Proceeds of issue of share	0.4%	7.0%	-16.7%
Increase/decrease in cash and equivalent	3.0%	-46.8%	22.1%
Total	-100.0%	-100.0%	-100.0%

LIQUIDITY

2006 Similar to COCA- COLA this company is also presenting its statement of cash flow by netting the operating current assets and short term debt. Thus the net positions resulted in a cash flow of € 101 MLN 2006 compared to € 41 MLN 2005 and € 861 MLN 2004. Furthermore CARREFOUR also includes borrowings in the cash flow from operation. The latter was 2006 € 3.547 MLN without borrowings compared to € 3.769 MLN including borrowings of € 125 MLN or 3.3% 2005. Typically for CARREFOUR is its growth strategy by acquiring and investing into new promising companies and sell it if better investment opportunities are in sight. An example was in Switzerland where CARREFOUR set up years ago successfully a chain of sales stores and sold it last year to the 2nd largest Swiss retailer as market conditions did not suit anymore to CARREFOUR's business strategy. The same was true during the years 2004-2006 when acquisitions and investments followed by disposals of subsidiaries and fixed assets. As a result sales and net profits increased annually quit good but the cash flow from operation showed a downward trend resulting also from paying substantially for goodwill and intangibles. The fact that almost all clients pay cash or with credit cards the accounts receivable of 4.6% are very low compared to the accounts payable of 34.6% of total assets/debt. Thus reflecting that CARREFOUR benefits from its strong market position by receiving long payment terms from the suppliers without interest but who are satisfied to sell large quantities. Consequently liquidity resulting form the customers paying cash is sufficient despite the low current ratio. Although expanding constantly CARREFOUR made substantial repayments and paying increasing dividends.

PROFITABILITY

2006 Net sales increased by 6.6%.of which 47.8% were generated in France, 38% in Europe excl. France, 7.6% in Latin America and 6.3% in Asia. Remarkable is the management's ability to keep the cost and profit margins in line with the sales performance similar in the past. The same is true for the satisfactory EBITDA and depreciations. The latter do correspond 10% of the disclosed values of the buildings with duration of 40 years whereas the depreciation rate of 1.4% was calculated of the disclosed intangible and goodwill. Subsequently EBIT is also satisfactory particularly due to the comparable low financial expenses thanks to the large advantageous supplier credits resulting in good net profit margins which are for retailers above average.

STABILITY

2006 Equity increased by 11.9% and subsequently the leverage could be improved but it is still not yet satisfactory but much better than 2004. Consequently equity financing of the fixed assets accounting for half of total assets is quit low. However, this is typically of a company in an expansion phase underlined by the goodwill and intangibles of € 11.890 MLN or 46.5% of the fixed assets. The goodwill was mainly paid for the acquisitions in France of Comptoirs Modernes, Euromarche and Hyparlo and other companies in Europe and overseas. Despite the above immaterial investments CARREFOUR's management avoids acquisitions not paying off. This is underlined by the stable capital intensity figures disclosing that CARREFOUR's growth was mainly the result of the incorporation of new companies including goodwill and intangibles generating additionally sales and earnings during the last three years. On the other hand the net debt available cash flow ratios are far above the tolerable figure of 3.5x reflecting the insufficient equity financing of goodwill and intangibles.

TABLE OF OPERATION – CARREFOUR

INCOME & COST STURCTURE	2006	%	2005	%	2004	%
Net sales in EURO, million	77,901.1	100.0%	73,059.5	100.0%	69,112.6	100.0%
Other income	1,042.5	1.3%	989.4	1.4%	980.4	1.4%
Cost of sales	-61,203.6	-78.6%	-57,480.2	-78.7%	-54,264.2	-78.5%
S+A expenses and marketing	-12,894.8	-16.6%	-11,986.5	-16.4%	-11,140.6	-16.1%
EBITDA	4,845.2	6.2%	4,582.2	6.3%	4,688.2	6.8%
Non recurring income/expenses	16.0	0.0%	-20.8	0.0%	-55.1	-0.1%
Depreciation and amortization	-1,586.9	-2.0%	-1,429.7	-2.0%	-1,497.9	-2.2%
EBIT	3,274.3	4.2%	3,131.7	4.3%	3,135.2	4.5%
Interest and debt expense	-479.6	-0.6%	-449.9	-0.6%	-480.7	-0.7%
Other income/expenses net	-127.6	-0.2%	-99.1	-0.1%	-114.7	-0.2%
Income tax expenses	-810.2	-1.0%	-785.1	-1.1%	-806.7	-1.2%
Net earnings	1,856.9	2.4%	1,797.6	2.5%	1,733.1	2.5%

TABLE OF BALANCE SHEET – CARREFOUR

ASSET & CAPITAL STRUCTURE	2006	%	2005	%	2004	%
Total assets in EURO, million	47,533	100.0%	46,250	100.0%	42,126	100.0%
Cash and cash equivalent	3,697	7.8%	3,733	8.1%	3,203	7.6%
Accounts receivables net	3,620	7.6%	3,451	7.5%	3,147	7.5%
Consumer credit from financial co.	2,586	5.4%	2,357	5.1%	1,627	3.9%
Other assets & assets held for sale	839	1.8%	971	2.1%	900	2.1%
Tax receivables	553	1.2%	598	1.3%	423	1.0%
Inventories	6,051	12.7%	6,110	13.2%	5,621	13.3%
Current assets	17,346	36.5%	17,220	37.2%	14,921	35.4%
Consumer credit from financial co.	1,656	3.5%	1,398	3.0%	1,594	3.8%
Investments, loans & other assets	1,983	4.2%	2,105	4.6%	1,869	4.4%
Deferred tax on assets	922	1.9%	1,029	2.2%	1,066	2.5%
Long term assets	4,561	9.6%	4,532	9.8%	4,529	10.8%
Land, buildings, equipment etc.	13,736	28.9%	13,401	29.0%	12,617	30.0%
Goodwill and other intangible assets	11,890	25.0%	11,097	24.0%	10,059	23.9%
Fixed assets	25,626	53.9%	24,498	53.0%	22,676	53.8%
Total debt and equity	47,533	100.0%	46,250	100.0%	42,126	100.0%
Short term borrowing	2,474	5.2%	2,895	6.3%	2,632	6.2%
Trade payable	16,449	34.6%	16,025	34.6%	14,721	34.9%
Tax payable	1,173	2.5%	1,241	2.7%	1,388	3.3%
Customer credit financing	3,427	7.2%	3,199	6.9%	2,654	6.3%
Other liabilities	2,923	6.1%	3,060	6.6%	2,952	7.0%
Short term debt	26,446	55.6%	26,420	57.1%	24,347	57.8%
Long term borrowing	7,532	15.8%	7,628	16.5%	7,340	17.4%
Provision for retirement, restructuring	2,256	4.7%	2,325	5.0%	1,954	4.6%
Deferred tax liabilities	280	0.6%	227	0.5%	353	0.8%
Customer credit financing	516	1.1%	264	0.6%	255	0.6%
Long term debt	10,584	22.3%	10,444	22.6%	9,902	23.5%
Minority Interest	1,017	2.1%	1,001	2.2%	929	2.2%
Share capital	1,762	3.7%	1,762	3.8%	1,762	4.2%
Reserves and income	7,724	16.2%	6,623	14.3%	5,185	12.3%
Total shareholders' equity	10,503	22.1%	9,386	20.3%	7,876	18.7%

TABLE OF CASH FLOW – CARREFOUR

OPERATING ACTIVITY	2006	%	2005	%	2004	%
Net income in EURO, million	2,012	56.7%	1,930	51.2%	1,728	40.8%
Provision for amortization	1,666	47.0%	1,514	40.2%	1,887	44.5%
Impact on discontinued activities	-184	-5.2%	38	1.0%	27	0.6%
Provision, impairment & div. by cons. co	71	2.0%	308	8.2%	-204	-4.8%
Gain/loss on disposal on sale of assets	-129	-3.6%	-160	-4.2%	-58	-1.4%
Net income and non cash items	**3.436**	**96.9%**	**3,630**	**96.3%**	**3,380**	**79.8%**
Increase of debt	0	0.0%	125	3.3%	0	0.0%
Change in consumer credit obligation	10	0.3%	-27	-0.7%	-5	-0.1%
Increase/decrease of assets and STD.	101	2.8%	41	1.1%	861	20.3%
Cash flow from operation.	**3.547**	**100.0%**	**3.769**	**100.0%**	**4.236**	**100.0%**
Acquisition of tangibles & intangibles	-3,368	177.4%	-2,899	-76.9%	-2,463	-58.1%
Acquisition of financial assets	-65	3.4%	-51	-1.4%	-123	-2.9%
Acquisition of subsidiaries	-529	27.9%	-751	-19.9%	-315	-7.4%
Disposal of subs. F/A and investments	2,078	-109.5%	1,277	33.9%	938	22.1%
Other use	-14	0.7%	-85	-2.3%	-74	-1.7%
Cash Flows used by investing act.	**-1.898**	**-53.5%**	**-2.509**	**-66.6%**	**-2.037**	**-48.1%**
Available Cash Flows	**1,649**	**46.5%**	**1,260**	**33.4%**	**2,199**	**51.9%**
Repayment of debt	-799	-48.5%	0	0.0%	-1,641	-74.6%
Dividends paid by parent and cons co	-814	-49.4%	-758	-60.2%	-677	-30.8%
Change in shareholders' equity & other	-92	-5.6%	0	0.0%	0	0.0%
Proceeds of issue of share	6	0.4%	88	7.0%	-368	-16.7%
Increase/decrease in cash & equivalent	50	3.0%	-590	-46.8%	487	22.1%
Cash Flows used by financing act.	**-1.649**	**100.0%**	**-1.260**	**-100.0%**	**-2.199**	**-100.0%**
increase/decrease in cash & equivalents	-50		590		-487	
F/X fluctuation on cash & equivalents	14		-59		-27	
Cash & equivalents at beginning of year	**3,733**		**3,202**		**3,717**	
Cash & equivalents at end of year	**3,697**		**3,733**		**3,203**	

AMAZON, USA
Consumer Goods

BUSINESS – World's largest internet retailer

Amazon.com, Inc. started its virtual business 1995 and was reincorporated 1996 in the state of Delaware with headquarters in Seattle. 1997 AMAZON was listed on the Nasdaq Global Select Market. Today AMAZON operates international and domestic retail websites to offer programs to enable third parties selling their products on these web sites. Thus the consumer can chose/buy a broad range of products via internet shown in 11 departments such as books, electronics, home, tools, cars etc. each offering hundreds to thousands of articles. Consequently, AMAZON does not need buildings of its own but is leasing its operating facilities including the headquarters. At the end of 2006 AMAZON had 13,900 people fully and part time on the pay role. Competition to attract good stuff and customers is intensive in this trade. Besides, the virtual business coupled with significant debts inherit many risks for AMAZON. Nevertheless, 2008 and 2009 were new record years by achieving the best results ever.

Liquidity = Max. Points of 400 or 100%	2006	P	2005	P	2004	P
Available cash flow in US$, million	467		-34		240	
Available cash flow % net sales	4.4%	80	-0.4%	0	3.6%	80
Accounts receivables % net sales	3.7%	100	3.2%	100	0	
Inventory % net sales	20.1%	100	15.3%	100	0	
Current Ratio = short term asset less short term debt	1.3x	60	1.5x	80	0	
Subtotal	85%	340	70%	280	20%	80
Profitability = Max. Points of 700 or 100%	**2006**	**P**	**2005**	**P**	**2004**	**P**
Net sales in US$, million	10.711		8.490		6.921	
Production-& Personal Costs (COGS) % net sales	-75.2%		-74.6%		-75.8%	
S+A and marketing % net sales	-4.3%	100	-4.3%	100	-4.1%	100
EBITDA % net sales – whole sale and retail trader	5.5%	40	6.5%	40	7.5%	40
Depreciations % fixed assets and intangibles	-31.4%	100	-23.9%	100	0	0
EBIT % net sales – whole sale and retail trader	3.6%	60	5.1%	60	6.4%	60
Interest expenses % EBIT	-20.1%	80	-21.3%	80	-24.3%	60
Net profit % net sales - trader of consumer good	1.8%	60	4.2%	100	8.5%	100
Net profit % equity = ROE	44.1%	100	19.2%	100	22.0%	0
Subtotal	77%	540	83%	580	51%	360
Stability = Max. Points of 400 or 100%	**2006**	**P**	**2005**	**P**	**2004**	**P**
Equity in US$, million	431		246		0	
Leverage:= short- and long term debt vs. equity	9.1x	0	14.0x	0	0	0
Equity financing = equity % F/A and intangibles	66.1%	60	48.5%	40	0	0
Capital intensity = F/A & intangibles % net sales	6.1%	60	6.0%	60	0	0
Net debt = years needed pay net debt by cash flow	3.1x	60	-32.0x	0	0	0
Subtotal	45%	180	25%	100		0
Total and in % of Max Points of 1.500 or 100%	**71%**	**1.060**	**64.%**	**960**	**29%**	**440**

Available Cash Flows used as % of financing activities incl. change of cash & equivalents	2006	2005	2004
Proceeds from stock options	7.5%	-173.5%	24.1%
Excess benefits on stock award	21.8%	-20.6%	0.0%
Common stock repurchased	-54.0%	0.0%	0.0%
Repayment of debt and capital lease obligations	-82.0%	794.1%	-63.1%
Currency fluctuation on cash and equivalent	8.6%	152.9.%	19.7%
Increase/decrease of cash and equivalent	**-1.9%**	**-852.9%**	**-80.7%**
Total	-100.0%	-100.0%	-100.0%

LIQUIDITY

The erratic movements shown on the table of cash flow 2004-2006 is typically for a still young company and reflecting the many risks which the virtual business inherits. 2004 for example the net profit was $588 MLN while the cash flow from operation was $566 MLN without borrowings. 2005 the net profit was $359 MLN and the operating cash flow incl. borrowings of $11 MLN or 1.5% was $744 MLN. 2006 the net profit was $190 MLN and the operating cash flow incl. borrowings of $98 MLN or 12.2% was $800 MLN. The main reasons for this development were: 1st Sharp increase of the depreciations and adjusting substantially investments into new technologies. 2nd Building up of the inventory by preventing overstocking or understocking in order to be in line with the strong sales growth. 3rd Sharply increase of the accounts payable accounting for 41.6% of total debt while accounts receivable accounted only for 9.1% of total assets. Thus AMAZON is taking advantage like CARREFOUR from the increasingly strong market positions by operating with interest free supplier credits while most of the customers pay cash. Consequently short term borrowings from banks were not or only modestly needed. However, to "start the engine" much long term foreign capital was used of which $810 MLN were repaid 2004-2006. However, AMAZON is aware that this is not enough as the equity of $431 MLN is still too weak to finance the fixed assets and the marketable securities held for liquidity reasons. Thus the company will continue to repay debts. However, to make the shareholders happy it repurchased stock of $252 MLN 2006.

PROFITABILITY

2006 Net sales increased by 26.2% of which half was shipped to customers outside of the United States. This is an excellent performance but costs of over 75% of net sales are comparable high as in this trade this figure is up to 10% lower because of having less expenses for contents. On the other hand AMAZON is well managed reflected by the cost and profit margins which are, with some exceptions, in line with the sales increase. Particularly low are the administration and marketing expenses. The increase of the other cost items mirror the company's effort to stay competitive with new technologies also confirmed by almost doubling the depreciations. Taking the latter into account the decreased EBIT 2006 would be almost the same as 2005. Slightly lower debts coupled with low interest expenses enabled AMAZON to reduce annually the financial expenses substantially leaving enough space to disclose good net profit margins. However, due to the significant indebtedness the equity is insufficient and the brilliant ROE has to be evaluated under this aspect.

STABILITY

2006 The increase of the equity by 75.2% is the result of the reduction of the treasury stock and of the increase of the paid in capital. However, the very high leverage particularly due to the weak equity is far from sufficient. As a result the equity financing of mainly goodwill and intangibles accounting for only 14.9% of total assets as buildings are leased is also not satisfactory. Subsequently the good capital intensity is for a company operating virtually of no importance. On the other hand the steady cash flow from increasing sales resulted in a substantial improvement of the net debt/available cash flow ratio which is now below the tolerable size of 3.5x compared to 2005 when this ratio was negative. As AMAZON is operating very profitably it makes also every effort to further improve the stability.

TABLE OF OPERATION – AMAZON

INCOME & COST STRUCTURE	2006	%	2005	%	2004	%
Net sales in US$, million	10,711	100.0%	8,490	100.0%	6,921	100.0%
Cost of sales	-8,050	-75.2%	-6,330	-74.6%	-5,243	-75.8%
Fulfillment	-937	-8.7%	-745	-8.8%	-601	-8.7%
S + A expenses and marketing	-458	-4.3%	-364	-4.3%	-286	-4.1%
Technology and content	-662	-6.2%	-451	-5.3%	-283	-4.1%
Other operating expenses (income)	-10	-0.1%	-47	-0.6%	8	0.1%
EBITDA	594	5.5%	553	6.5%	516	7.5%
Depreciation and amortization	-205	-1.9%	-121	-1.4%	-76	-1.1%
EBIT	389	3.6%	432	5.1%	440	6.4%
Interest expenses	-78	-0.7%	-92	-1.1%	-107	-1.5%
Interest income	59	0.6%	44	0.5%	28	0.4%
Other increase/decrease of expenses	7	0.1%	44	0.5%	-6	-0.1%
Income tax expenses (benefit)	-187	-1.7%	-95	-1.1%	233	3.4%
Cum. effect of changes in acc. principles	0	0.0%	26	0.3%	0	0.0%
Net profit	190	1.8%	359	4.2%	588	8.5%

TABLE OF BALANCE SHEET – AMAZON

ASSETS & CAPITAL STRUCTURE	2006	%	2005	%
Total assets in US$, million	4,363	100.0%	3,696	100.0%
Cash and cash equivalent	1,022	23.4%	1,013	27.4%
Marketable securities	997	22.9%	987	26.7%
Accounts receivables net	399	9.1%	274	7.4%
Deferred tax assets	78	1.8%	89	2.4%
Inventories	877	20.1%	566	15.3%
Current assets	3,373	77.3%	2,929	79.2%
Deferred tax	199	4.6%	223	6.0%
Other assets	139	3.2%	37	1.0%
Long term assets	338	7.7%	260	7.0%
Leased headquarters and other facilities	457	10.5%	348	9.4%
Goodwill	195	4.5%	159	4.3%
Fixed assets	652	14.9%	507	13.7%
Total debt and equity	4,363	100.0%	3,696	100.0%
Accounts payable	1,816	41.6%	1,366	37.0%
Accrued expenses and other	716	16.4%	533	14.4%
Short term debt	2,532	58.0%	1,899	51.4%
Long term debt	1,247	28.6%	1,480	40.0%
Other long term liabilities and commitments	153	3.5%	71	1.9%
Long term debt	1,400	32.1%	1,551	42.0%
Issued and outstanding shares	4	0.1%	4	0.0%
Additional paid in capital	2,517	57.7%	2,263	61.2%
Treasury stock	-252	-5.8%	0	0.0%
Accumulated deficit incl. income (loss)	-1,838	-42.1%	-2,021	-54.7%
Total shareholders' equity	431	9.9%	246	6.7%

TABLE OF CASH FLOW – AMAZON

OPERATING ACTIVITY	2006	%	2005	%	2004	%
Net income in US$, million	190	23.8%	359	48.3%	588	103.9%
Depreciation	205	25.6%	121	16.3%	76	13.4%
Stock based compensation	101	12.6%	87	11.7%	58	10.2%
Other non-cash items incl. deferred tax	24	3.0%	39	5.2%	-260	-45.9%
Excess benefits on stock awards	-102	-12.8%	-7	-0.9%	0	0.0%
Cumulative effect of changes in accounting	0	0.0%	-26	0.0%	0	0.0%
Net income and non-cash items	**418**	**52.3%**	**573**	77.0%	**462**	**81.6%**
Proceeds from long term debt and other	98	12.3%	11	1.5%	0	0.0%
Inventory	-282	0.0%	-104	-14.0%	-169	0.0%
Accounts receivable	-103	-12.9%	-84	-11.3%	-2	-0.4%
Accounts payable	402	50.3%	274	36.8%	286	50.5%
Accrued expenses and other liabilities	241	30.1%	67	9.0%	-14	-2.5%
Additions to unearned revenues	206	25.8%	156	21.0%	110	19.4%
Amortization of previous unearned revenues	-180	-22.5%	-149	-20.0%	-107	-18.9%
Cash Flows from operation.	**800**	**135.3%**	**744**	**100.0%**	**566**	**122.5%**
Acquisition F/A incl. software & website	-216	-27.0%	-204	-27.4%	-89	-15.7%
Acquisition net cash acquired	-32	-4.0%	-24	-3.2%	-71	-12.5%
Sales of securities and investments	1,845	230.6%	836	112.4%	1,427	252.1%
Purchase of sec. & other investments	-1,930	-241.3%	-1,386	-186.3%	1,584	-279.9%
Cash Flows used by investing activities	**-333**	**-41.6%**	**-778**	**-104.6%**	**-317**	**-56.0%**
Available/negative Cash Flows	**467**	**58.4%**	**-34**	**-4.6%**	**249**	**44.0%**
Proceeds from stock options	35	7.5%	59	-173.5%	60	24.1%
Excess benefits on stock award	102	21.8%	7	-20.6%	0	0.0%
Common stock repurchased	-252	-54.0%	0	0.0%	0	0.0%
Repayment of LTD and capital lease obl.	-383	-82.0%	-270	794.1%	-157	-63.1%
Increase/decrease of cash and equivalent	-9	-1.9%	290	-852.9%	-201	-80.7%
Impact on currency fluctuation on cash	40	8.6%	-52	152.9%	49	19.7%
Cash flow used by financing activities	**-467**	**-100.0%**	**34**	**-100.0%**	**-249**	**-100.0%**
Net increase/decrease in cash & equivalents	9		-290		201	
Cash & equivalents at beginning of year	**1,013**		**1,303**		**3,717**	
Cash & equivalents at end of year	**1,022**		**1,013**		**3,918**	

Hinweise zu geprüften Geschäfts- und Jahresberichten nach Thai Standards der drei Gesellschaften PTT, TIPCO and CPF von nationaler Bedeutung

Die Thai Buchhaltung Standards bzw. The Thai Accounting Standards (TAS) verlangen vom Management Entscheidungen, Schätzungen und Annahmen die glaubhaft und gerechtfertigt sind. Ausserdem müssen die konsolidierten Geschäfts- und Jahresberichte mit den Regeln der allgemeinen Buchhaltung übereinstimmen und nach dem Buchhaltung Gesetz B.E 2543 (2000) erstellt werden. Das sind jene Thai Buchhaltung Standards die zum Buchhaltung Beruf Gesetz B.E. 2547 (2004 gehören, worin auch die Finanz Bericht Anforderungen der Aufsichts-kommission für den Wertpapierhandel gemäss dem Wertpapierhandel Gesetz B.E 2535 (1992) festgehalten sind. Die Darstellung der Buchhaltung Positionen in den Bilanzen und Erfolgsrechnungen muss mit der Bekanntmachung der Handelsregister Abteilung vom 14. September B.E 2544 (2001)" übereinstimmen. Die Definition abgekürzter Buchhaltungsposten in den Bilanzen und Erfolgsrechnungen B.E 2544 (2001) ist im dritten Paragraph Sektion 11 des Buchhaltung Gesetzes B.E 2543 (2000) festgehalten, Danach, wenn Thai Buchhaltung Prinzipien von den allgemein akzeptierten Buchhaltung Prinzipien anderer Länder leicht abweichen, müssen thailändische Erfolgsrechnungen, Bilanzen und Cash Flow Darstellungen den internationalen Standards angepasst werden. Dies, damit Thai Finanzzahlen mit jenen anderer Gesellschaften weltweit vergleichbar sind.

"Subsidiaries" sind Geschäftseinheiten über welche die Muttergesellschaft des Konzerns die vollständige Kontrolle über deren Finanz- und Geschäftspolitik ausübt. Eine Konzernmutter kann auch Geschäftseinheiten besitzen, über welche sie nur die Kontrolle gewonnen hat und, die von dem Tag an nachlässt, wenn die Geschäftseinheit nicht mehr im Konzern konsolidiert wird. "Associates" sind Geschäftseinheiten über welche der Konzern einen bedeutenden Einfluss aber keine Kontrolle hat. Bis 2006 mussten Beteiligungen in "Subsidiaries" nach der Eigenkapital Methode in der Bilanz ausgewiesen werden. Im Oktober 2006 jedoch, gab die „Federation of Accounting Professions" bzw. Vereinigung von Buchhaltung Experten bekannt, dass für die Buchung solcher Beteiligungen die Kosten Methode anzuwenden ist. Das hatte einen beträchtlichen Einfluss auf die Beteiligungen und auf das Eigenkapital bei Intercompany Transaktionen zur Folge, bei welchen Saldos, mit Ausnahme von nicht realisierten Verlusten, nicht mehr erlaubt sind. Schliesslich ist noch positiv erwähnenswert, dass weltweit keine Gesellschaft so umfassende und detaillierte Angaben zur Darstellung der Kapitalflussrechnung präsentierte. Der Autor musste deshalb wegen der Länge des Zahlenmaterials, insbesondere beim Beispiel PTT, einige Finanzpositionen zuammmenfassen.

PTT Public Company Limited and Subsidiaries
Energy

BUSINESS – Vertically integrated national oil and gas company

This company is one of the hottest blue chips at the Thai Stock exchange. Its principal activity is the operation of the petroleum business. The Company has invested in subsidiaries, associates and joint ventures ("the Group") which conduct the petroleum exploration and production, natural gas, refining, oil marketing and international trading petrochemicals and other related business. At the end of 2006 the group operated in 13 countries and employed 8,553 people. The company's audited financial statements are excellently detailed from trillion, billion, million one Baht. During 2006 PTT changed its investment structure in subsidiaries, associates and joint ventures. Thus four sizable companies were sold, disposed or excluded from consolidation and one was acquired. This strategy paid off resulting in a sharp increase of sales. Consequently the shareholders will further benefit from the company's successful business activities. Thousand

Liquidity = Max Points of 400 or 100%	2006	P	2005	P
Available Cash Flows in Baht, bio., mio., thousand	91,068,626,433		121,853,478,327	
Available cash flow % net sales	7.5%	100	13.2%	100
Accounts receivables % net sales	9.5%	100	9.6%	100
Inventory % net sales	1.9%	100	3.1%	100
Current ratio = short term assets less short term debt	1.5x	80	1.5x	80
Subtotal	95%	380	95%	380
Profitability = Max Points of 700 or 100%	**2006**	**P**	**2005**	**P**
Net sales in Baht, trio., bio., mio., thousand	1,213,985,278,960		926,269,340,679	
Production- & Personal Costs (COGS) % net sales	-86.0%		-85.60%	
S+A and marketing % net sales	-2.4%	100	2.3%	100
EBITDA % net sales – energy	11.4%	80	11.9%	80
Depreciations % fixed assets and intangibles	-2.2%	60	-1.9%	60
EBIT % net sales – energy	9.0%	100	10.0%	100
Interest expenses % EBIT	-10.1%	100	-9.5%	100
Net profit % net sales – energy	7.8%	100	9.2%	100
Net profit % equity = ROE	26.9%	100	30.7%	100
Subtotal	91%	640	91%	640
Stability = Max Points of 400 or 100%	**2006**	**P**	**2005**	**P**
Equity in Baht, bio., mio., thousand	354,322,362,893		278,432,933,070	
Leverage = short and long term debt vs. equity	1.1x	100	1.3x	100
Equity financing = equity % F/A and intangibles	101.5%	100	113.8%	100
Capital intensity - F/A and intangibles % net sales	29.6%	100	34.2%	100
Net debt = years needed to repay net debt by cash flow	1.8x	100	1.5x	100
Subtotal	100%	400	100%	400
Total and in % of Max Points of 1.500 or 100%	**95%**	**1.420**	**95%**	**1.420**

Available Cash Flows used as % by financing activities incl. change of cash and equivalents	2006	2005
Repayment of loans and notes	-12.0%	-57.3%
Redemption of debentures	-13.7%	0.0%
Redemption of government bonds	-5.5%	-6.2%
Others	0.6%	0.0%
Dividend paid	-53.5%	-18.3%
Increase of cash and equivalents	-14.7%	-18.2%
Total	-100.0%	-100.0%

LIQUIDITY

Due to the length of the company's statement of cash flow it had to be cut short. Consequently the operating cash items of the current assets and short term debt have been summarized on one line each. 2006 Cash flow from operation was BHT 171.960 MLN including borrowings of BHT 43.584 MLN or 25.3% versus BHT160.882 MLN including borrowings of BHT 43.395 MLN or 27% 2005. The better performance is also due to the successful investment activities by making substantial disposals and reinvestments particularly into plant and equipment of BHT 88.134 MLN comparable to modestly BHT 39.028 MLN being left after restructuring and leaving cash of BHT 121.853 MLN used for repayments. Although the available cash flow decreased to BHT 91.068 MLN 2006 the realization of the new business strategy had a win- win effect for PTT. So the company used the cash from the disposition of not suitable assets for repayments and reinvested it into new assets generating more sales and earnings thus taking also advantage of the substantial increase of the oil prices 2006. Finally the accounts receivables are deliveries to customers such as government agencies, state enterprises and large industrial companies including electricity firms. The strong cash flow from operation and disposals of assets enabled PTT to make substantial repayments, pay very high dividends and increase cash and equivalent substantially.

PROFITABILITY

2006 Net sales increased by 31% and net income by 11.4% resulting from the above mentioned new business strategy but certainly also due to the substantial higher oil prices as mentioned above. This good performance confirms again the good timing of the implementation of the new business strategy. The fact that costs increased in line with sales it had little impact on the still good EBITDA and EBIT. The relatively low depreciations proved to be sufficient as PTT is using the straight line method depending on the life time which is for buildings 10-30 years, machinery and equipment 10-30 and others assets 5-10 year. The new gas transportation pipelines of the Yadama and Yetagon project is calculated for a useful life of 30 years. Besides, the fixed assets accounting for 47% of total assets were in line with other energy producers. Comparable low are also the financial expenses particularly in relation to the EBIT. This factor and substantial earnings such as BHT 7.130 MLN resulting from the differences between the net proceeds from disposals and other income of BHT 25.221 MLN more than offset the increase of the income tax by BHT 10.317 MLN. Consequently, there was enough room to generate excellent net profit margins.

STABILITY

Equity financing of the fixed assets is more than 100%, leverage below 1.0x and even better is the capital intensity of just 29%. The difference to BP of 40% is the latter's different infrastructure coupled with large proved and unproved oil and gas reserves not generating revenues yet. But the fixed assets of PTT too are rather under- then overvalued generating sales and earnings above average. As a result net debts compared to available cash flow of 1.8x respectively 1.5x 2005 in are excellent. Consequently the new regulation to calculate the investment under the cost method will result in a decrease of investment by BHT 95.8 BN and the shareholders' equity will decrease by BHT 95.8 BN to be adopted in 2007 but will have no effect on the strong equity base.

TABLE OF OPERATION – PTT

INCOME & COST STRUCTURE	2006	%	2005	%
Sales and services in trio., bio., mio., 000	1,213,985,278,960	100.00%	926,269,340,679	100.00%
Cost of sales and services	-1,043,750,849,700	-86.0%	-793,194,528,071	-85.6%
Exploration expenses	-3,631,646,309	-0.3%	-1,213,024,874	-0.1%
S+A expenses and marketing	-28,667,616,816	-2.4%	-21,343,732,172	-2.3%
EBITDA	137,935,166,135	11.4%	110,518,055,562	11.9%
Depreciation and amortization	-26,755,020,578	-2.2%	-17,478,594,420	-1.9%
Amortization of exploration costs	-1,701,860,553	-0.1%	-415,689,464	0.0%
EBIT	109,478,285,004	9.0%	92,623,771,678	10.0%
Interest expenses	-11,005,620,452	-0.9%	-8,811,662,806	-1.0%
Income taxes	-35,882,714,128	-3.0%	-25,565,615,689	-2.8%
Gain on disposal of investments	7,130,480,089	0.6%	-551,438,813	-0.1%
Other income	25,221,723,112	2.1%	9,435,673,595	1.0%
Directors' remuneration	-160,588,765	2.1%	-79,752,401	0.0%
Income from investments	19,139,447,260	1.6%	21,651,259,802	2.3%
Income of minority interests	-18,652,408,760	-1.5%	-8,597,739,206	-0.9%
Extraordinary items	0	0.0%	5,416,796,542	0.6%
Net Income	95,268,603,360	7.8%	85,521,292,702	9.2%

TABLE OF BALANCE SHEET – PTT

ASSET & CAPITAL STRUCTURE	2006	%	2005	%
Total assets in Baht, bio., mio., 000	751,453,469,216	100.00%	649,806,657,096	100.00%
Cash and cash equivalents	86,806,254,165	11.6%	73,440,815,749	11.3%
Current investments	1,412,953,182	0.2%	714,861,036	0.1%
Trade accounts and notes receivable	115,884,305,466	15.4%	89,317,560,499	13.7%
loans - related parties, net	1,485,781,424	0.2%	5,186,428,630	0.8%
Inventories incl. materials and supplies	15,117,531,539	2.0%	23,501,308,669	3.6%
Materials and supplies – net	7,552,469,189	1.0%	5,532,864,605	0.9%
Other current assets	25,170,367,460	3.3%	24,320,164,659	3.7%
Current assets	253,429,662,425	33.7%	222,014,003,847	34.20%
Investments acc. for equity method	100,232,967,812	13.3%	66,577,148,716	10.2%
Other long-term investments	3,129,323,736	0.4%	2,089,316,392	0.3%
Advances and long-term loans	5,807,690,627	0.8%	5,992,867,629	0.9%
Deferred tax assets	1,251,768,536	0.2%	1,898,455,921	0.3%
Advance payment for gas purchased	16,598,177,518	2.2%	19,746,624,624	3.0%
Other non-current assets	11,275,075,385	1.5%	14,581,259,662	2.2%
Long term assets	138,295,003,614	18.40%	110,885,672,944	17.1%
Property, plant and equipment – net	337,131,879,529	44.9%	305,378,114,996	47.0%
Intangible assets	22,596,923,648	3.0%	11,528,865,309	1.8%
Fixed assts	359,728,803,177	47.90%	316,906,980,305	48.80%

Total debt and equity, bio., mio., 000	**751,453,469,216**	**100.0%**	**649,806,657,096**	**100.0%**
Short-term loans from financial firms	1,734,797,602	0.2%	3,546,735,675	0.5%
Trade acc. payable - others	55,620,487,671	7.4%	49,488,015,557	7.6%
Trade acc. payable - related parties	29,168,043,894	7.4%	18,626,632,656	2.9%
Other acc. payable - related parties	513,089,157	0.1%	334,643,566	0.1%
Current portion of long-term loans	21,612,145,139	2.9%	21,626,740,361	3.3%
Income tax payable	21,161,422,580	2.8%	20,935,268,286	3.2%
Accrued expenses	25,251,959,602	3.4%	21,437,007,568	3.3%
Other current liabilities	12,513,974,983	1.7%	12,016,282,093	1.8%
Short term debt	**167,575,920,628**	**22.3%**	**148,011,325,762**	**22.8%**
Long-term loans	198,339,307,089	26.4%	197,983,341,348	30.5%
Deferred tax liabilities	13,839,224,531	1.8%	12,685,241,571	2.0%
Provision for decommissioning costs	10,712,387,696	1.40%	7,019,362,087	1.1%
Deposits on LPG cylinders	4,347,905,533	0.60%	3,986,404,813	0.6%
Other non-current liabilities	2,316,360,846	0.30%	1,688,048,445	0.3%
Long term debt	**229,555,185,695**	**30.50%**	**223,362,398,264**	**34.4%**
Share Capital	28,049,256,250	3.7%	27,972,457,250	4.3%
Premium on share capital	19,321,453,366	2.6%	17,992,830,666	2.8%
Surplus on investments in subs.	2,950,404,482	0.4%	2,142,400,359	0.3%
Unrealized gain on sale of securities	463,391,320	0.1%	830,990,386	0.1%
Currency translation difference	-994,247,170	-0.1%	-800,719,785	-0.1%
Legal reserve	2,857,245,725	0.4%	2,850,000,000	0.4%
Reserve for Self-insurance Fund	888,116,510	0.1%	841,395,380	0.1%
Retained earnings	234,296,559,472	31.2%	178,987,448,048	27.5%
Minority interests	66,490,182,938	8.8%	47,616,130,766	7.3%
Total Shareholders' Equity bio., mio., 000	**354,322,362,893**	**47.2%**	**278,432,933,070**	**42.8%**

TABLE OF CASH FLOW – PTT

OPERATING ACTIVITIES	2006	%	2005	%
Net income in Baht, bio., mio., 000	95,260,603,360	55.4%	85,521,292,702	53.2%
Depreciation, depletion and amortization	26,755,020,578	15.6%	17,478,594,420	11.8%
Amortization of exploration costs	1,701,860,553	1.0%	415,689,464	0.3%
(Reversal) loss on impairment of assets	1,059,150,514	0.6%	-326,168,952	-0.2%
(Gain) loss on disposal of assets	182,611,030	0.1%	-54,121,816	0.2%
(Gain) loss on disposal of investments	-7,130,480,089	-4.1%	551,438,813	0.3%
Income from investments equity method	-19,139,447,260	-11.1%	-21,651,259,802	-13.5%
Income of minority interests	18,652,408,760	10.8%	8,597,739,206	5.3%
(Gain) loss on foreign exchange	-9,548,860,892	-5.6%	2,102,330,401	-0.2%
Deferred income taxes	1,860,964,005	1.1%	-282,264,349	-0.2%
Prov. for adjusting in value of inventories	54,454,045	0.0%	33,583,761	0.1%
Dividends received	-493,122,953	-0.3%	-40,300,000	0.0%
Allowance for loss on lawsuits	206,950,232	0.1%	0	0.0%
Extraordinary items	0	0.0%	-7,738,280,775	-4.8%
Others	218,679,795	0.2%	1,038,800	0.2%
Net income and non cash items	**109,640,791,678**	**63.80%**	**84,609,311,873**	**52.6%**
Increase in current assets	-45,332,478,850	-26.4%	-38,022,843,327	-23.6%
Increase in short term debt	43,134,846,975	25.1%	43,045,174,786	26.8%
Cash form financial institutions	450,962,550	0.3%	348,325,254	0.2%
Cash received from long-term loans	36,749,412,300	21.4%	27,016,641,140	16.8%
Cash received from the issue of ord. shares	2,653,039,053	1.5%	955,941,500	0.6%
Cash received from prem. on share capital	8,663,558,328	5.0%	0	0.0%
Cash received from issue of bonds/notes	16,000,000,000	9.3%	42,929,471,528	26.7%
Cash flow from operation bio., mio., 000	**171,960,132,034**	**100.0%**	**160,882,022,754**	**100.0%**

Payment for property plant and equipment	-88.134108..429	-51.3%	-86.012.339.109	-53.5%
Payment for intangible assets	-1,056,096,179	-0.6%	-732,410,918	-0.5%
Payment for investments in subsidiaries	-884,236,333	-0.5%	7,084,253,455	4.4%
Payment for investments in joint ventures	-6,185,792,539	-3.6%	0	0.0%
Payment for investments in associates	-3,982,001,595	-2.3%	-23,982,250,884	-14.9%
Payment for available-for-sale securities	-886,048,691	-0.5%	0	0.0%
Proceeds from disposal of investments	13,756,244,111	8.0%	8,909,861,560	5.5%
Current investments (increase) decrease	-687,810,044	-0.4%	51,491,869,646	32.0%
Dividends received	7,168,344,098	4.2%	5,530,800,889	3.4%
Other	0	0.0%	-1,318,329,066	-0.8%
Cash Flows used by investing activities	**-80,891,505,601**	**-47.0%**	**-39,028,544,427**	**-24.30%**
Available Cash Flows in BAHT, bio., mio., 000	**91,068,626,433**	**53.0%**	**121,853,478,327**	**75.70%**
Repayment of long-term loans	-9,958,713,993	-10.9%	-45,404,672,760	-37.3%
Repayment of notes payable	-1,000,000,000	-1.1%	-11,900,276,079	-9.8%
Redemption of debentures	-12,492,062,602	-13.7%	0	0.0%
Redemption of government bonds	-5,000,000,000	-5.50%	-7,530,000,000	-6.2%
Repayment of short-term loans	0%	0.00%	-12,470,855,218	-10.2%
Repayment of liabilities. from finance leases	-161,760,725	-0.20%	-39,910,001	0.0%
financial institutions decrease	-407,106,957	-0.40%	0	0.0%
Dividends paid	-48,683,543,740	-53.5%	-22,304,216,814	-18.3%
Increase of cash and equivalents	-13,365,438,416	-14.7%	-22,203,547,455	-18.2%
Cash Flows used by financing activities	**-91,068,626,433**	**-100.0%**	**121,853,478,327**	**100.0%**
Increase in cash and cash equivalents	13,365,438,416		22,203,547,455	
Cash & equivalents beginning of year	**73,440,815,749**		**51,237,268,294**	
Cash & equivalents at end of year	**86,806,254,165**		**73,440,815,749**	

TIPCO Asphalt Public Company Limited and Subsidiaries
Capital Goods

BUSINESS – Manufacturing and distribution of asphalt products

The company is listed at the Thai Stock Exchange and the major shareholders are the Supsakorn family and Colas Group, France. At the end of 2006 the company and its subsidiaries had 909 people on the payroll operating in three business segments: (1) manufacturing and sale of asphalt products (2) marine transportation (3) investment and other. The business operations are carried on both in Thailand and overseas. The business segment marine transportation has commodity character and contributed 65% to the consolidated sales of 2006. But this trade is volatile, inheriting risks, operating with big volume, thin profit margins and competition is very strong. Nevertheless TIPCO could improve all profitability margins. The net sales growth of 30% resulted mainly from marine transportation. To improve profitability the group's management made new investments to expand further especially in the core activities. The outlook is good and the shareholders' confidence is underlined by their subscribing new share capital.

Liquidity = Max Points of 400 or 100%	2006	P	2005	P
Available Cash Flows in Baht, mio. thousand	277.752.515		1,656,034,079	
Available cash flow % net sales	1.0%	40	22.5%	100
Accounts receivables % net sales	20.0%	100	22.8%	80
Inventory % net sales	13.0%	100	4.0%	100
Current ratio = short term assets less short term debt	1,5x	80	1,4x	60
Subtotal	80%	320	85%	340
Profitability = Max Points of 700 or 100%	2006	P	2005	P
Net sales in Baht, bio, mio, thousand	9,567,949,724		7,367,998,274	
Production-& Personal Costs (COGS) % net sales	-86.0%		-86.7%	
S+A and marketing % net sales	-6.3%	100	-6.8%	100
EBITDA % net sales – capital goods	7.2%	80	6.5%	60
Depreciations % fixed assets and intangibles	-7.4%	60	-6.3%	60
EBIT % net sales – capital goods	5.0%	100	4.2%	60
Interest expenses % EBIT	-34.0%	40	-43.5%	20
Net profit % net sales – producer of asphalt products	3.6%	60	2.9%	60
Net profit % equity = ROE	11.3%	60	8.1%	40
Subtotal	71%	500	51%	360
Stability = Max. Points of 400 or 100%	2006	P	2005	P
Equity in Baht, bio, mio, thousand	3,050,900,604		2,627,100,824	
leverage = short and long term debt vs. equity	1.4x	100	1.4x	100
Equity financing = equity % F/A and intangibles	95.6%	100	98.1%	100
Capital intensity = F/A and intangibles % net sales	30.4%	20	36.3%	20
Net debt = years needed to repay net debt by cash flow	6.8x	0	0.6x	100
Subtotal	55%	220	80%	320
Total in % of Max. Points of 1.500 or 100%	69%	1.040	68%	1.020

Available Cash Flows used as % by financing activities incl. change of cash and liquidity	2006	2005
Cash paid for hire-purchase creditors	-20.5%	-0.5%
Repayment of long-term loans	-210.5%	-124.7%
Cash receipt from share subscription	183.3%	29.3%
Dividend paid	-115.9%	0.0%
Dividend paid to minority shareholders of subsidiary	-12.7%	0.0%
Increase /decrease in cash and equivalents	76.3%	-4.1%
Total	-100.0%	-100.0%

LIQUIDITY

2006 Cash flow from operation including borrowings of BHT 663.1 MLN or 116.8% was BHT 567.8 MLN. Similar figures for 2005 were BHT 2.130.4 MLN including borrowings of BHT 2.326.8 MLN or 108.8%. 2005 The borrowed money was mainly used for customer financing of BHT 858 MLN to finance the increase of the accounts receivable to BHT 1680.1 MLN while inventory decreased to BHT 292.9 MLN resulting from the effected sales. 2006 The borrowings of BHT 663.1 MLN were used to build up the depleted inventory again to BHT 1.241.3 MLN while customer financing continued as the accounts receivable increased to BHT 1.915.7 MLN. The high volatility of the transactions resulted mainly from the activities of the marine transportation dealing with large quantities of goods similar to traders with commodities. In the light that prices of all commodities increased sharply worldwide since 2005 the management's statement "that the company had no significant business transactions" may be under this aspect not surprising. The short term character of these transactions is further underlined in 2005 when the company repaid 89.0% all of the above mentioned borrowings. However, to strengthen TIPCO's core business which is producing and selling asphalt products substantial investments into the fixed assets were made.

PROFITABILITY

2006 Net sales increased by 30% of which the transport division contributed 65% resulting mainly from the mentioned strong price increases of commodities. Due to the nature of the business the biggest part of the costs of sales resulted from buying and selling of goods in transit which are less labor intensive. As the company is handling the business with not much red tape S+A expenses and marketing are comparable low. As a result all costs were in line with the sales and even slightly lower thus improving the EBITDA. This is also true for the EBIT which was not adversely affected by the satisfactory depreciations. Considering that 37% of the property and plant are construction in progress the depreciation ratios were in fact even better. As the financing and handling of the volatile business transactions domestically and internationally need special bank services including credit facilities in foreign currencies such as Renminbi, US Dollars and Ringgit the interest and financial expenses are appropriately high but leaving enough space to disclose satisfactory net profit margins especially as no income tax was payable due to accumulated losses in the past.

STABILITLY

2006 equity increased by 16% BHT 3,051 MLN of which the paid in capital is BHT 1,519.3 MLN. The rest were premiums from the issue of share, retained earnings and losses carried forward not disclosed anymore. To eliminate these losses the annual general meeting of March 31, 2005, decided to allocate appropriately BHT 69.5 MLN from the premium of the share capital. The elimination of the losses discloses that the group's business has inherited risk factors. Therefore it was relieved from paying income tax. In fact with sales margins of 0.5% in the commodity trade where companies are dealing with crude oil to be transported for example by medium sized oil tankers of 300.000 tons respectively 2 millions barrels at the price of $90 each the amount of one single transaction is worth $180 million. As a consequence only one ill fated transaction can severely affect the company's result. Nevertheless the group's stability with leverage of 1.4x and equity financing of fixed assets above 100% is good.

TABLE OF OPERATION – TIPCO

INCOME & COST STRUCTURE	2006	%	2005	%
Sales and services in Baht, bio, mio, 000	9,567,949,724	100.0%	7,367,998,274	100.0%
Cost of sales and services	-8,225,723,409	-86.0%	(6,387,019,577)	-86.7%
S+A expenses and marketing	-605,530,197	-6.3%	(500,848,141)	-6.8%
Loss on exchange rate	-47,714,173	-0.5%	0	0.0%
EBITDA	688,981,945	7.2%	480,130,556	6.5%
Depreciation and amortization	-214,942,776	-2.2%	(167,648,132)	-2.3%
EBIT	474,039,169	5.0%	312,482,424	4.2%
Interest expenses	-160,955,652	-1.7%	(136,039,717)	-1.8%
Interest income	5,462,139	0.1%	3,633,268	0.0%
Corporate income tax	-21,670,262	-0.2%	(5,618,950)	-0.1%
Gain on exchange rate	0	0.0%	11,443,357	0.2%
Share of loss from investments	-428,479	0.0%	(1,006,171)	0.0%
Gain on sales of fixed assets	3,635,850	0.0%	5,424,621	0.1%
Share of income from investments	3,965,511	0.0%	10,485,880	0.1%
Income attributable to minority interest	-21,678,365	-0.2%	(35,739,503)	-0.5%
Other income	61,042,148	0.6%	48,963,636	0.7%
Net income for the year	343,412,059	3.6%	214,028,845	2.9%

TABLE OF BALANCE SHEET – TIPCO

ASSET & FINANCING STRUCTURE	2006	%	2005	%
Total assets in Baht, bio, mio, 000	**7,421,991,348**	**100.0%**	**6,266,949,973**	**100.0%**
Cash and cash equivalents	194,507,849	2.6%	288,826,641	4.6%
Current investments	50,468,060	0.7%	117,459,952	1.9%
Trade accounts and notes receivable - net	1,915,702,153	25.8%	1,680,113,294	1.9%
Amounts due from related parties	10,519,106	0.1%	8,423,819	0.1%
Amounts due to the subs. of the joint venture	0	0.0%	240,772,775	3.8%
Investment in pref. shares of the joint venture	194,083,497	2.6%	202,542,947	3.2%
Inventories - net	1,241,292,608	16.7%	292,957,201	4.7%
Prepaid expenses	20,651,656	0.3%	26,648,262	0.4%
Advances for merchandise	27,315,895	0.4%	21,067,603	0.3%
Other receivables	29,231,997	0.4%	23,017,592	0.4%
Advance to employees	29,930,599	0.4%	20,537,743	0.3%
Others	18,047,876	0.2%	28,148,946	0.4%
Current assets	**3,731,751,296**	**50.3%**	**2,950,516,775**	**47.1%**
Investments accounted for under equity method	29,374,412	0.4%	128,061,531	2.0%
Investment in convertible preference shares	164,073,360	2.2%	164,073,360	2.6%
Investment in preference shares of the subs.	228,048,109	3.1%	0	0.0%
Other long-term investments – net	37,339,761	0.5%	49,904,237	0.8%
from related parties - net	4,222,420	0.1%	4,222,420	0.1%
Assets awaiting sales	264,807,066	3.6%	264,965,196	4.2%
Deferred charges and others	49,036,989	0.7%	27,826,618	0.4%
Long term assets	**776,902,117**	**10.5%**	**639,053,362**	**10.2%**
Property, plant and equipment - net	2,754,065,959	37.1%	2,503,880,343	40.0%
Software licenses - net	4,860,901	0.1%	3,754,421	0.1%
Leasehold rights - net	154,411,075	2.1%	169,745,072	2.7%
Fixed assets	**2,913,337,935**	**39.3%**	**2,677,379,836**	**42.7%**
Total debt and equity, bio, mio, 000	**7,421,-991,348**	**100.0%**	**6,266,949,973**	**100.0%**
Short-term loans from financial institutions	1,196,255,496	16.1%	1,388,238,503	22.2%
Trade accounts payable	549,936,080	7.4%	269,264,821	4.3%
Amounts due to and adv. from related parties	4,432,852	0.1%	2,986,635	0.0%
Current portion of long-term loans	279,879,744	3.8%	166,000,000	2.6%
Liabilities under hire purchase agreements	18,302,553	0.2%	3,948,068	0.1%
Accrued freight expenses	307,000,478	4.1%	98,794,225	1.6%
Advance from customers	8,910,404	0.1%	63,968,629	1.0%
Other payable and others	78,883,641	1.1%	85,087,424	1.4%
Short term debt	**2,443,601,248**	**32.9%**	**2,078,288,305**	**33.2%**
Long-term loans - net of current portion	1,897,923,381	25.6%	1,554,075,804	24.8%
Liabilities under hire purchase agreements	29,566,115	0.4%	7,485,040	0.1%
Long term debt	**1,927,489,496**	**26.0%**	**1,561,560,844**	**24.9%**
Share capital	1,519,306,340	20.5%	1,422,871,550	22.7%
Premium on share capital	880,695,891	11.9%	808,352,867	22.7%
Available-for-sale securities	0	0.0%	(37,762,988)	-0.6%
than book value	6,237,755	0.1%	0	0.0%
Translation adjustments	(40,095,892)	-0.5%	9,068,678	0.1%
Statutory reserve	28,100,000	0.4%	10,800,000	0.2%
Retained Earnings	422,612,647	5.7%	203,228,845	3.2%
Minority interest	234,043,863	3.2%	210,541,872	3.4%
Shareholders' equity in Baht, bio, mio, 000	**3,050,900,604**	**41.1%**	**2,627,100,824**	**41.9%**

TABLE OF CASH FLOW – TIPCO

OPERATING ACTIVITY	2006	%	2005	%
Net income in Baht, mio, 000	343,412,059	89.9%	214,028,845	10.0%
Depreciation and amortization	214,942,776	56.2%	167,648,132	7.9%
Allowance for doubtful accounts (reversal)	-6,560,957	-1.7%	67,997,877	3.2%
Allowance for diminution in value of inventories	41,264,194	10.8%	1,629,378	0.1%
Reversal of accrued expenses	0	0.0%	-27,054,756	-1.3%
Unrealized loss on exchange rate	27,338,298	7.2%	2,155,586	0.1%
Loss on reclassification of investment	26,878,661	7.0%	0	0.0%
Impairment loss on fixed assets	0	0.0%	12,080,020	0.6%
Gain on sale and write-off of fixed assets	-3,754,711	-1.0%	-10,734,352	-0.5%
Share of income from investments	-3,537,032	-0.9%	-9,479,709	-0.4%
Net income attributable to minority interest	21,678,365	5.7%	35,739,503	1.7%
Income and non cash items	**661,661,653**	**173.1%**	**454,010,524**	**21.3%**
Cash receipt from long-term loans	663,134,566	173.5%	1,424,164,977	66.8%
Increase of short-term loans	0	0.0%	902,586,437	42.4%
Trade accounts and notes receivable	2,884,596	0.8%	-857,985,895	-40.3%
Inventories	-962,637,794	-251.9%	-4,780,218	-0.2%
Other current assets	-45,502,047	-11.9%	-56,326,811	-2.6%
Other non-current assets	-36,629,070	-9.6%	6,429,782	0.3%
Trade accounts payable	7,758,534	2.0%	203,430,107	9.5%
Other current liabilities	251,612,986	65.8%	57,150,704	2.7%
Other non-current liabilities	25,559,841	6.7%	1,760,733	0.1%
Cash flow from operation in Baht, mio., 000	**567.843.265**	**100.0%**	**2,130,440,340**	**100.0%**
Cash and cash equivalent of acquired subs. co.	23,967,375	6.3%	0	0.0%
(Increase) decrease in current investments	67,179,112	17.6%	(114,343,347)	-5.4%
Cash from redemption of amortizing deb.	1,573,780	0.4%	1,406,460	0.1%
Increase in restricted bank deposits	(29,355,941)	-7.7%	0	0.0%
Acquisition of minority interest in a subsidiary	(104,808,900)	-27.4%	0	0.0%
Proceeds from sale of investment in securities	51,043,744	13.4%	0	**0.0%**
Dividend income from subsidiary companies	9,731,043	2.5%	6,526,812	0.3%
Acquisition of intangible assets	(2,558,567)	-0.7%	(3,516,552)	**-0.2%**
Acquisition of property, plant and equipment	(311,805,295)	-81.6%	(393,703,000)	-18.5%
Proceeds from sales of fixed assets	4,942,899	1.3%	29,223,366	1.4%
Cash Flows used by investing activities	**(290,090,750)**	**-51.1%**	**(474,406,261)**	**-22.3%**
Available Cash Flows in Baht, mio, 000	**277.752.515**	**48.9%**	**1,656,034,079**	**77.7%**
Decrease of long-term loans and other	(185.689..002).	0.0%	(4,222,420)	-0.3%
Cash paid for hire-purchase creditors	(18,843,145)	-20.5%	(3,318,526)	-0.2%
Repayment of long-term loans	(193,821,840)	-210.5%	(2,065,665,000)	124.7%
Cash receipt from share subscription	168,777,814	183.3%	485,552,152	29.3%
Dividend paid	(106,728,257)	-115.9%	0	0.0%
Dividend paid to shareholders of subs.	(11,700,000)	-12.7%	0	0.0%
Increase (decrease) in cash and equivalents	70,251,915	76.3%	-68,380,285	-4.1%
Cash Flows used by financing activities	**(277.752.515)**	**-100.0%**	**(1,656,034,079)**	**100.0%**
Increase (decrease) in cash and equivalents	(70,251,915)		68,380,285	
Change in translation adjustments	(24,066,877)		25,315,013	
Cash and equivalents at beginning of year	**288,826,641**		**195,131,343**	
Cash and equivalents at end of year	**194,507,849**		**288,826,641**	

CPF Charoen Pokphand Foods Public Company Ltd and Subsidiaries
Consumer goods

Business – Agro industrial and integrated food business

The company is listed at the Thai Stock Exchange since 1987. The business is divided into two main business segments. The livestock business comprises chicken, duck and pigs, while the agricultural business consists of shrimp and fish. Both businesses are vertical integrated, sourcing raw materials for animal feed production, breeding and farming animals for processing all kind of food products to distribute domestically and abroad. Although the outbreak of the "Bird flu" in July 2006 has been confined to specific locations, its impact decreased the chicken market prices significantly. Due to the difficult business environment the production costs increased by 14.4% while the increase of sales was 10.2%. Thus the costs increased much faster while sales prices were depressed. Worse still were the soaring financial expenses due to substantially increased short- and long term borrowings almost wiping off the EBIT 2006.

Liquidity = Max Points of 400 or 100%	2006	P	2005	P
Available Cash Flows in Baht, thousend	8,278,742		2,363,502	
Available cash flow % net sales	6.6%	100	2.1%	60
Accounts receivables % net sales	10.3%	100	10.7%	100
Inventory % net sales	21.2%	80	21.0%	80
Current ratio = short term assets less short term debt	1.2x	60	1.3x	60
Subtotal	85%	340	75%	300
Profitability = Max Points of 700 or 100%	**2006**	**P**	**2005**	**P**
Net sales in Baht, thousend	124,958,302		113,427,881	
Production- & Personal Costs (COGS) % net sales	-83.6%		-80.5%	
S+A and marketing % net sales	-11.6%	100	-10.7%	100
EBITDA % net sales – consumer goods	4.9%	40	8.8%	40
Depreciations % fixed assets and intangibles	-3.0%	20	-2.8%	20
EBIT % net sales – consumer goods	1.9%	0	6.0%	60
Interest expenses % EBIT	-83.9%	0	-18.3%	80
Net profit % net sales – producer & trader of agro products	2.0%	40	5.9%	80
Net profit % equity = ROE	5.9%	40	15.4%	80
Subtotal	34%	240	66%	460
Stability = Max Points = 400 or 100%	**2006**	**P**	**2005**	**P**
Equity in Baht, thousend	42,680,010		43,789,143	
Leverage = short and long term debt vs. equity	1.24x	100	1.03x	100
Equity financing = equity % F/A and intangibles	56.6%	40	45.3%	20
Capital intensity = F/A and intangibles % net sales	34.4%	40	33.8%	40
Net debt = years needed to repay net debt by cash flow	4.5x	40	12.5x	0
Subtotal	55%	220	40%	160
Total and in % of Max. Points of 1.500 or 100%	53%	800	61%	920

Available Cash Flows used as % by financing activities Incl. change of cash and equivalents	2006	2005
Interest and dividends paid to subsidiaries	-40.5%	-173.5%
Decrease in short-term loans from subsidiaries	-3.7%	0.0%
Settlement of long-term loans	-55.3%	-43.1%
Settlement of debentures	-14.4%	-159.9%
Settlement of liabilities under finance leases	-0.4%	-1.3%
Share subscription and sales of company's warrant	0.0%	307.1%
Expenses relating to the issuance of shares	0.0%	0.0%
Net increase/decrease in cash and cash equivalents	14.3%	-29.2%
Total	-100.0%	-100.0%

LIQUIDITY

2006 Cash flow from operation was BHT 16.143.7 MLN including borrowings of BHT 12.345.4 MLN or 76.5%. Similar figures for 2005 were BHT 9.612.3 MLN including borrowings of BHT 6.711.8 MLN or 69.7%. From these amounts BHT 2.759.2 MLN and BHT 5.369.9 MLN were used to finance inventories 2006 respectively 2005. Using expensive borrowings for temporary higher inventory financing charged additionally the high interest bill. The increase of sales could be made only at depressed prices as consumers feared to get infected by the "bird flue". As a result of higher prices for raw materials, higher production cost and depressed prices the company was forced to make expensive borrowings as mentioned above which in turn pushed up the interest expenses. Nevertheless CPF invested substantially into plant and equipment absorbing BHT 8.377 MLN and 7.667 MLN 2006 and 2005 respectively disclosing that the company wants further expand its business activities but without further expensive borrowings. Instead CPF made total repayments and settlements of BHT 5.798 MLN and BHT 4.800 MLN in 2006 and 2005 respectively paying back much of the above borrowed capital. In addition CPF invited the shareholders to subscribe shares and warrants amounting to BHT 7.259 MLN. A further sign of the company's optimism after the "bird flue" disaster were the substantial payments of interest and dividends to subsidiaries of BHT 3.354.7 MLN and BHT 4.101.6 MLN for 2006 and 2005 respectively. The above transactions and the timely realization of the current assets in a difficult economically environment also disclosed a good cash management.

PROFITABILITY

2006 Net sales increased by 10.2% to BHT 124.958 MLN. From this figure live stock business accounted for 70.6% and the agricultural business including chicken, ducks 29.4%. 2005 the relative percentage figures were 66.6% for the live stock business and 33.4% for the agriculture business reflecting the dramatic impact of the "bird flu". Geographically 69% of the sales were made in Thailand, 17% in Europe and 11% in Asia. However, due to the difficult business environment production costs soared by 14.4% adversely affecting the EBITDA despite comparable low administration expenses. Depreciations are made by the straight-line method over the estimated useful lives up to 61 years for building and construction. This is comparable low but higher depreciation rates would have wiped off the weak EBIT and resulting into a loss as the financial expenses soared dramatically wiping off nearly the EBIT 2006. Subsequently the net profit margins were not satisfactory and the shareholders accepted the reduced dividend of BHT 1.700 MLN 2006 compared to BHT 3.100 MLN 2005 separately mentioned in the financial statements.

STABILITY

2006 the shareholders' equity of BHT 42.680 MLN including the fully paid in share capital of BHT 7.519 MLN remained practically unchanged. The above mentioned cash flow from share subscription and sale of warrants had no effect on the share capital yet. The high leverage figures of the past two years are in line with the soaring interest expenses reflecting also the raising borrowing costs for mostly short term borrowings. Equity financing of the relatively high fixed assets and the capital intensity could be better but should improve by future higher sales und depreciations. Not satisfactory are the net debt/available cash flow figures which are in line with the high leverage numbers. The company is well aware of the expensive debt financing and has taken appropriate measures to decrease it. Overall the company has the potential to improve the present financial condition.

TABLE OF OPERATION – CPF

INCOME & COST STRUCTURE	2006	%	2005	%
Revenue from sale of goods, services in Baht. 000	124,958,302	100,0%	113,427,881	100,0%
Cost of sale	(104,417,644)	-83.6%	(91,284,604)	-80.5%
S+A expenses and marketing	(14,472,165)	-11.6%	(12,127,566)	-10.7%
EBITDA	6,068,493	4.9%	10,015,711	8.8%
Depreciation and amortization, net	(3,740,302)	-3.0%	(3,200,147)	-2.8%
EBIT	2,328,191	1.9%	6,815,564	6.0%
Interest expense	(1,953,286)	-1.6%	(1,244,755)	-1.1%
Interest income	80,473	0.1%	40,767	0.0%
Other income	1,733,691	1.4%	2,239,276	2.0%
Share of profit from investments	762,567	0.6%	810,604	0.7%
Share of losses from investments	(36,917)	0.0%	(136,369)	-0.1%
Directors' remuneration	(38,068)	0.0%	(39,380)	0.0%
Loss on net monetary position	0	0.0%	(64,796)	-0.1%
Income tax	(329,008)	-0.3%	(1,592,879)	-1.4%
Insurance compensation	0	0.0%	36,841	0.0%
Profit of minority interest	(37,313)	0.0%	(117,594)	-0.1%
Net profit	2,510,330	2.0%	6,747,279	5.9%

TABLE OF BALANCE SHEET – CPF

ASSET & CAPITAL STRUCTURE	2006	%	2005	%
Total assets in Baht, 000	95,734,720	100.0%	89,098,465	100.0%
Cash and cash equivalents	1,726,738	1.8%	2,535,372	2.8%
Accounts receivable-trade and others	12,825,391	13.4%	12,191,379	13.7%
Current portion of long term receivable	166,749	0.2%	0	0.0%
Accrued interest income from related company	43,958	0.0%	0	0.0%
Inventories	26,498,278	27.7%	23,866,537	26.8%
Other current assets	1,096,973	1.1%	940,249	1.1%
Current assets	42,358,087	44.2%	39,533,537	44.4%
Associates	5,901,618	6.2%	7,194,301	8.1%
Deferred tax assets	1,439,519	1.5%	1,378,969	1.5%
Long-term receivable from related company	833,747	0.9%	0	0.0%
Related companies and other companies	1,840,807	1.9%	2,376,557	2.7%
Other non-current assets	379,571	0.4%	236,849	0.3%
Long term assets	10,395,262	10.9%	11,186,676	12.6%
Land held for future projects	1,443,205	1.5%	1,506,705	1.7%
Property, plant and equipment	41,789,990	43.7%	37,364,337	41.9%
Intangible assets	(251,824)	-0.3%	(492,790)	-0.6%
Fixed assets	42,981,371	44.9%	38,378,252	43.1%

Total debt and equity in Baht, 000	**95,734,720**	**100.0%**	**89,098,465**	**100.0%**
Bank overdrafts and short-term loans	21,925,141	22.9%	14,865,277	16.7%
Accounts payable - trade and others	6,886,260	7.2%	6,166,708	6.9%
Long-term loans	2,268,901	2.4%	4,578,152	5.1%
Debentures	2,500,000	2.6%	1,190,000	1.3%
Liabilities under finance leases	38,907	0.0%	20,550	0.0%
Income tax payable	437,668	0.5%	1,032,976	1.2%
Other current liabilities	2,492,994	2.6%	1,897,834	2.1%
Short term debt	**36,549,871**	**38.2%**	**29,751,497**	**33.4%**
Long-term loans from financial institutions	942,658	1.0%	2,418,774	2.7%
Debentures	12,500,000	13.1%	10,000,000	11.2%
Liabilities under finance leases	41,989	0.0%	17,455	0.0%
Deferred tax liabilities	2,275,104	2.4%	2,938,379	3.3%
Deferred gain on sale of investment	398,977	0.4%	0	0.0%
Other non-current liabilities	346,111	0.4%	183,217	0.2%
Long term debt	**16,504,839**	**17.2%**	**15,557,825**	**17.5%**
Issued and fully paid - up share capital	7,519,938	7.9%	7,519,938	8.4%
Share premium	16,436,492	17.2%	16,436,492	18.4%
Currency translation changes	(636,798)	-0.7%	896,495	1.0%
Revaluation increase in land	2,135,301	2.2%	2,135,301	2.4%
valuation - Company's portion	(130,125)	-0.1%	165,577	0.2%
Revaluation from equity in associates	208,805	0.2%	163,035	0.2%
Legal reserve	820,666	0.9%	820,666	0.9%
Retained earnings	16,504,817	17.2%	15,648,444	17.6%
Treasury stock	(720,700)	-0.8%	(720,700)	-0.8%
Minority interests	541,614	0.6%	723,895	0.8%
Shareholders' equity in Baht, 000	**42,680,010**	**44.6%**	**43,789,143**	**49.1%**

TABLE OF CASH FLOW – CPF

OPERATING ACTIVITIES	2006	%	2005	%
Net profit in Baht, 000	2,510,330	15.5%	6,747,279	70.2%
Depreciation and amortization, net	3,740,302	23.2%	3,200,147	33.3%
Provisions for doubtful accounts and inventory	(22,638)	-0.1%	146,949	1.5%
Reversal of allowance impairment of investment	0	0.0%	(60,993)	-0.6%
Share of profit from investment	(762,567)	-4.7%	(810,604)	8.4%
Share of losses from investment	36,917	0.2%	136,369	1.4%
Gain on disposal of equipment and investments	(16,792)	-0.1%	(940,468)	-9.8%
Loss on write-off in fixed assets	13,501	0.1%	2,689	0.0%
Loss on devaluation in land	0	0.0%	107,238	1.1%
Unrealized F/X loss (gain) and on interest swap	10,887	0.1%	(67,784)	-0.7%
Interest income	(80,473)	-0.5%	(40,767)	-0.4%
Interest expense	1,953,286	12.1%	1,244,755	12.9%
Other provisions	33,755	0.2%	44,812	0.5%
Income tax	329,008	2.0%	1,592,879	16.6%
Income from extraordinary items	0	0.0%	(36,841)	-0.4%
Minority interest in net profit of subsidiaries	37,313	0.2%	117,594	1.2%
Net income and non-cash items	**7,782,829**	**48.2%**	**11,383,254**	**118.4%**

Increase in short-term loans from financial co.	6,699,625	41.5%	2,241,484	23.3%
Increase in long-term loans from financial firms	645,791	4.0%	470,304	4.9%
Cash receipt from debentures issuance	5,000,000	31.0%	4,000,000	41.6%
Accounts receivable- trade and others	(500,056)	-3.1%	(3,334,451)	-34.7%
Inventories	(2,759,197)	-17.1%	(5,369,970)	-55.9%
Other current assets	(125,332)	-0.8%	(72,537)	-0.8%
Other non-current assets	(54,809)	-0.3%	23,285	0.2%
Accounts payable – trade and others	580,013	3.6%	1,266,815	13.2%
Other current liabilities	361,347	2.2%	(74,962)	-0.0%
Income tax paid	(1,486,494)	-9.2%	(920,957)	-9.6%
Cash Flows from operation in Baht, 000	**16,143,717**	**100.0%**	**9,612,265**	**100.0%**
Interest and dividend from subs. & associates	378,246	2.3%	257,612	2.7%
equipment and long-term investments	182,890	1.1%	1,212,488	12.6%
Cash from acquisition for employees' insurance	149384	0.9%	0	0.0%
Cash receipt from insurance compensation	0	0.0%	106,844	1.1%
Purchase of property, plant and equipment	(8,377,402)	-51.9%	(7,666,577)	-79.8%
Purchase of intangible assets	(77,640)	-0.5%	(39,544)	-0.4%
Purchase of land held for future project	0	0.0%	(7,165)	-0.1%
Purchase of long-term investments	(146,758)	-0.9%	(1,137,742)	-11.8%
Cash of the subsidiary	26,305	0.2%	25,321	0.3%
Cash Flows used in investing activities	**(7,864,975)**	**-48.7%**	**(7,248,763)**	**-75.4%**
Available Cash Flows in Baht, 000	**8,278,742**	**51.3%**	**2,363,502**	**24.6%**
Interest and dividends paid to subsidiaries	(3,354,731)	-40.5%	(4,101,673)	-173.5%
Decrease in short-term loans from subsidiaries	(308,265)	-3.7%	0	0.0%
Settlement of long-term loans	(4,574,088)	-55.3%	(1,019,774)	-43.1%
Settlement of debentures	(1,190,000)	-14.4%	(3,780,000)	-159.9%
Settlement of liabilities under finance leases	(34,624)	-0.4%	(30,505)	-1.3%
Share subscription and sales of co's warrant	0	0.0%	7,259,266	307.1%
Expenses relating to the issuance of shares	0	0.0%	(505)	0.0%
Net increase/decrease in cash and equivalents	1,182,966	14.3%	(690,311)	-29.2%
Cash Flows used by financing activities	**(8,278,742)**	**-100.0%**	**(2,363,502)**	**-100.0%**
Net increase/decrease in cash and equivalents	(1,182,966)		690,311	
Effects of F/X changes in cash and equivalents	(107,453)		59,024	
Cash and equivalents at beginning of year	**2,457,158**		**1,707,823**	
Cash and cash equivalents at end of year	**1,166,739**		**2,457,158**	

Hinweise zu teilweise nicht geprüften und nicht kotierten Geschäfts- und Jahresberichten der Firmen A B, C, D In der Tschechei und in der Slovakei

Mit dem Zweck Finanzahlen der oben erwähnten Firmen mit jenen der Gesellschaften in West Europa und Übersee vergleichen zu können, muss die Präsentation der Tabellen für die aufbereiteten Zahlen der Bilanzen, Erfolgsrechnungen and Cash Flows entsprechend den internationalen Gepflogenheiten erstellt werden. So weisen die oben erwähnten Unternehmen die Produktionskosten (COGS) und Personalkosten, wie einst in Europa, getrennt aus. Doch nach internationalen Standards werden heute Produktions- und Personalkosten sowie produktionsnahe Kosten für Forschung und Entwicklung, Energie, Leistungen Dritter oft als Costs of Goods sold (COGS) zusammen aufgeführt. Dasselbe wurde für tschechische und slovakische Daten gemacht um sie international zu vergleichen. Dabei fällt der allgemein sehr hohe prozentuale Anteil der COGS am Nettoumsatz auf und womit die EBTDA negativ beeinflusst werden. Die Gründe sind vielfältig, aber typisch für Schwellenländer die mit Problemen bei der Material- und Kapitalbeschaffung, veralteten Produktivmittel etc. zu kämpfen haben. Die Tatsache, dass die Firmen keine Cash Flow Darstellungen lieferten, wurden sie auf der Basis der Jahresberichte gemäss den folgenden Tabellen durch den Autor erstellt. Obwohl die Bilanzen und Erfolgsrechnungen von einigen Firmen wie eine „Achterbahn" wechselten, bestand die Herausforderung darin, von den Jahresberichten teilweise in anderen Sprachen als Englisch und ohne Unterstützung der Firmeninhaber wichtige und zuverlässige Informationen zu erhalten. Bevor damals die Anbahnung einer Geschäftsbeziehung mit diesen Firmen in Betracht gezogen wurde, lautete die erste Frage, wie ist deren Finanzlage und wie arbeiten sie in diesen Ländern. Dabei war der Zeitaufwand für eine rasche Entscheidung manchmal erheblich, zumal Zahlenmaterial und Texte nur mit Hilfe von Übersetzungstabellen untersucht werden konnten und das heutige Auswertungsschema noch nicht existierte. Viele Firmen erfüllten die Anforderungen üblicher Kredit Standards oft nicht, oder nur unter bestimmten Bedingungen.

Trotzdem und bedingt durch die exorbitant hohen Kapitalkosten bis zu 20% waren die beiden Oststaaten für ausländische Investoren gleichwohl interessant, da Staatsobligationen bis zu 15% rentierten. Hinzu kamen erhebliche Währungsgewinne bis zu 23% gegenüber dem Schweizer Franken, als Folge des wirtschaftlichen Aufschwungs und gleichzeitiger Aufwertung der tschechischen und Slovakia Kronen, da aus früheren armen EU Kandidaten heute zuverlässige EU Mitglieder wurden.

Unternehmen "A", Tschechei
Investitionsgüter

TÄTIGKEIT – Hersteller von Maschinen

2002 wurden trotz hohen Verlusten, stockender Absatz, hohen Debitoren und grossen Warenlager die guten Bilanzrelationen beibehalten. Durch Einbezug der Laufenden Arbeiten ins Warenlager stieg der Nettoumsatz erheblich, weshalb die Prozentzahlen 2002 nicht mehr mit jenen von früheren Jahren vergleichbar sind. Die guten Current Ratios von 2x sind nicht so liquid, da die Realisierung der Warenlager und Debitoren nicht rasch erfolgt. Dagegen hat die prozentuale Verschlechterung der EBITDA keinen Einfluss, da dieser 2002 um KC 20.000 besser war, trotz Anstieg der Produktionskosten die durch Einsparungen im Marketing kompensiert wurden. Stockender Absatz, langsame Realisierung des Umlaufvermögens und Investitionen führten zum erhöhten Kapitalbedarf. Doch entscheidend für den Verlust von KC 105 Mio. waren die exorbitanten Kapital und Devisenkosten von KC 187 Mio., wozu Angaben fehlen, auch nicht, dass das Kapital um KC 431 vermindert und die Bankkredite um KC 434 erhöht wurden. Positiv dagegen, dass die gebundenen Vermögenswerte total eigenfinanziert sind und die Firma die hohe Kapitalintensität durch Ersatzinvestitionen senken will.

Liquidity = Max. Punkte 400 bzw. 100%	2002	P	2001	P	2000	P
Verfügbarer Cash Flow in KC, Tausend	-135,400		591,228		NA	
Available cash flow % Nettoumsatz	-4.9%	0	30.9%	100	NA	
Debitoren % Nettoumsatz	29.2%	60	52.4%	0	45.9%	0
Warenlager und Laufende Arbeiten % Nettoumsatz	57.49%	0	43.5%	0	94.3%	0
Current Ratio = Kurzfr. Aktiven – Kurzfr. Passiven	2.0x	100	1,9x	80	2.1x	100
Zwischentotal	40%	160	45%	180	25%	100
Profitabilität = Max Punkte 700 bzw 100%	2002	P	2001	P	2000	P
Nettoumsatz in KC, Tausend	2,725,423		1,914,555		1,560,382	
Produktion -& Personalkosten (COGS) % N-Umsatz*	-80.8%		-65.1%		-53.7%	
*Keine Bewertung nur für Informationszwecke	0%	0	0%	0	0%	0
Administration, Verkauf, Marketing % Nettoumsatz	-10.2%	100	-22.5%	60	-19.9%	80
EBITDA % Nettoumsatz – Investitionsgüter	13.3%	80	17.9%	100	31.5%	100
Abschreibungen % a/ Immobilien & Immat. Aktiven	-25.9%	100	-5.8%	40	-4.9%	40
EBIT % Nettoumsatz – Investitionsgüter	2.6%	0	14.6%	100	28.1%	100
Finanzkosten + F/X Spesen % EBIT	-266.5%	0	-34.9%	20	-54.6%	0
Verlust/Reingewinn % Nettoumsatz	-3,9%	0	4,5%	80	5.1%	40
Verlust/ RG % Eigene Mittel = ROE – Maschinen	-8,3%	0	7,4%	40	4,9%	80
Zwischentotal	54%	380	77.1%	540	74%	520
Stabilität = Max. Punkte 400 bzw 100%	2002	P	2001	P	2000	P
Eigene Mittel in KC, Tausend	1,272,743		1,163,585		1,501,014	
Leverage = Kurz- & Langfr. Schulden vs. Eigenkap.	1.7x	100	1.7x	100	1.3x	100
Eigenfinanzierung = Eigenkap. % Immob. & Anlagen	114.9%	100	109.3%	100	136.5%	100
Kapitalintensität = Immob. & Anlagen % Nettoumsatz	40.6%	20	55.6%	20	70.5%	0
N-Schuld = Nötige Jahre NS mit Cash Flow zu tilgen	-9.2x	0	0.7x	0	NA	
Zwischentotal	55%	220	55%	220	50%	200
Total & in % der Max. Punkte von 1.500 bzw 100%	51%	760	63%	940	55%	820

Verfügbarer Cash Flow in % finanzierter Aktivitäten inkl. Veränderung liquider Mittel	2002	2001
Rückzahlung langfristiger Verbindlichkeiten	12.9%	0.0%
Rückzahlung langfristiger Bankschulden	0.0%	-9.1%
Abnahme des Stammkapitals des Inhaber der Firma	0.0%	-72.9%
Erhöhung der Kapital Reserven/Rückstellungen	161.0%	0.0%
Abnahme der zurückbehaltenen Gewinne	-115.2%	0.0%
Abnahme/Zunahme liquider & ähnlicher Mittel	67.1%	-17.9%
Total	100.0%	-100.0%

LIQUIDIDÄT

Der betriebliche Cash Flow von KC 31 Mio.2002 gegenüber KC 693 2001 hatte div. Ursachen und führte zu einem erhöhten Kapitalbedarf von KC 434 Mio. Dieser war 2001 wesentlich geringer, dank dem erzielten betrieblichen Cash Flow von KC 693 Mio und dass das Warenlager um KC 638.9 Mio. verringert werden konnte. 2002 stieg dieses erneut um 734,7 Mio und die Abnahme der Kreditoren um KC 248.3 Mio. führte zu einem weiteren Liquiditätsabbau. Gleichwohl blieben die guten Current Ratios intakt, aber die Firma ist deshalb nicht liquider, weil nun die laufenden Arbeiten im Warenlager, in den Produktionskosten und im Umsatz enthalten sind. Dies war die Folge des Einbezugs von externen und internen Inter Company Transaktionen. Die starken Veränderungen bei den Debitoren und Warenlager haben ihre Ursachen auch in deren langsamen Realisierung die viel Kapital binden. In der Folge musste die Firma erhöhte Bankkredite beanspruchen. Weitere Investitionen in Sachanlagen und die Bildung von Rückstellungen tangierten auch die liquiden Mittel, während sich Zunahme und Abnahme der Rückstellungen bzw. der zurückbehaltenen Gewinne von rund KC 0,2 Mio praktisch ausglichen. Anderseits wurden die stark erhöhten Abschreibungen von KC 293 Mio zur Bildung von kurzfristigen Rückstellungen von KC 180 Mo. sowie für Reparaturen und Investitionen in die Sachanlagen verwendet. Diese Faktoren führten zum stark reduzierten betrieblichen Cash Flow von KC 693 Mio. auf KC 31 Mio. der schliesslich, bedingt durch die ausserordentlich hohen Kapital- und Devisenkosten zum negativen Cash Flow von KC -135.5 mio. führte. Schliesslich ist noch beizufügen, dass durch die Bildung obligatorischer Kapital Reserven die einbehaltenen Gewinne ausgebucht wurden.

PROFITABILITÄT

Wie erwähnt waren die Erhöhung des Umsatzes, der Warenlager und Produktionskosten primär transaktionsbedingt. Doch der überproportionale Anstieg der Produktionskosten gegenüber dem Nettoumsatz wurde durch wenig veränderte Betriebserträge, Personalkosten und stark verminderte Kosten für Verkauf, Administration und Marketing gemildert, so dass der EBITDA um KC 20.000 gegenüber jenem von 2001 gestiegen ist. Die ausgewiesenen Prozentwerte 2002 sind deshalb, aus den erwähnten Gründen, nicht mehr mit früheren Jahren vergleichbar. Von den hohen Abschreibungen of KC 293 Mio entfallen KC 180 Mio. für Rückstellungen für Reparaturen und Sachanlagen. Doch statt eines Gewinnes machen die Finanz- und Devisenkosten der Firma einen Strich durch die Rechnung. Gewiss sind die Zinskosten mit 20% sehr, doch steht der Aufwand in keinem Verhältnis zu früheren Jahren. Es scheint, dass die Firma mit Devisengeschäfte sehr viel Geld verloren hat, zumal dies kein Einzelfall wäre. Der Verlust von KC 105 Mio gegenüber dem Gewinn von KC 86 Mio 2001 war die logische Folge.

STABILITÄT

Obwohl die eigenen Mittel jährlich gesunken sind, können damit die gebundenen Vermögenswerte zu immer noch mehr als 100% finanziert werden. Die kurz- und langfristigen Verbindlichkeiten sind nicht ausgesprochen hoch, dass dies die hohen Zinsen rechtfertigen würde, wobei die Firma keine Angaben zu den Devisenkosten macht. Es ist deshalb anzunehmen, dass diese eher einmaligen Charakter haben und die Berechnung der Nettoschulden mit dem negativen Cash Flow war somit unmöglich. Der Schwachpunkt ist die hohe Kapitalintensität, da die Produktivität ungenügend ist. Die Firma weiss das und hat deshalb bereits Vorkehrungen getroffen wurden. Auch durch eine effizientere Bewirtschaftung der Debitoren und Warenlager könnten Kapitalbedarf und Zinsbelastung vermindert werden.

ERFOLGSRECHNUNG – Unternehmen "A"

GESCHÄFTSJAHRE	2002	%	2001	%	2000	%
Nettoumsatz in KC, thousand	2,725,423	100.0%	1,914,555	100.0%	1,560,382	100.0%
Übrige Betriebserträge	116,494	4.3%	105,362	5.5%	78,895	5.1%
Prod. Kosten, Laufende Arbeiten	-1,762,454	-64.7%	-849,411	-44.4%	-431,573	-27.7%
Personalkosten	-437,936	-16.1%	-396,554	-20.7%	-404,967	-26.0%
Verkauf, Administration, Marketing	-278,157	-10.2%	-430,370	-22.5%	-310,545	-19.9%
EBITDA	363,370	39.6%	343,582	61.1%	492,192	31.5%
Abschreibungen	-293,169	-10.8%	-64,229	-3.4%	-54,498	-3.5%
EBIT	70,201	2.6%	279,353	14.6%	437,694	28.1%
Finanz- und andere Erträge	38,526	1.4%	8,438	0.4%	2,815	0.2%
Finanz- und Devisenkosten	-187,067	-6.9%	-97,564	-5.1%	-239,004	-15.3%
Steuern	-20,196	-0.7%	-103,846	-5.4%	-124,591	-8.0%
Ausserordentliche Kosten	-6,929	-0.3%	0	0.0%	0	0.0%
Reingewinn (Verlust)	-105,465	-3.9%	86,381	4.5%	76,914	4.9%

BILANZ – Unternehmen "A"

GESCHÄFTSJAHRE	2002	%	2001	%	2000	%
TOTAL AKTIVEN in KC, Tausend	3.665.916	100.0%	3.207.797	100.0	3.458.669	100.0%
Liquide and ähnliche Mittel,	172,403	4.7%	263,295	8.3%	157,281	4.9%
Debitoren	798.303	21.7%	1.007.907	31.4%	716.861	20.7%
Warenlager	1,566,728	42.7%	832,022	25.9%	1,470,899	42.5%
Kurzfristige Aktiven	2.535.434	69.2%	2.103.224	65.6%	2.345.041	67.8%
Finanz Aktiven	23,232	0.6%	39,597	1.25%	13,650	0.4%
Sachanlagen & Immaterielle Aktiven	1,107,250	30.2%	1,065,016	33.2%	1,099,978	31.8%
Gebundene Vermögenswerte	1.130.482	30.8%	1,104,573	34.4%	1,113,628	32.2%
TOTAL PASSIVEN in KC, Tausend	3.665.216	100.0%	3.207.797	100.0%	3.458.669	100.0%
Kurzfristige Bankschulden	288,695	7.9%	193,244	6.0%	182,891	5.3%
Debitoren	799,165	21.8%	1,047,505	32.7%	940,357	27.2%
Kurzfristige Rückstellungen	180,509	4.9%	0	0.0%	0	0.0%
Kurzfristige Passiven	1.268.369	34.6%	1.240.749	38.7%	1.123.248	32.5%
Langfristige Bankschulden	878,449	24.0%	779,410	24.3%	833,410	24.1%
Andere langfristige. Bankdarlehen	241,705	6.6%	1,971	0.1%	997	0.0%
Andere langfr. Vorschüsse & Darlehen	4,650	0.15%	22,082	0.7%	0	0.0%
Langfristige Schulden	1,124,804	30.7%	803,463	25.0%	834,407	24.1%
Privat Kapital	1,004,314	27.4%	1,004,314	31.3%	1,435,528	41.5%
Kapital Reserven	218,072	5.9%	0	0.0%	0	0.0%
Gesetzliche Reserven	155,822	4.3%	108,684	3.4%	65,486	1.9%
Zurückbehaltene Gewinne	-105,465	-2.9%	50,587	1.6%	0	0.0%
Eigene Mittel & Minderheitskapital	1,272,743	34.7%	1,163,585	36.3%	1,501,014	43.4%

KAPITALFLUSSRECHNUNG – Unternehmen "A"

BETRIEBS TÄTIGKEIT	2002	%	2001	%
Reingwinn in KC, Tausend	-105,465	-340.3%	86,381	13.6%
Abschreibungen	293,169	945.9%	64,229	10.1%
Reingwinn und non cash Posten	**187,704**	**605.6%**	**150,610**	**23.7%**
Zunahme/Abnahme kurzfristiger Schulden	95.451	308.0%	10.353	1.5%
Zunahme/Abnahme langfristiger Schulden	99.038	319.5%	54.000	0.0%
Andere langfr. Vorschüsse und Obligationen.	239,734	773.5%	974	1.6%
Andere Kreditoren	0	0.0%	22.082	
Zunahme/Abnahme Debitoren	211,604	682.7%	-291,226	-45.7%
Zunahme/Abnahme Warenlager	-734,706	-2370.5%	638,877	100.3%
Zunahme/Abnahme Kreditoren	-248,340	-801.3%	107,148	16.8%
Zunahme kurzfristige Rückstellungen	180,509	582.4%	0	0.0%
Cash Flow aus Betriebstätigkeit	**30,994**	**100.0%**	**692.998**	**100.0%**
Kauf und Verkauf von Beteiligungen	16,325	52.7%	-25,907	-4.1%
Kauf Sachanlagen und Immaterielle Aktiven	-182,799	-589.8%	-75.863	-3.1%
Cash Flow für Investitions Aktivitäten	**-166,474**	**-537.1%**	**-101.770**	**-7.2%**
Verfügbarer Cash Flow	**-135,480**	**-437.1%**	**591,228**	**92.8%**
Rückzahlung anderer langfristiger Schulden	-17,432	12.9%	0	0.0%
Rückzahlung langfristiger Bankschulden	0	0.0%	-54.000	-9.1%
Abnahme firmeneigenes Kapital	0	0.0%	-431,214	-72.9%
Zunahme Kapital Reserven	218,072	-161.0%	0	0.0%
Abnahme einbehaltener Gewinne	-156,052	115.2%	0	0.0%
Abnahme/Zunahme liquider & ähnlicher Mittel	90,892	-67.1%	-106,014	-17.9%
Cash Flow für Finanz Aktivitäten	**135,480**	**-100.0%**	**-591,228**	**-100.0%**
Abnahme/Zunahme liquider und ähnlicher Mittel	-90,892		106,014	
Cash und ähnliche Mittel zu Beginn des Jahres	**263,295**		**157,281**	
Cash und ähnliche Mittel am Ende des Jahres	**172,403**		**263,295**	

Unternehmen "B", Slovakei
Konsumgüter

TÄTIGKEIT – Hersteller von Medizinprodukten

Das Unternehmen ist in der Herstellung und Verkauf von Insulinprodukten tätig. Die Kunden sind deshalb vorwiegend Spitäler und Kliniken. Das Unternehmen arbeitet mit sehr hohen Produktions- und Personalkosten, weshalb der Nettoumsatz wesentlich grösser sein sollte, um die sehr hohe Kapitalintensität zu senken. Dabei ist zu berücksichtigen, dass ein Drittel der Anlagen zurzeit im Bau ist, um später Produktivität und Umsatz zu steigern. Trotz Verlust und gestiegenen Produktion- und anderen Kosten hat die Realisierung der Debitoren zur massiven Zunahme des betrieblichen Cash Flow geführt. Damit wurden Ersatz- und Neuinvestitionen getätigt, um Nettoumsatz und Ertrag zu steigern und den Schuldenabbau fortzusetzen. Aufgrund hoher Eigenfinanzierung gebundener Vermögenswerte, tiefem Leverage, zufrieden-stellender Liquidität und besseren Zukunftsaussichten ist das Unternehmen gesamt betrachtet, im Vergleich zum Vorjahr, in weit besserer Verfassung

Liquidität' = Max. Punkte 400 bzw. 100%	2001	P	2000	P
Verfügbarer Cash Flow in SK, Tausend	134.547		NA	
Available cash flow % Nettoumsatz	3.8%	80	NA	
Debitoren % Nettoumsatz	27.2%	60	39.9%	20
Warenlager % Nettoumsatz	15.4%	100	14.3%	100
Current Ratio = Kurzfr. Aktiven – Kurzfr. Passiven	1,3x	60	1,2x	40
Zwischentotal	75%	300	40%	160
Profitabilität = Max Punkte 700 bzw 100%	2001	P	2000	P
Nettoumsatz in SK, Tausend	1.266.991		1,345.765	
Produktion -& Personalkosten, F+E, Service % N-Umsatz*	-94.8%		-92.9%	
*Keine Bewertung nur für Informationszwecke	0%	0	0%	0
Administration, Verkauf, Marketing % Nettoumsatz	-2.3%	100	-3.1%	100
EBITDA % Nettoumsatz – Konsumgüter	10.5%	60	12.5%	60
Abschreibungen % auf Immobilien & Immat. Aktiven	7.3%	60	-6.8%	60
EBIT % Nettoumsatz –Konsumgüter	3.7%	60	6.3%	60
Finanzkosten % EBIT	-104.5%	0	-58.5%	0
Verlust/ Reingewinn % Nettoumsatz	-0.3%	0	1,9%	20
Verlust/RG % Eigene Mittel = ROE – Medizinprodukte	-0.4%	0	2.4%	0
Zwischentotal	54%	380	57%	400
Stabilität = Max. Punkte 400 bzw 100%	2001	P	2000	P
Eigene Mittel in SK, Tausend	1,063.073		1,073.428	
Leverage = Kurz- & Langfr. Schulden vs. Eigenkapital.	0,7x	100	0,9x	100
Eigenfinanzierung = Eigenkapital. % Immob. & Anlagen	90.4%	80	87.2%	80
Kapitalintensität = Immob. & Anlagen % Nettoumsatz	92.8%	0	91.5%	0
N-Schuld = Nötige Jahre die NS mit Cash Flow zu tilgen	2.4x	80	NA	
Zwischentotal	65%	260		180
Total und in % der Max. Punkte von 1.500 bzw. 100%	63%	940	49%	740

Verfügbarer Cash Flow in % finanzierter Aktivitäten inkl. Veränderung liquider Mittel	2001
Rückzahlung anderer langfristiger Schulden	-81.0%
Abnahme langfristiger Leasingverpflichtungen	-14.9%
Abnahme des Firmenkapitals	0.7%
Zunahme gesetzlicher und statutarischer Reserven	0.6%
Zunahme liquider and ähnlicher Mittel	-4.4%
Total	-100.0%

LIQUIDITÄT

2001 betrug der betriebliche Cash Flow ohne Verwendung von Bankkrediten SK 171 Mio. und in gebundene Vermögenswerte, wie Sachanlagen und Immaterielle Werte wurden SK 35 Mio. investiert. Daraus resultierte ein Verfügbarer Cash Flow von 135 Mio., obwohl der Gewinn stark und der Nettoumsatz leicht zurückgingen. Dagegen konnte die Liquidität, nicht zuletzt dank der Realisierung von Debitoren im Betrag von SK 192 Mio, stark verbessert werden. Dieser Faktor sowie die Verminderung des Warenlagers, die Stärkung liquider Mittel und die substantiellen Rückzahlungen von kurz- und langfristigen Schulden lassen den Schluss zu, dass das Cash Management erheblich verbessert wurde. Dagegen ist die Kapitalintensität mit über 90% ausserordentlich hoch, doch da die gebundenen Vermögenswerte zu über 90% eigenfinanziert sind wird dieser negative Effekt kompensiert. Ausserdem und positiv ist, dass Neuinvestitionen in Sachanlagen zur Verbesserung von Umsatz, Ertrag und Qualität der Produkte verwendet wurden.

PROFITABILITÄT

Der leichte Rückgang des Nettoumsatzes, die leichte Erhöhung der Produktions- und Personalkosten bis zu 95% und der weitere Anstieg für Verkauf, Administration und Marketing beeinflussten den EBITDA negativ. Trotzdem ist dieser immer noch zufriedenstellend, doch weniger der stark rückläufige EBIT. In der westlichen Pharmaindustrie sind jedoch diese Werte im Branchendurchschnitt weit höher. Eine riesige Bürde sind jedoch die hohen Finanzkosten, obwohl die Firma keineswegs überschuldet ist, unternimmt sie deshalb grosse Anstrengungen die Schulden, die 2001 stark zurückgingen, so rasch wie möglich abzubauen. Als Folge des stark gesunkenen EBIT ist die Relation Finanzkosten/EBIT auf über 104% gestiegen, womit kein Spielraum mehr für andere Aufwendungen übrig blieb, stattdessen ein Verlust von über KC 4 Mio. Anderseits musste der Vorjahresgewinn von SK 25 Mio korrigiert werden, weil er illegal durch Auflösung der Rückstellungen von über SK 12. Mio entstand. Die Firma wurde deshalb mit hohen Einkommenssteuern betraft, was diese jedoch zurückwies.

STABILITÄT

Die Sachanlagen sind mit 66% der Gesamtaktiven beträchtlich, wovon allerdings ein Drittel auf die Anlagen im Bau entfällt. Und weil ein erheblicher Teil davon baubedingt nicht produktiv ist, ist auch die Kapitalintensität mit 92% ausserordentlich hoch. Doch da über 90% der Sachanlagen eigenfinanziert sind und das Leverage lediglich 0.7x betragen, ist das Unternehmen gleichwohl in weit besserer Verfassung als im Vorjahr. Dagegen hat sich der Schuldenabbau noch nicht auf die hohen Finanzkosten ausgewirkt.

ERFOLGSRECHNUNG – Unternehmen "B"

GESCHÄFTSJAHRE	2001	%	2000	%
Nettoumsatz in SK, Tausend	**1,266,991**	**100.00%**	**1,345,765**	**100.0%**
Aktivierte Entwicklungskosten	32,087	2.50%	29,050	2.2%
Übrige Betriebserträge	31,368	2.50%	44,311	3.3%
Produktionskosten (COGS)	-918,041	-72.50%	-968,282	-72.0%
Service Leistungen Dritter	-90,875	-7.20%	-93,203	-6.9%
Personalkosten	-159,664	-12.60%	-146,811	-10.9%
Verkauf, Administration und Marketing (SA)	-28,530	-2.30%	-42,117	-3.1%
EBITDA	**133,336**	**10.50%**	**168,713**	**12.5%**
Abschreibungen	-86,345	-6.80%	-83,375	-6.2%
EBIT	**46,991**	**3.70%**	**85,338**	**6.3%**
Finanz- und andere Erträge	10,026	0.80%	9,185	0.7%
Finanzkosten	-49,103	-3.90%	-49,932	-3.7%
Steuern	-6,750	-0.50%	-36,512	-2.7%
Zunahme/Abnahme von Rückstellungen	-127	0.00%	12,094	0.9%
Ausserordentliche Kosten	-5,183	-0.40%	5,267	0.4%
Reingewinn (Verlust)	**-4,146**	**-0.30%**	**25,440**	**1.9%**

BILANZ – Unternehmen "B"

GESCHÄFTSJAHRE	2001	%	2000	%
TOTAL AKTIVEN in SK, Tausend	**1,794,796**	**100.0%**	**2,025,912**	**100.0%**
Liquide und ähnliche Mittel	22,327	1.2%	16,365	0.8%
Debitoren	344,710	19.2%	536,792	26.5%
Warenlager	195,746	10.9%	192,419	9.5%
Vorauszahlungen für Lieferungen und Leistungen	4,888	0.3%	7,655	0.4%
Transitorische Aktiven	.42,817	2.4%	32,136	1.6%
Kurzfristige Aktiven	**610,488**	**34.0%**	**785,367**	**38.8%**
Beteiligungen	8,700	0.5%	9,600	0.5%
Immobilien, Sachanlagen und Immaterielle Aktiven	777,013	43.3%	820,015	40.5%
Anlagen im Bau	398,595	22.2%	410,930	20.3%
Langfristig gebundene Vermögenswerte	**1,184,308**	**66.0%**	**1,240,545**	**61.2%**
TOTAL PASSIVEN in SK, Tausend	**1,794,796**	**100.0%**	**2,025,912**	**100.0%**
Kurzfristige Bankschulden	138,000	7.7%	225,000	11.1%
Kreditoren	276,830	15.4%	351,433	17.3%
Personalkosten und andere Spesen	29,929	1.7%	34,310	1.7%
Transitorische Passiven	11,968	0.7%	25,351	1.3%
Kurzfristige Passiven	**456,727**	**25.4%**	**636,094**	**31.4%**
Langfristige Bankschulden	36,468	2.0%	58,419	2.9%
Langfristige Schulden und Leasing Verpflichtungen .	238,528	13.3%	257,971	12.7%
Langfristige Schulden	**274,996**	**15.3%**	**316,390**	**15.6%**
Privat Kapital	819,934	45.7%	820,928	40.5%
Kapital Reserven	124,102	6.9%	123,998	6.1%
Gesetzliche und statutarische Reserven	83,901	4.7%	83,098	4.1%
Zurückbehaltene Gewinne	39,282	2.2%	19,964	1.0%
Reingwinn (Verlust)	-4,146	-0.2%	25,440	1.3%
Eigene Mittel	**1,063,073**	**59.2%**	**1,073,428**	**53.0%**

KAPITALFLUSSRECHNUNG – Unternehmen "B"

BETRIEBS TÄTIGKEIT	2001	%
Reinverlust in SK, Tausend	-4,146	-5.0%
Abschreibungen	86,345	103.2%
Verlust und non cash Posten	**82,199**	**98.2%**
Abnahme Debitoren	192,082	112.5%
Zunahme Warenlager	-3,327	-1.9%
Abnahme von Vorauszahlungen für Warenlieferungen	2,767	1.6%
Zunahme Transitorische Aktiven	-10,681	-6.3%
Abnahme Kreditoren	-74,603	-43.7%
Abnahme Personal und anderen Verpflichtungen	-4,381	-2.6%
Zunahme Transitorische Aktiven	-13,383	-7.8%
Cash flow aus Betriebstätigkeit	**170.673**	**100.0%**
Beteiligungen	-900	-0.5%
Sachanlagen, Anlagen im Bau und Immaterielle Werte	-35,226	-20.6%
Cash Flow für Investitions Aktivitäten	**-36,126**	**-21.2%**
Verfügbarer Cash Flow	**134.547**	**78.8%**
Abnahme Bank- und anderen Schulden	-108.951	-81.0%
Abnahme langfristiger Leasing Verbindlichkeiten	-19,443	-14.9%
Abnahme firmeneigenes Kapital	-994	0.7%
Zunahme legaler und statutarischer Reserven	803	0.6%
Zunahme liquider und ähnlicher Mittel	-5,962	-4.4%
Cash flow für Finanz Aktivitäten	**-134.547**	**-100.0%**
Zunahme liquider und ähnlicher Mittel	5,962	
Cash und ähnliche Mittel zu Beginn des Jahres	**16,365**	
Cash und ähnliche Mittel am Ende des Jahres	**22,327**	

Unternehmen "C", Slovakei
Konsumgüter

TÄTIGKEIT – Hersteller von Kondensatoren

Die tschechische Muttergesellschaft kann mit ihrer slovakischen Filiale kaum zufrieden sein, denn deren Probleme sind so gravierend, dass es ein Wunder ist, dass sie noch existiert. So kann sie ihre Produkte nur mit sehr hohen Verlusten verkaufen. Mit ihren wenigen liquiden Mitteln ist sie de facto illiquid und ihre Kreditgeber müssen froh sein, wenn die Firma überhaupt ihre Schulden zurückzahlen kann. Danach sieht es nicht aus, denn selbst die tschechische Mutter will ihrer Tochter nur noch kurzfristig statt langfristig helfen. Bedingt durch die hoffnungslose Finanzlage hat die Tochter keine andere Wahl, als von den vorhandenen Vermögenswerten, so viel wie möglich zu retten, doch das ist Wunschdenken, da diese Banken und Dritten verpfändet wurden. Jede Beziehung mit diesem Unternehmen ist deshalb Vertrauenssache, da die Firma de jure und de facto keine eigenen substantiellen Vermögenswerte mehr verfügt.

Liquidität = Max. Punkte 400 bzw. 100%	2000	P	1999	P
„Verfügbarer Cash Flow" in SK, Tausend	78,623		NA	
Verfügbarer Cash flow % Nettoumsatz	-316.6%	0	NA	
Debitoren % Nettoumsatz	-49.3%	0	-106.1%	0
Warenlager % Nettoumsatz	-122.0%	0	-144.4%	0
Current Ratio = Kurzfr. Aktiven – Kurzfr. Passiven	0.5x	0	1,5x	0
Zwischentotal	0%	0	%	0
Profitabilität = Max. Punkte 700 bzw. 100%	2000	P	1999	P
Nettoumsatz in SK, Tausend	24,834		21,819	
Produktion -& Personalkosten, Energie % Nettoumsatz*	-143.9	0	-129.1%	0
*Keine Bewertung nur für Informationszwecke	0%	0	0%	0
Administration, Verkauf, Marketing % Nettoumsatz	-37.6%	0	-20.9%	0
EBITDA % Nettoumsatz – Konsumgüter	**-34.4%**	**0**	**-29.2%**	**0**
Abschreibungen % auf Immobilien & Immat. Aktiven	-6.3%	0	3.9%	0
EBIT % Nettoumsatz –Konsumgüter	**-86.3%**	**0**	**-69.4%**	**0**
Finanzkosten % EBIT	0.0%	0	0.0%	0
Verlust % Nettoumsatz	-98,9%	0	-139,7%	0
Verlust % Eigene Mittel = ROE – Medizinprodukte	-15,4%	0	-16,8%	0
Zwischentotal	0%	0	0%	0
Stabilität = Max. Punkte 400 bzw. 100%	2000	P	1999	P
Eigene Mittel in SK, Tausend	159,132		183,700	
Leverage = Kurz- & Langfr. Schulden vs. Eigenkapital.	0.5x	0	0.4x	0
Eigenfinanzierung = Eigenkapital % Immob. & Anlagen	78.5%	0	82.7%	0
Kapitalintensität = Immob. & Anlagen % Nettoumsatz	816.4%	0	1018.5%	0
N-Schuld = Nötige Jahre die NS mit Cash Flow zu tilgen	0.0x	0	0	0
Zwischentotal	0%	0	0%	0
Total und in % der Max. Punkte von 1.500 bzw. 100%	0%	0	0%	0

„Verfügbarer Cash Flow" in % finanzierter Aktivitäten inkl. Veränderung liquider Mittel	2000
Abnahme Engagements durch den Firmenbesitzer	-69.0%
Abnahme der gesetzlichen und statutarischen Reserven	0.0%
Verlust	-31.2%
Abnahme liquider und ähnlicher Mittel	**0.2%**
Total	**-100.0%**

LIQUIDITÄT

2000 Cash Flow aus Betriebstätigkeit betrug SK 47 Mio. doch das ist nicht die Wahrheit, weil die tschechische Mutterfirma ihr langfristiges Engagement von SK 54 Mio. in eine kurzfristige Verbindlichkeit verwandelte. Ausserdem war diese Umbuchung nicht cash relevant, weshalb gebundene Vermögenswerte im Betrag von SK 31 Mio. verkauft werden mussten. Unter Berücksichtigung der Non Cash Posten erzielte die Firma keinen effektiven Verfügbaren Flow. Und mit nur SK 334.000 in der Kasse kann sie nicht viel anfangen. Das weitere Überleben der Firma ist auch deshalb fragwürdig, weil die Produktion und Personalkosten weit höher liegen als die Nettoumsätze. Die erwähnte Umbuchung der tschechischen Muttergesellschaft ist ein klares Zeichen, dass auch sie Zweifel an ihrer slovakischen Tochter hat.

PROFITABILITÄT

Die Tatsache, dass Produktion- und Personalkosten 143.9% und Administration, Verkauf, Marketing 37.6% des Nettoumsatzes betragen, wäre es besser gewesen, wenn die Firma im vergangenen Jahr überhaupt nicht „gearbeitet" hätte.

STABILITÄT

In Anbetracht der desolaten Lage der Firma, sind die guten Stabilitätszahlen, wie hohe Eigenfinanzierung der Immobilien und Sachanlagen und das tiefe Leverage dank „genügender Eigenen Mittel" mehr Schein als Sein. In der Tat, was sind die Sachanlagen wert, wenn nur Kosten "produziert" werden? Die exorbitant hohen Kennzahlen für die Kapitalintensität geben die Antwort. Doch eine starke Korrektur der massiven Überbewertung würde auch die Eigenen Mittel zum Verschwinden bringen.

ERFOLGSRECHNUNG – Unternehmen "C"

GESCHÄFTSJAHRE	2000	%	1999	%
Nettoumsatz in SK, Tausend	**24,834**	**100.0%**	**21,819**	**100.0%**
Übrige Betriebserträge	11,700	47.1%	4,518	20.7%
Produktionskosten, Energie	-20,856	-84.0%	-12,809	-58.7%
Service Leistungen Dritter	-1,987	-8.0%	-2,896	-13.3%
Personalkosten	-12,894	-51.9%	-12,456	-57.1%
Verkauf, Administration und Marketing	-9,347	-37.6%	-4,553	-20.9%
EBITDA	**-8,550**	**-34.4%**	**-6,377**	**-29.2%**
Abschreibungen	-12,886	-51.9%	-8,770	-40.2%
EBIT	**-21,436**	**-86.3%**	**-15,147**	**-69.4%**
Finanz- und übrige Erträge	176	0.7%	507	2.3%
Finanzkosten	-3,284	-13.2%	-2,853	-13.1%
Bildung von Rückstellungen	-81	-0.3%	-180	-0.8%
Steuern	-326	-1.3%	-325	-1.5%
Ausserordentliche Erträge/Kosten	388	1.6%	-12,474	-57.2%
Verlust	**-24,563**	**-98.9%**	**-30,472**	**-139.7%**

BILANZ – Unternehmen "C'

GESCHÄFTSJAHRE	2000	%	1999	%
TOTAL AKTIVEN in SK, Tausend	**245,981**	**100.0%**	**277,738**	**100.0%**
Liquide und ähnliche Mittel	334	0.1%	513	0.2%
Debitoren	12,253	5.0%	23,150	8.3%
Warenlager	30,288	12.3%	31,511	11.3%
Übrige kurzfristige Aktiven	103	0.0%	153	0.1%
Transitorische Aktiven	261	0.1%	180	0.1%
Kurzfristige Aktiven	**43,239**	**17.6%**	**55,507**	**20.0%**
Immobilien, Sachanlagen und Immaterielle Werte	191,512	77.9%	210,998	76.0%
Anlagen im Bau	11,230	4.6%	11,233	4.0%
Langfristig gebundene Vermögenswerte	**202,742**	**82.4%**	**222,231**	**80.0%**
TOTAL PASSIVEN in SK, Tausend	**245,981**	**100.0%**	**277,738**	**100.0%**
Kreditoren	25,795	28.4%	23,572	8.5%
Kurzfristige Engagements des Besitzers (Tschechien)	54,234	4.1%	10,201	3.7%
Personal- und übrige Kosten	3,253	1.3%	2,372	0.9%
Transitorische Passiven	747	0.3%	859	0.3%
Kurzfristige Passiven	**84,029**	**34.2%**	**37,004**	**13.4%**
Langfristige Engagements des Besitzers (Tschechien)	0	0.0%	54,234	19.5%
Übrige langfristige Schulden	2,820	1.1%	2,800	1.0%
Langfristige Schulden	**2,820**	**1.1%**	**57,034**	**20.5%**
Privat Kapital	214,167	87.1%	214,167	77.1%
Gesetzliche Reserven	0	0.0%	0	0.0%
Statutarische Reserven	0	0.0%	5	0.0%
Verlust vom vergangenen Jahr	-30,472	-12.4%	0	0.0%
Verlust vom laufenden Jahr	-24,563	-10.0%	-30,472	-11.0%
Eigene Mittel	**159,132**	**64.7%**	**183,700**	**66.1%**

KAPITALFLUSSRECHNUNG – Unternehmen "C"

Betriebstätigkeit	2000	%
Verlust	-24,563	-51.8%
Abschreibungen	12,886	27.2%
Verlust und non cash Posten	**-11,677**	**-24.6%**
Zunahme übriger langfristiger Schulden .	20	0.0%
Abnahme Debitoren	10,897	23.0%
Abnahme Warenlager	1,223	2.6%
Abnahme kurzfristiger Aktiven	50	0.1%
Zunahme Transitorische Aktiven	-81	-0.2%
Zunahme Kreditoren	2,223	4.7%
Zunahme kurzfristiger Engagements des Besitzers	44,033	92.8%
Zunahme Personal- und übrige Kosten	881	1.9%
Zunahme Transitorische Aktiven	-112	-0.2%
Cash flow aus Betriebstätigkeit	**47,457**	**100.0%**
Immobilien, Sachanlagen und Immateriell Aktiven	31,163	65.7%
Anlagen im Bau	3	0.0%
Cash flow vom Verkauf gebundener Vermögenswerte	**31,166**	**65.7%**
"Verfügbarer Cash Flow"	**78,623**	**165.7%**
Abnahme langfristiger Engagements des Besitzers	-54,234	-69.0%
Abnahme gesetzlicher und statutarischer Reserven	-5	0.0%
Verlust	-24,563	-31.2%
Abnahme liquider und ähnlicher Mittel	179	0.2%
Cash flow für Finanz Aktivitäten	**-78,623**	**-100.0%**
Abnahme liquider und ähnlicher Mittel s	-179	
Cash und ähnliche Mittel zu Beginn des Jahres	**513**	
Cash und ähnliche Mittel am Ende des Jahres	**334**	

Unternehmen "D", Tschechien
Konsumgüter

TÄTIGKEIT – Hersteller von Gemüse- und Fruchtkonserven

Das Unternehmen verarbeitet und vermarktet Früchte,- Gemüse und Gurken Konserven. Zum Kundenkreis gehören deshalb vor allem Lebensmittelgeschäfte, Detailhändler und Bauern aus der näheren und weiteren Umgebung. Die Verarbeitung von Nahrungsmittel ist kostenintensiv und die Konkurrenz in dieser Branche ist stark, weshalb nur Nahrungsmittel Produzenten ab einer bestimmten Grösse und mit effizienten Produktivmittel sich erfolgreich behaupten können. Unternehmen "D" ist nur eine Firma mittlerer Grösse und ist erst noch mit veralteten Produktiv-mittel und Überkapazitäten belastet. Da die Firma nicht in der Lage ist, den teuren Produktions-betrieb aus eigener Kraft effizienter und konkurrenzfähig zu gestalten, braucht sie dringend einen starken Partner der unter Umständen bereit ist Unternehmen "D" zu übernehmen, zumal auch das erste Quartal 2003 keine Fortschritte brachte.

Liquidität = Max. Punkte 400 bzw. 100%	2002	P	2001	P
Negative Cash Flow in KC, Tausend	-2,348		NA	
Negative Cash Flow % Nettoumsatz	-2.4%	0	NA	
Debitoren % Nettoumsatz	49.0%	0	39.0%	20
Warenlager % Nettoumsatz	68.3%	0	51.9%	0
Current Ratio = Kurzfr. Aktiven – Kurzfr. Passiven	1.2x	40	1.2x	40
Zwischentotal	10%	40	15%	60
Profitabilität = Max. Punkte 700 bzw. 100%	2002	P	2001	P
Nettoumsatz in KC, Tausend	99,660		124,229	
Produktion -& Personalkosten, Energie % Nettoumsatz*	-91,0%		83,0%	
*Keine Bewertung nur für Informationszwecke	0%	0	0%	0
Administration, Verkauf, Marketing % Nettoumsatz	-8.2%	100	-6.1%	100
EBITDA % Nettoumsatz – Konsumgüter	4.9%	20	15,3%	80
Abschreibungen % auf Immobilien & Immat. Aktiven	-8.8%	80	-5.4%	40
EBIT % Nettoumsatz –Konsumgüter	-4.0%	0	10.6%	80
Finanzkosten % EBIT	-217.2%	0	-74.6%	0
Verlust % Nettoumsatz	-14.0%	0	0.4%	0
Verlust % Eigene Mittel = ROE – Früchte und Gemüsekonserven	-12,9%	0	-2.4%	0
Zwischentotal	43%	300	57%	400
Stabilität = Max. Punkte 400 bzw. 100%	2002	P	2001	P
Eigene Mittel in KC, Tausend	108,089		122,183	
Leverage = Kurz- & Langfr. Schulden vs. Eigenkapital.	1.0x	100	0.9x	100
Eigenfinanzierung = Eigenkapital % Immob. & Anlagen	107.6%	100	113.0%	100
Kapitalintensität = Immobilien & Anlagen % Nettoumsatz	100.8%	0	87.0%	0
N-Schuld = Nötige Jahre die NS mit Cash Flow zurückzuzahlen	0.	0	NA	0
Zwischentotal	50%	200	50%	200
Total und in % der Max. Punkte von 1.500 bzw. 100%	36%	540	44%	660

Negative Cash Flow in % finanzierter Aktivitäten inkl. Veränderung liquider Mittel	2002
Abnahme statutarischer Reserven	-7.8%
Abnahme zurückbehaltener Gewinne	-21.9%
Abnahme liquider und ähnlicher Mittel	129.7%
Total	100.0%

LIQUIDITÄT

Der negative Cash Flow 2002 war die logische Folge des tschechischen Käufermarktes der zunehmend auch ausländische Konkurrenten mit grossen Bezugs- und Verteilernetzen interessierte. Diese produzieren billiger und besser, weshalb die Firma auf hohen Warenlagern sitzt und gezwungen ist den Kurden Preisnachlässe und lange Zahlungsziele zu gewähren. Mit kleinen Margen und schwieriger Realisierung der Waren- und Debitorenausstände konnten somit keine Cash Flows generiert werden. Und da die Produktions- und Personalkosten mit über 90% vom Nettoumsatz viel zu hoch waren, musste sich die Firma weitere Banken und Lieferantenkredite von KC 6.5 Mio. beschaffen. Am Ende des Jahres waren nur noch liquide Mittel von KC 0.5 Mio. vorhanden die bei weitem nicht genug sind die jährlichen Produktions- und Personalkosten zu decken.

PROFITABILITÄT

Die wichtigsten Gründe für die schlechte Ertragslage 2002 wurden bereits erwähnt. Sie hatten im Detail auf die Firma folgende Auswirkungen: Rückgang des Nettoumsatzes um 19.8%, Anstieg der Produktions- und Personalkosten von 83% auf 91% des Nettoumsatzes. Trotz leichtem Anstieg der Verkauf, Administration und Marketing Kosten fiel der EBITDA buch- stäblich in den „Keller" und war fast viermal kleiner als 2001. Die notwendigen, aber trotzdem ungenügenden Abschreibungen auf Immobilien und Sachanlagen resultierten in einen negativen EBIT von KC 3.0 Mio. Schlimmer noch: Die weiterhin hohen Finanzkosten trugen nochmals zur massiven Erhöhung des Verlustes bei. Da die Firma nicht in der Lage ist profitabel zu arbeiten, sind die Aussichten nicht „berauschend" zumal die Finanzlage der Firma auch im ersten Quartal 2003 nicht besser wurde.

STABILITÄT

Wie beim Unternehmen "C" waren die eigenen Mittel ausreichend die Immobilien, Sachanlagen und Immaterielle Aktiven zu über 100% zu finanzieren. Dagegen spricht aber die hohe Kapital- intensität mit über 100% eine ganz andre Sprache. Sie war zwar nicht so schlimm wie beim Unternehmen "C" mit über 800%, weshalb die relative gute Bewertung für Leverage und Eigenfinanzierung beibehalten wurde. Dies in der Annahme, dass die Firma „D" als Über- nahmekandidat für einen Konkurrenten und "Schnäppchenjäger" aus dem Ausland, doch noch etwas Substanz besitzt, aber keine Goldmine ist, wo Kapitalintensitäten von +100% keine Ausnahmen sind. Doch, abgesehen von vermeintlichen Substanzwerten in den Immobilien, bleibt die betriebliche Situation der Firma mit veralteten und überholbedürftigen Über- kapazitäten, Absatz- und Ertragsproblemen kritisch, zumal massive Korrekturen der gebundenen Aktiven auch die Eigenen Mittel schwächen würde. In diesem Zusammenhang stellt sich die Frage, welche Sicherheiten die Banken für ihre Kredite erhalten haben, da die Rückzahlung der Schulden gefährdet ist?

ERFOLGSRECHNUNG – Unternehmen "D"

GESCHÄFTSJAHRE	2002	%	2001	%
Nettoumsatz in KC, Tausend	**99,660**	**100.0%**	**124,229**	**100.0%**
Übrige Betriebserträge	4,049	4.1%	6,438	5.2%
Produktionskosten, Energie	-60,843	-61.1%	-74,429	-59.9%
Service Leistungen Dritter	-13,047	-13.1%	-12,826	-10.3%
Personalkosten	-16,699	-16.8%	-16,867	-13.6%
Verkauf, Administration und Marketing (S&A)	-8,204	-8.2%	-7,542	-6.1%
EBITDA	**4,916**	**4.9%**	**19,003**	**15.3%**
Abschreibungen	-8,860	-8.9%	-5,847	-4.7%
EBIT	**-3,944**	**-4.0%**	**13,156**	**10.6%**
Finanz- und übrige Erträge	102	0.1%	27	0.0%
Finanzkosten	-8,566	-8.6%	-9,813	-7.9%
Steuern	-1,338	-1.3%	-2,909	-2.3%
Ausserordentliche Spesen	-169	-0.2%	-975	-0.8%
Verlust	**-13,915**	**-14.0%**	**-514**	**-0.4%**

BILANZ – Unternehmen "D"

GESCHÄFTSJAHRE	2002	%	2001	%
TOTAL AKTIVEN in KC, Tausend	**219,070**	**100.0%**	**227,241**	**100.0%**
Liquide und ähnliche Mittel	519	0.2%	3,560	1.6%
Debitoren	48,828	22.3%	48,498	21.3%
Warenlager	68,018	31.0%	64,514	28.4%
Steuern	743	0.3%	1,754	0.8%
Übrige kurzfristige Aktiven	483	0.2%	803	0.4%
Kurzfristige Aktiven	**118,591**	**54.1%**	**119,129**	**52.4%**
Immobilien, Sachanlagen, Immateriell Aktiven	**100,479**	**45.9%**	**108,112**	**47.6%**
TOTAL PASSIVEN in KC, Tausend	**219,070**	**100.0%**	**227,241**	**100.0%**
Kurzfristige Bankschulden	47,914	21.9%	44,148	19.4%
Kreditoren	45,770	20.8%	43,258	18.9%
Personal- und übrige Verpflichtungen	919	0.4%	1,385	0.6%
Transitorische Passiven	1,327	0.6%	1,216	0.5%
Kurzfristige Passiven	**95,930**	**43.7%**	**90,007**	**39.5%**
Langfristige Bankschulden	15,051	6.9%	15,051	6.6%
Übrige Rückstellungen	202	0.1%	202	0.1%
Langfristige Schulden	**15,051**	**7.0%**	**15,051**	**6.7%**
Privat Kapital	94,176	43.0%	94,176	41.4%
Kapital Reserven	26,617	12.1%	26,617	11.7%
Gesetzliche Reserven	249	0.1%	249	0.1%
Statutarische Reserven	279	0.1%	457	0.2%
Zurückbehaltene Gewinne	683	0.3%	1,198	0.5%
Verlust	-13,915	-6.4%	-514	-0.2%
Eigne Mittel	**108,089**	**49.3%**	**122,183**	**53.8%**

KAPITALFLUSSRECHNUNG – Unternehmen "D"

Betriebstätigkeit	2002	%
Verlust in KC, Tausend	-13,915	-971.0%
Abschreibungen	8,860	618.0%
Verlust und Non Cash Posten	**-5,055**	**-353.0%**
Zunahme kurzfristiger Bankschulden	3,766	262.8%
Zunahme Debitoren	-330	-23.0%
Zunahme Warenlager	-3,504	-244.3%
Abnahme Einkommens Steuer	1.011	70.6%
Abnahme übriger kurzfristiger Aktiven	320	22.3%
Zunahme Kreditoren	2,714	189.4%
Abnahme Personal- und übrige Kosten	-466	-32.5%
Zunahme Transitorische Passiven	111	7.7%
Negativer Cash Flow aus Betriebtätigkeit	**-1,433**	**-100.0%**
Immobilien, Sachanlagen und Immaterielle Aktiven	-915	-63.9%
Negative Cash Flow aus Investitions Aktivitäten	**-915**	**63.9%**
Negative Cash flow	**-2,348**	**163.9%**
Abnahme statutarischer Reserven	-178	-7.8%
Abnahme zurückbehaltene Gewinne	-515	-21.9%
Abnahme liquider und ähnlicher Mittel	3,041	129.7%
Negativer Cash Flow mit liquiden Mittel beseitigt.	**2,348**	**100.0%**
Abnahme liquider und ähnlicher Mittel s	-3,041	
Cash und ähnliche Mittel zu Beginn des Jahres	**3,560**	
Cash und ähnliche Mittel am Ende des Jahres	**519**	

V. Hohe Verluste durch schlechtes Management, Mangelhafte Buchprüfung und schwaches Research

Allgemeine Information

Die präsentierten sechs internationalen und drei thailändischen Konzerne wurden professionell geführt. Folglich generierten sie Cash Flows selbst unter ungünstigen Bedingungen. Das galt bis im April 2010 auch für BP bis die Ölplattform im Golf von Mexiko explodierte und aus dem Leck in 1.500 Meter Tiefe täglich Millionen Liter Öl monatelang unkontrolliert ins Meer strömten mit katastrophalen Umfeldfolgen. Schlimmer noch: Gemäss Presseberichten soll BP die Sicherheit seit Jahren bewusst ignoriert haben, um Geld zu sparen. Diese Fakten und das lange Scheitern BP das Leck zu schließen verminderten den Marktwert von BP um die Hälfte. In der Slovakei und in Tschechien litten viele Unternehmen von den Nachwirkungen des Kommunismus mit hohen Zinssätzen bis 20%, obwohl dort die Einwohner hart arbeiten, um den Lebensstandard zu verbessern. Dagegen profitierte die Schweiz von den boomenden 1980er Jahren die mit der Rezession 1990-1993 ein rasches Ende nahmen. Das bekamen vor allem jene Unternehmen zu spüren die sich mit Fehlinvestitionen verschuldeten und hohe Verluste erlitten gemäss den prominenten Beispielen Interdiscount und Swissair die Schlagzeilen machten. Die „Anlage-empfehlungen" inkl. Aktien von Konkurskandidaten illustrieren auch, wie unqualifizierte und überdotierte "Finanzanalysten bzw. Experten", ahnungslose Investoren irreführten die deshalb viel Geld verloren. Unbedeutend war das Datum der Geschäftsberichte, denn der Zweck dieser Arbeiten war die fatalen Folgen von mangelhafter Buchführung und schwachem Research darzustellen.

Interdiscount

Das Unternehmen verkaufte erfolgreich Konsum Electronic, elektrische Haushaltsartikel, TV, Radio und Video Games. Interdiscount profitierte dabei nicht nur von der guten Konjunktur in Westeuropa, sondern auch vom Mauerfall 1990 in der früheren DDR, wo die Bewohner bis zu diesem Tag auf solche Produkte verzichten mussten. Folglich explodierten Umsatz und Gewinn und die Interdiscount Aktien kletterten an der Schweizer Börse bis auf Fr. 4500. Das war für die Firmenbesitzer nicht genug. Zwecks Umsatzsteigerung erweiterten sie den Konsolidierungs-kreis durch Einbezug von Firmenbeteiligungen in der Bilanz. Ausserdem investierten sie auch noch in den überhitzten Schweizer Immobilienmarkt der aber den Zenit bereits überschritten hatte. Dabei musste sich Interdiscount, trotz steigenden Zinssätzen, erheblich verschulden. Doch Hochmut kommt vor dem Fall, wie die Fortsetzung in der folgenden Darstellung zeigt.

Interdiscount Holding AG, Switzerland
TÄTIGKEIT – Detailhandel mit Unterhaltungs- und Konsum Electronics

Liquidität = Max. Punkte 400 bzw. 100%	1994	P	1993	P	1992	P
Alter Cash Flow in SFr., Million	53.1		65.3		40.5	
Alter Cash Flow % net sales	2.5%	60	4.0%	60	2.8%	80
Debitoren % Nettoumsatz	8.5%	100	13.4%	80	13.9%	100
Warenlager % Nettoumsatz	19.2%	100	15.9%	100	19.8%	100
Current Ratio = Kurzfr. Aktiven – Kurzfr. Passiven	1.3x	60	1.4x	60	1.1x	40
Zwischentotal	80%	320	75%	300	80%	320
Profitabilität = Max. Punkte 700 bzw. 100%	**1994**	**P**	**1993**	**P**	**1992**	**P**
Nettoumsatz in SFr., Million	2,079.5		1,609.7		1,429.4	
Produktion -& Personalkosten % Nettoumsatz	0		0		0	
Keine Bewertung nur für Informationszwecke	0		0		0	
Administration, Verkauf, Marketing % Nettoumsatz	-27.5%	40	-24.1%	40	-27.0%	40
EBITDA % Nettoumsatz – Konsumgüter, Detailhandel	26.9%	100	24.3%	100	16.4%	80
Abschreibungen % auf Immobilien & Immat. Aktiven	10.7%	100	13.1%	100	7.8%	60
EBIT % Nettoumsatz – Konsumgüter, Detailhandel	2.5%	40	4.2%	60	4.7%	60
Finanzkosten % EBIT	-86.3%	0	-68.6%	0	-27.0%	40
Reingewinn % Umsatz	0.5%	0	1.6%	60	2.8%	100
Reingewinn % Eigene Mittel = ROE	4.5%	20	9.0%	40	15.0%	80
Zwischentotal	43%	300	57%	400	66%	460
Stabilität = Max. Punkte 400 bzw. 100%	1994	P	1993	P	1992	P
Eigene Mittel in SFr., Million	246.4		280.9		270.6	
Leverage = Kurz- & Langfr. Schulden vs. Eigenkapital.	3.5x	40	2.6x	60	2.6x	60
Eigenfinanzierung = Eigenkapital % Immob. & Anlagen	53.9%	40	60.6%	40	58.3%	60
Kapitalintensität = Immobilien & Anlagen % Nettoumsatz	19.6%	60	19.0%	60	21.5%	60
N-Schuld = Nötige Jahre die NS mit Cash Flow zu tilgen	10.2x	0	5.75x	20	3.1x	60
Zwischentotal	35%	140	45%	180	60%	240
Total und in % der Max. Punkte von 1.500 bzw. 100%	51%	760	58,7%	880	68,0%	1020

An der Schweizer Börse waren die Aktien heiße Kartoffel und wurden wertlos dekotiert

In einem ersten Schritt fielen die Interdiscount Aktien auf SFr. 3500. Das war für die Leu Analysten ein Kaufsignal und empfahlen wärmstens den Investoren, Kunden und Anlageberater diese Aktien. Doch der Markt war aus folgenden Gründen skeptisch. Ende des Kaufrausch in der DDR, Ende der Immobilien-hausse, einsetzende Rezession und inflationäres Umfeld in Europa, Umsatzsteigerung dank Einbezug der Beteiligungen und massiver Ertragsrückgang. Folglich war die Kaufempfehlung der Interdiscount Titel am 28. März 1991 durch den Leu Analysten völlig irreführend. Trotz diesen negativen Faktoren des Autors bemerkte der arrogante Analyst: "Sie sind nur eifersüchtig, weil sie "kein Schweizer Jungakademiker" sind und wurde vom "Chefanalysten und Schweizer Akademiker" Z voll unterstützt. Letzterer verleumdete ihn auch, dass er „er nicht kooperative wäre". Nichts gelernt vom ersten Flop wurden die Aktien am 31. März 1994 zum Preis von SFr. 2500 nochmals mit der Begründung empfohlen: "Der Preis ist nun richtig", doch der Markt ließ die Interdiscount Aktien weiter tauchen. Am 12. Juni 1996 wurden die wertlosen Aktien dekotiert und die erneut irregeführten Anleger verloren nochmals sehr viel Geld. Das war für die CEO der Bank Leu scheinbar unwichtig, denn sie beförderten und honorierten die teuren "Experten". Die Bank Leu CEO irritierten auch die Kunden, wie folgende kleine Auswahl von fragwürdigen Slogans beweist: "Die besten Analysen und Gewinnschätzungen stammen von den Analysten der Bank Leu", Talent, Dilligence und Feuer sind absolute Voraussetzungen für den Erfolg", „Zufriedene Kunden ist unser höchstes Ziel". „Wir haben eine sehr starke Unternehmenskultur die schwierig zu kopieren ist". „Menschen spielen die Hauptrolle in unserer Bank". "Wir sind die Privatbank die höchste Ansprüche der Kunden seit 250 Jahren erfüllt". „Starke Individuen spornen sich gegenseitig zu Höchstleistungen an. Deshalb arbeiten wir in Teams für Sie". Was sich die CEO bei der Formulierung der unwahren und dummen Sprüche gedacht haben, bleibt wohl ein weiteres "Schweizer Bankgeheimnis"!

Swissair

Bis 2001 war Swissair eine heilige Kuh die ohne Kontrolle und unberührbar überall herumtranpelte und per Gesetz nicht geschlachtet werden durfte. Swissair operierte ebenfalls ohne Kontrolle, Kritik war nicht erlaubt und zu wertvoll, um in Konkurs zu gehen. Tatsächlich war Swissair das Aushängeschild der Nation, ein nationales Symbol, das Flaggschiff und der Stolz der Schweiz. Mit dem Ende des regulierten und Beginn des freien Flugverkehrs wählten die Swissair Top Manager jedoch eine falsche Strategie die Erosion der Gewinnmargen, bedingt durch grössere Konkurrenz und Verschlechterung des Geschäftsumfelds, zu stoppen. Doch statt Profitabilität durch Kostensenkungen und andere Maßnahmen zu verbessern, beschlossen CEO B und seine Crew sowie alle Verwaltungsräte 1996 die Lancierung der "Hunter Strategy". Dies mit dem Zweck kleinere Fluggesellschaften, die in grossen Märkten von nationalen Marktführern dominiert sind, zu kaufen. Im weiteren Airlines in kleineren Märkten, wie Polen und Belgien, für die Bildung einer Allianz mit der Bezeichnung „Qualifier" mit dem ehrgeizigen Ziel zur viertgrößten Airline in Europa aufzusteigen. Obwohl das Milliarden Projekt die Verschuldung der Swissair dramatisch erhöhte, unterstützten alle 19 Top Manager und alle Mitglieder des Verwaltungsrates diese Idee. Dabei wurde nicht viel gedacht, denn die erworbenen Airlines, wie die belgische Sabena, die polnische LOT, die deutsche LTU und die französische Holco/Air Lib generierten keine Synergien stattdessen grosse Verluste.

Aufgrund dieser Fakten war es unverständlich dass der Top CEO B im Januar 2000 erklärte, dass der Marktwert von Swissair dreimal höher sei, als der Börsenpreis der Swissair Aktien. Und fügte hinzu, "dass ein hoher Aktienpreis die Aktionäre glücklich mache". Ferner posaunte Ende August 2000 CFO S, dass "Swissair am Ende des Jahres einen Reingewinn von SFr. 200 Mio. ausweisen wird", was schlicht gelogen war. Gleichzeitig zitierte ein Analyst einen Artikel einer Zeitung, am Börsentelefon der Credit Suisse, wonach Swissair nicht in bester Verfassung wäre. Es stimmte zwar, da aber diese Erkenntnis nicht von ihm persönlich stammte, wurde er nicht zu Unrecht gefeuert. Die Hausbank von Credit Suisse machte einen verzweifelten Versuch die Swissair Titel beim Aktienkurs von Sfr. 100 mit einer aggressiven Kaufempfehlung mit Kursziel von SFr. 380 zu stützen. Diese sinnlose Stützungsaktion kostete Credit Suisse und gutgläubige Anleger Millionen, weil die Aktien ohne Unerbruch weiter fielen. Am 5. Oktober 2000 verschuldete sich Swissair weiter mit der Emission einer Anleihe von € 400 Mio.

Am 2. Oktober 2001 wurde das lange erwartete Desaster Tatsache, weil alle Flugzeuge weltweit am Boden blieben, da kein Flughafen mehr sie auftanken wollte und Swissair hatte die einstige Kreditwürdigkeit vollständig verspielt. Der in Panik geratene Schweizer Bundesrat Villiger pumpte an einer Pressekonferenz vergeblich zwei Milliarden Franken Steuergelder in den todkranken Patienten Swissair, was in der EU gegen die Regeln und strafbar ist. Im April 2001 gab ein neuer CEO erstmals den offiziellen Swissairverlust von SF. 2.886 Mio. für das ganze Jahr bekannt und später wurden die Schulden auf SFr. 17.000 Mio. beziffert. Nun machten die Swissair Hausbank Credit Suisse, UBS und Swissair gegenseitig für das Chaos verantwortlich. Vor dem Gericht im Sommer 2007 alle 19 früheren CEO und Mitglieder des Verwaltungsrats waren sich keiner Schuld bewusst und wurden frei gesprochen. Doch kein Wort über die fragwürdige und irreführende aggressive Swissair Kaufempfehlung im Auftrag des CS CEO auf Veranlassung des Swissair CEO für ein hoffnungsloses Unternehmen. Doch sie waren nicht die einzigen Analysten die aus Angst, falschem Respekt und Eigeninteressen die schwerkranke „heilige Kuh Swissair die weder stehen noch laufen konnte" bis zuletzt mit irreführenden "Kaufempfehlungen" stützten gemäss nachstehendem ausführlichem Bericht.

SAirGroup (SWISSAIR), Schweiz
BUSINESS – "Tödliche Hunter Strategy" war für das Gericht nicht kriminell

Liquidität	1996	%	P	1995	%	P	1994	%	P
Kurzfr. Aktiven % BS..	2.877	27.3%		3.554	34.1%		4.986	46.9%	
Current Ratio		1.4x	60		1.4x	60		1.4x	60
Zwischentotal			60			60			60
Profitabilität	**1996**	**%**	**P**	**1995**	**%**	**P**	**1994**	**%**	**P**
Sitzauslastung –durchschn.		64.4%	40		64.4%	40		63.4%	40
Umsatz % Gesamtertrag	**8.212**	**64.9%**		**7.028**	**62%**		**6.449**	**59.6%**	
Betriebsertrag % Gesamtertr	4.441	35.1%		4.374	38%		4.363	40.4%	
Gesamtertrag	**12.653**	**100.0%**		**11.402**	**100%**		**10.812**	**100.0%**	
Personalkosten % Umsatz	2.618	31,9%	0	2.561	36,5%	0	2.380	39.9%	0
Abschreibungen % Anlagen	628	8.2%	40	484	7.1%	40	526	9.3%	40
EBIT % Umsatz	**344**	**4.2%**	**20**	**247**	**3.5%**	**20**	**131**	**2.0%**	**0**
Gewinn/Verlust % Umsatz.	-497	-6.1%	0	-161	-3.5%	0	23	0.3%	0
Old Cash Flow % Umsatz	131	1.6%	0	323	4.6%	20	549	8.6%	40
Zwischentotal			100			120			120
Stabilität	**1996**	**%**	**P**	**1995**	**%**	**P**	**1994**	**%**	**P**
Bilanzsumme	**10.545**	**100.0%**		**10.417**	**100.0%**		**10.637**	**100.0%**	
Eigene Mittel SFr., Mio-	**2.109**	**20.0%**	**20**	**2.510**	**24.1%**	**25**	**3.125**	**29.4%**	**30**
Anlagervermögen % BS	7.668	72.7%	10	6.863	66.9%	20	5.651	53.1%	40
Anlagevermögen % Umsatz	7.668	93.4%	0	6.863	97.7%	0	5.651	87.6%	0
Leverage: Schulden vs. EK.	8.436	4.0x	0	7.907	2.3x	60	7.512	2.9x	60
Eigenfinanzierung % Anlage	2.109	27.5%	10	2.510	36.6%	20	3.125	55.3%	40
Zwischentotal			40			125			170
Total			**180**			**305**			**350**

Die Finanzlage der SAirGroup war bereits kritisch 1996

Die oben dargestellten und teilweise bewerteten Finanzdaten wurden einer „Anlage Studie" vom 26. August 1997 der Bank Leu entnommen. Doch die Studie war Substandard, da wichtige Zahlen der Bilanz und Erfolgsrechnung fehlten, einige waren überflüssig und andere Daten eine Mischung der Swissair Fluggesellschaft und Swissair Gruppe, so dass eine klare Übersicht fehlte. Dem Verfasser der billigen doppelseitigen Studie fehlten analytische Grundkenntnisse und hatte zu viel Respekt vor den vielen prominenten CEO und Verwaltungsräten aus Politik und Finanzplatz. Ein Vertreter war CEO der Credit Suisse Holding und Muttergesellschaft der Bank Leu. Trotzdem, mit Hilfe weiterer Zahlen konnten die fehlenden Daten berechnet werden.

Der Zweck dieser Arbeit war die Suche nach Fakten zur Vergangenheit von Swissair und die Behauptung der 19 angeklagten Top Managers und Verwaltungsräte im Sommer 2007, dass die Finanzlage der Swissair im Jahr 2000 noch gesund war und dass einzig der Terrorangriff vom 11. September 2001 in New York die Ursache des Konkurses des Flugunternehmens war. Doch die Darstellung der Zahlen in der Tabelle, widerlegt diese Argumente, da Ertragskraft und Finanzlage der Swissair näher der Schieflage als der Erholung standen, weshalb sie der Markt spöttisch als „High Cost Airline" bezeichnete. Folglich war es unverantwortlich, leichtsinnig und spekulativ mit relativ wenigen Eigenen Mitteln und Bank Krediten in Milliardenhöhe zweit- klassige Airlines mit finanziellen und technischen Problemen zu erwerben. Getrieben vom blindem Ehrgeiz zur viert grössten Fluggesellschaft Europas aufzusteigen, unterstützten alle 19 ahnungslosen Entscheidungsträger die „Hunter Strategie". Doch sie waren „unerfahrene Jäger", weil die „Beute" nicht feine kleine Airlines, sondern „flügellahme Enten" waren. Und so begann die Katastrophe und endete mit dem Konkurs der Swissair 2001. Jedermann erwartete vom Gericht eine Bestrafung der Schuldigen, doch sie wurden frei gesprochen, da Naivität, Verstöße gegen Ethik, Moral und schlechte Geschäftsführung mit Konkursfolge rechtlich nicht strafbar sind.

Liquidität
Current Ratio: OK, doch fehlen Angaben zur Zusammensetzung des Umlaufvermögens

Profitabilität
Durchschnittlicher Sitzladefaktor: Mit 64% blieb fast jeder zweite Sitz leer. Auch die nur geschätzten zukünftigen Zahlen von 68-70% waren ungenügend, da erst 80-90% gut sind. **Gesamtertrag:** Die profitablen und separaten „andere Betriebserträge", wie Einnahmen von Hotels, Restaurants, Catering etc bedeuten, dass sie nicht mit dem Fluggeschäft konsolidiert wurden. **Personalkosten:** Die „High Cost Airline" hat mit 32% bis 40% vom Flugumsatz höhere Personalkosten als eine Firma in der Verarbeitungsindustrie. Weltweit beschäftigte Swissair 72.000 Mitarbeiter, wovon 21.000 in der Schweiz. Sie genossen einen Lebensstiel und hatten Privilegien, wie bei keiner anderen Airline. **Abschreibungen % Anlagevermögen:** In der Annahme, dass es sich um Anlagen für den Fugbetrieb, wie Gebäude, Flugzeugpark, Hangars etc. sind sie zufriedenstellend. Sie verhinderten aber nicht, dass durch Neuinvestitionen das Anlagevermögen auf 73% der Bilanzsumme stieg. **EBIT:** Zu schwach, um überhaupt die Finanzkosten zu decken. **Reingwinn/Verlust:** Bedingt durch die ineffiziente Geschäftsführung und hohen Lebensstiel war Swissair immer kostenintensiv und seit Jahren wenig profitabel. Folglich waren die Gewinnschätzungen des Leu-Analysten sowie die Kursziele vom 25. August 1997 von SFr. 2500 bei einem aktuellen Wert von SFr, 1894 viel zu optimistisch. **Cash Flow = Reingewinn plus Abschreibungen:** Kein Kommentar zu diesen schwachen Zahlen.

Stabilität
Anlagevermögen in % der Bilanzsumme: Beim Anstieg des Anteils von 53% 1994 auf 72.7% bzw. SFr. 2,017 Mio innerhalb von zwei Jahren scheint die teure „Enten Jagt" bereits begonnen zu haben, doch die Finanzierung erfolgte primär mit Fremdmittel. **Kapitalintensität:** Die Immobilien und Beteiligungen sind mit 90% zum Umsatz viel zu hoch, weil zu wenig Passagiere mit hohen Rabatten, noch nicht einsatzfähige Flugzeuge aus kostspieligen Firmenkäufen sowie Neuinvestitionen die weder Umsatz noch Ertrag brachten. **Kurz- und langfristige Schulden vs. Eigene Mittel = Leverage:** 1996 überschritten die Schulden die kritische Grösse von 3.5x bei weitem. Die Verschlechterung entstand durch neue fremdfinanzierte Investitionen und ein durch Milliardenverluste geschwächtes Eigenkapital. **Eigenfinanzierung des Anlagevermögen:** Sehr schwach aufgrund der erwähnten Gründen. **Eigene Mittel in % der Bilanzsumme:** In Übereinstimmung mit der schwachen Eigenfinanzierung des Anlagevermögens ist auch die Eigenkapitalbasis nicht besser. Diese Fakten stehen in Kontrast zu den folgenden positiven Argumenten der Bank Leu "Anlagestudie" die eher einem Werbeprospekt gleicht.

Auszüge der Leu "Anlagestudie" mit Kommentar des Autors:
Analyst: "Gesunde Bilanz Qualität (Eigenkapital 20%) and gutes Image sind die Vorteile von SAir. Das Management verfolgt eine Kosten- und Markt orientierte Strategie. Dynamisches Wachstum 1997-1998 und die Aktien sind billig im Vergleich zum Markt, da die Gewinne stark steigen werden. Aktueller Preis 1997 SFr. 1884, Kursziel zwischen SFr. 2200 und SFr. 2500".
Autor: Das dynamische Wachstum war infolge Einbezug kranker Airlines zu hohen Kosten und die Aktien waren billig, wei Insider ihre Aktien rechtzeitig naiven Anleger verkauften. Der Analyst war nicht der Einzige der Swissair falsch einschätzte. Doch bei gründlicher Buchprüfung und richtiger Einschätzung hätte man auf die "Hunter Strategie" verzichtet und das kommende Desaster verhindert und nach anderen Lösungen gesucht und sicherlich auch gefunden.

Finanzstarke und Finanzschwache Banken
auf einen Blick

VORWORT

Geschichte zu Finanzstarken und Finanzschwachen Banken auf einen Blick

Auf der Suche nach einer erneuten Herausforderung im Kredit und Investment Banking waren für den Autor seine Kenntnisse und Erfahrungen als Kreditversicherer besonders wertvoll. Obwohl die Jahres- und Geschäftsberichte der Banken nach nationalen und internationalen Gesetzen und Regeln zu erstellen sind, zeigen sie nicht sofort deren finanziellen Stärken und Schwächen. Gleich wie bei Unternehmen offenbaren auch bei Banken deren Bilanzen und Erfolgsrechnungen ihre "Geheimnisse" erst, nachdem die Zahlen „zum Sprechen" gebracht wurden. Doch die Erfahrung lehrt, dass es oft zu spät ist bis die Schieflage der Bank erkannt wird, um rechtzeitig Verluste und Konkurse zu verhindern. Das war typisch in der Schweiz in den Haussejahren der Fall, als sich die Immobilien- und Häuserprise 1980-1990 verdoppelten. Folglich boomte auch der inländische Hypothekenmarkt mit einem Volumenwachstum von SFr. 150 Mrd. 1981 auf SFr. 380 Mrd. Die Tatsache, dass das Hypothekargeschäft als stabil betrachtet wurde, galt die großzügige Finanzierungspolitik der Banken als nicht unvorsichtig und niemand dachte noch im Mai 1989, dass die Immobilienpreise jemals sinken würden. Das war auch die Meinung der Schweizer National Bank die damals erklärte, dass die Häuserpreise nicht "endlos" fallen können. Trotzdem kollabierten die Immobilienpreise in den 1990er Jahren und die überraschten Banken mit den höchsten ausstehenden Hypothekar Krediten waren die grössten Leidtragenden. Das erste Opfer war die Schweizer Regionalbank Spar- und Leihkasse Thun (SLT) die am 3. Oktober 1991 die Schalter für immer schließen musste.

Doch im Frühjahr 1991, während der 125 jährigen Jubiläumsfeier der SLT, dachte niemand vom Bank Management und von den vielen geladenen Gästen aus Politik und Wirtschaft, dass die altersschwache SLT sechs Monate später "den Geist aufgeben wird". Dieser Konkurs hätte einen Domini Effekt ausgelöst, wenn Schweizer Bankkunden und Medien davon Kenntnis gehabt hätten, dass hunderte weitere Regional- und Lokalbanken ebenfalls „mit dem Tod kämpften'". Doch der Ausbruch einer Bankenkrise wurde zufällig durch den Autor gemäss Abschnitt VI. „Einleitung" Seite 115 verhindert. Da die konventionelle Standard Analyse von vielen Regional- und Lokal Banken zu viel Zeit beanspruchte, entstand die Idee mit dem Quantum Research gemäss folgenden Abschnitten VII. Seite 117 und Abschnitt VIII. Seite 127

Der Autor
Martin Zumbuehl

VI. EINLEITUNG

Quantum Research zur raschen und effizienten Bewertung der Banken

Die erste praktische Erfahrung mit dem erstmals entwickelten einfachen Quantum Research ergab einen raschen Banken Überblick. Weitere Verbesserungen mittels Bewertung wichtigster Kennzahlen bzw. Ratios durch Zahlen und Prozente ermöglichen es ohne analytische Fähigkeiten gute und schlechte Banken auf den ersten Blick zu erkennen und zu unterscheiden. Nach dem Konkurs der Spar- und Leihkasse Thun (SLT), mit Warteschlangen von geschädigten Kunden, prüfte der Autor 1991 zu Hause, als Freizeitbeschäftigung, mittels Quantum System die Jahresberichte einer Anzahl Regionalbanken. Daraufhin präsentierte er die Ergebnisse erstmals dem CEO der Bank Leu die in der Bilanz über SFr. 5 Mrd. Bankendebitoren ausstehend hatte, darunter viele gefährdete schweizerische Lokal- und Regionalbanken, da die Bank Leu auch als Anlaufstelle dieser Bankengruppe diente. Der CEO war so überrascht, dass er dem Autor Stillschweigen befahl und dass dieses Wissen unbedingt geheim zu halten ist. Daraufhin informierte der CEO die wichtigsten Entscheidungsträger des Schweizer Finanzplatzes. Diese handelten schnell und effizient, womit ein unkontrollierter Ausbruch der Bankenkrise mit erneuten Kundenschlangen verhindert wurde. 1991-1995 fiel die Zahl der Banken in der Schweiz von 625 auf 413. Heute sind es noch 330 die gestärkt die Krise überstanden, doch keinen Dank für den Autor dessen Arbeiten kopiert und mit anderen Namen versehen verteilt wurden. Stattdessen wurde er durch unqualifizierte und neidische Swiss Bank Manager gemobbt und verleumdet, da sie viel zu verbergen hatten. Ausserdem durfte nicht bekannt werden, dass, außer dem Nichtakademiker, Bankbehörden, Schweiz. Nationalbank und Grossbanken etc. von der noch verborgenen Krise nichts wussten. Diese Unwissenheit wurde 10 Jahre später indirekt durch einen Ökonomen der SNB in einem Artikel der NZZ vom 6.November 2001 zum Konkurs der SLT 1991 mit Schlagzeile und Wortlaut wie folgt bestätigt:

"**Ist eine Krise heute denkbar?** Die frühzeitige Erkennung systemweiter Krisen im Bankensystem ist nach wie vor eine wichtige Aufgabe der SNB. Die Notenbank ergänzt dabei die EBK, die nur für die Aufsicht einzelner Bankinstitute zuständig ist. Eine effiziente Früherkennung zu erreichen, ist allerdings keine einfache Sache. Eine wissenschaftliche, ökonometrische Modelllösung allein genügt nicht, da die Erfahrung zeigt, **dass beispielsweise die SLT die Eigenmittel- und Liquiditätsvorschriften gemäss ihrer Buchführung erfüllt hat**. Der menschliche Sachverstand, der erlaubt mögliche Probleme zu spüren, ergänzt die auf Daten und Fakten basierende Früherkennung daher nach wie vor. Eine Mischung aus Wissenschaft und Kunst ist gefordert".

In Thailand seit 2003 schrieb der Autor Artikel und vier Bücher, wovon zwei Flops und zwei Bestseller "Justice, Ethics and Morals in Switzerland and Abroad Version 2008" and „Companies and Banks' Financial Strength and Weaknesses at a Glance, publiziert vom US Verlag iUniverse. Dadurch hatte er 2005 Kenntnis einer drohenden weltweiten Bankenkatastrophe, doch keine Warnung mehr vom Autor für den undankbaren und arroganten Finanzplatz Schweiz.

Bankenstärke und Bankenaktivitäten in der Übersicht

Die Schweizerische Nationalbank klassiert die Banken in der Schweiz in neun Kategorien von denen folgende Gruppen selektioniert wurden

Internationale Schweizer Gross- und Privatbanken	Inländische Investment- & Kommerzbanken
Kantonal- oder Staatsbanken	Ausländische Investment- & Kommerzbanken
Regionalbanken mit Bilanzsummen über 1000 Mio. SFr	Übrige Banken

Die weltweite Bankenkrise 2007-2008 hat bewiesen, dass auch die grössten Banken, wie alle anderen Banken verwundbar sind. Um den Unverantwortlichkeiten und Exzessen Einhalt zu gebieten, wurde am G-20 Banken Gipfeltreffen in Pittsburgh 2009 beschlossen neue und strengere Regeln vor allem für jene Banken einzuführen die bisher als "too big to fail" galten. Entscheidendes passierte jedoch nicht. Trotz Meinungsstreit beim G-20 Gipfeltreffen in Toronto 2010 herrschte unter den Teilnehmen Einigkeit, dass es mehr und noch strengere Kontrollen braucht. Dagegen setzten die USA im Juni 2010 die strengste Finanzmarktreform, im Umfang von 2400 Seiten, seit der Depression vor 80 Jahren in Kraft. Die schärferen Regeln geben Kontrolleuren mehr Macht und Verbrauchern größeren Schutz. Mit der Schaffung von "Basel III" 2010 einigten sich die Banken weltweit für strengere Bilanzregeln zur Stärkung des Eigenkapitals. Doch die Banken erreichten, dass diese Regeln für viele Experten nicht streng genug sind. Sie haben nun einen Spielraum der nicht von Dauer sein kann. So gibt die Risikogewichtung zu viel Ermessungsspielraum, die Übergangsfrist ist zu lang und die Liquidität wurde nicht definiert. Die SNB erstellte strengere Regeln, speziell für UBS, CS.

Beste und schlechteste Bewertungspunkte für Liquidität, Profitabilität und Stabilität

100 Punkte = ausgezeichnet	65 Punkte = befriedigend	40 Punkte = kritisch
90 Punkte = sehr gut	60 Points = knapp	30 Punkte = schlecht
80 Punkte = gut	50 Points = ungenügend	0 Punkte = sehr schlecht
70 Punkte = sehr befriedigend		

Zu den Bankaktivitäten gehören das differente und indifferente Bankgeschäft. "Different" sind alle Arten von Kreditgeschäften die bilanzrelevant sind. "Indifferent" dagegen sind alle Bankgeschäfte für Rechnung der Kunden, wie Portfolio Management, Handel mit Wertpapieren, Derivate und andere kommissionsbezogene Dienstleistungen, weil sie die Aktiven und Passiven der Bilanzen nicht tangieren. Die Erträge der Privatbanken sind hauptsächlich durch das indifferente Bankgeschäft geprägt und damit weniger volatil. Die übrigen Banken pflegen das Private Banking und das Kreditgeschäft bei tieferen Betriebskosten, aber mit größerem Risiko, bedingt durch die stärkere Abhängigkeit von wechselnden Marktbedingungen. Mit sehr kleinen Zinsmargen operiert das Interbankgeschäft mit kurzfristigen Ausleihungen und kurzfristiger Refinanzierung. Ein riskantes Geschäft, da Zinsänderungen, sowohl auf der Aktivseite, als auch auf der Passivseite zu überraschend hohen Verlusten führen können. Das Interbankgeschäft sollte deshalb nicht Hauptzweck, sondern Nebenzweck der Bankaktivitäten sein. Ausnahmen sind Banken die das Interbankgeschäft nicht spekulativ betreiben, sondern, weil sie ihre überschüssige Liquidität nicht anderweitig anlegen können.

Der Autor
Martin Zumbuehl

VII. Bewertung von Bankbilanzen und Erfolgsrechnungen Durch Quantum Research

Bewertung für Berufs Ethik Management und Finanzstärke = Max. 200 Punkte bzw. 100%
Vertrauen ist das grösste und wichtigste Kapital jeder Bank. In einem ersten Schritt werden deshalb starke Banken mit guten CEO nach Professionalität, Fähigkeiten, Erfolg, Ethik und Zuverlässigkeit mit maximal Punkten bewertet. Dagegen sind schwache Banken mit gierigen, unprofessionellen und verantwortungslosen CEO mit 0 Punkten zu qualifizieren. Für die Bewertung des Managements gibt es keine Tabellen. Fakten, gesunder Menschenverstand und individuelles Einfühlungsvermögen sollen den Ausschlag geben.

Bewertung der 2. Bankenliquidität = Max. 100 Punkte ohne fixierte Prozente
Die 2. Liquidität ist die übergeordnete Liquidität, leicht zu berechnen und nützlich für Vergleiche mit anderen Banken. Um die allgemein gebrauchte Regel berechnen zu können, wird das Total der rasch verfügbaren Aktiven, wie liquide Mittel, kurzfristige und mittelfristige Banken- und Kundendebitoren dem Total der kurz- und mittelfristigen Verpflichtungen, wie Banken- und Kundenkreditoren gegenübergestellt und in Prozenten ausgedrückt. Basierend auf diesen Kriterien beträgt zum Beispiel die 2. Liquidität der Bank Leu 66.4% und wird unverändert mit max. 100 Punkten bewertet gegenüber jener der Pleitebank SLT mit 7.1% bzw. O Punkten. Am G-20 Gipfeltreffen 2009 waren neue Richtlinien für die Bankenliquidität für alle Teilnehmer geplant, doch konkret passierte nichts. Demzufolge gibt es noch keine verbindlichen internationalen Richtlinien. Das Schweizer Bankengesetz hat seit dem 1. Januar 1988 für die minimale 1. Liquidität verbindliche Richtlinien aufgestellt, doch finden sie keine internationale Beachtung. Dagegen gibt es für die Bankenliquidität keine Limite nach oben.

Bewertung der Banken Profitabilität = Max. 400 Punkte bzw.100%
Hohe Liquidität Haltung ist nicht sehr profitabel. Der Fokus der Banken ist deshalb die Profitabilität, die vom Erfolg des Management, Geschäftsklima und vom wirtschaftlichen Umfeld abhängt. Folglich mehr Bewertungspunkte können mit guter Profitabilität erzielt werden. Ein weiterer Aspekt für eine gute Profitabilität ist das Vertrauen der Kunden und Investoren.

Bewertung der Stabilität A = 400 Punkte und der Stabilität P = 300 Punkte bzw. je 100%

Banken mit guter Struktur der Aktiven und solide refinanziert mit Eigen- und Fremdkapital, überstanden die weltweite Finanzkrise 2007-2008 gut. Ausserdem durch Vermeidung riskanter Interbankgeschäfte und Finanzierung spekulativer Wertpapiere verdienen Stabilität A und P die höchsten Bewertungspunkten gegenüber den anderen Bewertungskategorien, da eine ethische und verantwortungsvolle Geschäftsführung notwendig ist um schwierige Zeiten zu überleben.

PROFITABILITÄT – Maximum = 400 Punkte bzw. 100%

Reingewinn in Prozent der ausgewiesenen Eigenen Mittel = ROE

100 Punkte = über 15.0%	60 Punkte = von 4 – 6.9%
90 Punkte = von 13 – 14.9%	50 Punkte = von 3 – 3.9%
80 Punkte = von 11 – 12.9%	40 Punkte = von 2 – 2.9%
70 Punkte = von 9 – 10.9%	30 Punkte = von 1 – 1.9%
65 Punkte = von 7 - 9.9%	0 Punkte = von 0 – 0.9%

Kommentar: Die erwähnten Durchschnittszahlen basieren auf langjährigen Erfahrungen von analysierten Schweizer und Auslandbanken in einem normalen Geschäftsumfeld. Folglich sind exzessive und spekulative Resultate vor der weltweiten Finanzkrise 2007-2008, als Maßstab ausgeschlossen. Das Gleiche ist der Fall zur sehr schlechten Performance der Banken in der nachfolgenden Rezession. Der Zweck ist deshalb, dass die oben erwähnte und alle folgenden Bewertungstabellen nützliche Richtlinien sind, um Geschäftätigkeit und Finanzlage der Banken zuverlässig zu bewerten. Schliesslich ist darauf hinzuweisen, dass die obigen Bewertungen der ROE nur gültig sind, sofern die Eigenen Mittel nicht schwach oder ungenügend sind. In solchen Fällen ist der ROE herunterzustufen.

Kommentar zur Aufwand und Ertrags Relation

Es liegt in der Natur der Bankgeschäfte, dass Banken im Vergleich zu anderen Industrien die höchsten Aufwand/Ertrags Relationen aufweisen. Die Aufwand/Ertrags Relation ist eine wichtige Vergleichsgrösse zur Messung der Performance und Effizienz der Banken. Allerdings gibt es Unterschiede, da zum Beispiel Schweizer Banken die schlechteste Aufwand/Ertragskennzahl aufweisen im Vergleich zu 15 Banken in der EU gemäss dem Schweizer Consulting Office Arthur D. in Dezember 2007. Das ist nicht überraschend, da Schweizer Bankangestellte die höchsten Saläre beziehen, während Auslandbanken billiger und effizienter arbeiten. Effizient sind auch die Privatbanken in Liechtenstein, infolge billiger und reichlich fließenden Kundengeldern, womit im indifferenten Geschäft hohe Erträge erzielt werden. Trotz der Bedeutung dieser Kennzahl ist sie auch irreführend. Im Fall der in Konkurs gegangenen Schweizer Bank SLT 1991 fiel die Aufwand/Ertrags Relation von 63.3% 1988 auf 46.3% 1990 vor dem Konkursjahr 1991, da die Kostenreduktion nur durch Entlassung von Mitarbeitern erfolgte.

In diesem Zusammenhang mag es interessant sein zu wissen, dass die Kantonalbank Zug 1990 mit 77.6% die schlechteste Aufwand/Relation gegenüber allen anderen Schweizer Banken aufwies und deshalb die Dividende reduzieren musste. Doch auch die grösste Schweizer Kantonalbank Zürich mit 68.2% auch nicht viel besser. Der Grund war, dass diese Banken insbesondere das Hypothekar Geschäft, mit tiefen Zinserträgen und hohen Refinanzierungskosten pflegen.

Hinzu kommt, dass Hypotheken in der Schweiz auch ein politisches Instrument sind, da höhere Refinanzierungskosten nicht automatisch den Hypotheken belastet werden können, selbst als 1991 Kapital knapp war und zum Konkurs der Bank SLT führte. Andererseits ist das Schweizer Privatbankengeschäft sehr personal- und kostenintensiv, aber ausreichend ertragreich, um generell profitabel zu sein. Demzufolge sind die durchschnittlichen Aufwand/Ertragsrelationen der Schweizer Privatbanken zwischen 60%-70%. Doch eine Aufwand/Ertragsrelation von über 90% wie die US Privatbank UBS ist mehr als erstaunlich. Die einfache Erklärung ist, dass gute Leute nur gegen hohen Gehälter und Boni bereit sind für die angeschlagene Bank zu arbeiten und verbliebene Kunden Sonderkonditionen genießen. Doch aus Prestigegründen und weltweit als einer der grössten Vermögensverwalter will man an der UBS USA festhalten, doch es braucht zweistellige Mrd. verwaltete Kundenvermögen um profitabel zu sein.

Cash Flow in Prozent der ausgewiesenen Eigenen Mittel = ROE

100 Punkte = über 30.0%	60 Punkte = von 13 – 17.9%	
90 Punkte = von 27 – 29.9%	50 Punkte = von 10 – 12.9%	
80 Punkte = von 24 – 26.9%	40 Punkte = von 7 – 9.9%	
70 Punkte = von 21 – 23.9%	30 Punkte = von 4 – 6.9%	
65 Punkte = von 18 - 20.9%	0 Punkte = von 0 – 3.9%	

Kommentar: Bei der Bewertung der Cash Flow Relation ist nicht nur eine befriedigende Eigenkapital Basis von Bedeutung, sondern auch die Struktur und Qualität der Aktiven. So zum Beispiel hatte die großzügige Ausleihungspraxis vieler Banken zur Folge, dass sie hohe Rückstellungen für notleidende ausstehende Kunden- und Bankenforderungen bilden mussten. Ausserdem, bedingt durch hohe Abschreibungen auf den Aktiven wurden die Cash Flows „buchstäblich" aufgepumpt und explodierten insbesondere in den Krisenjahren 2007-2009. Doch, wenn Cash Flows fast nur Abschreibungen und Verluste enthalten, sind sie kein Instrument mehr Gewinne einzubehalten. Folglich je höher der Gewinnanteil im Cash Flow ist und Abschreibungen als Rückstellungen für Ersatzinvestitionen dienen, desto besser die Qualität der Cash Flows. Das Gleiche ist bei hohen ROE, infolge ungenügender Eigenen Mittel die damit ein falsches Bild der Profitabilität vermitteln. Solche „Cash Flows" müssen auf 50 Punkte oder weniger heruntergestuft und negative „Cash Flows" sind mit Null zu bewerten.

Reingewinn in Prozent der Bilanzsumme = ROA

100 Punkte = über 1.00%	60 Points = von 0.45 – 0.59%	
90 Punkte = von 0.90 – 0.99%	50 Points = von 0.40 – 0.44%	
80 Punkte = von 0.80 – 0.89%	40 Points = von 0.35 – 0.39%	
70 Punkte = von 0.70 – 0.79%	30 Points = von 0.30 – 0.34%	
65 Punkte = von 0.60 – 0.69%	0 Points = von 0.00 – 0.29%	

Kommentar: Diese Kennzahlen sind zuverlässige Richtwerte, um die Ertragskraft der Banken zu messen. Schwache Kennzahlen zeigen, dass Teile der Aktiven ungenügend rentieren und nicht durch indifferente Bankgeschäfte kompensiert werden können. So zum Beispiel verweigerte eine US Bank in der Schweiz Bankgeschäfte abzuwickeln, da sie nicht im Minimum 60 Basis Punkte oder 0.60% der Bilanzsumme generierten. Doch im Kampf, um Marktanteile in den guten 1980er Jahren gewährten viele Banken viel zu grosszügige Kunden Bedingungen die in den folgenden rezessiven 1990er Jahren zu hohen Verlusten bis zum Konkurs führten.

So finanzierten sie Kreditgeschäfte mit extrem tiefen bis negativen Renditen. Die Quittung bekam zuerst die Regionalbank SLT die im Oktober 1991 in Konkurs ging und danach für hunderte Regional- und Lokalbanken ebenfalls.

Cash Flow in Prozent der Bilanzsumme = ROA

100 Punkte = über 2.00%	60 Punkte = von 0.70 – 0.89%
90 Punkte = von 1.70 – 1.99%	50 Punkte = von 0.50 – 0.69%
80 Punkte = von 1.40 – 1.69%	40 Punkte = von 0.30 – 0.49%
70 Punkte = von 1.10 – 1.39%	30 Punkte = von 0.10 – 0.29%
65 Punkte = von 0.90 – 1.09%	0 Punkte = von 0.00 – 0.09%

Kommentar: Bei der Bewertung der oben erwähnten Kennzahlen sind die Abschreibungen von besonderer Bedeutung. Hohe Abschreibungen mit Rückstellungscharakter, sind wichtige Ertragsquellen für die Eigenfinanzierung von gebundenen Vermögenswerten, wie Ersatz und Reparatur von Maschinen, IT Ausrüstungen, Gebäude Renovationen und Neuinvestitionen. Dagegen sind negative Cash Flows aus Verlusten, Kosten und außerordentlichen Aufwendungen entsprechend schlecht zu bewerten.

STABILITÄT A Maximum = 400 Punkte bzw. 100%
Struktur Total Bank Aktiven inkl. kurzfristige Bankenkreditoren

Bankendebitoren Sicht und Zeit in Prozent der Total Aktiven

65 Punkte = unter 20.0%	40 Punkte = von 32.1 – 35.0%
60 Punkte = von 20.1 – 23.0%	30 Punkte = von 35.1 – 38.0%
55 Punkte = von 23.1 – 26.0%	20 Punkte = von 38.1 – 41.0%
50 Punkte = von 26.1 – 29.0%	10 Punkte = von 41.1 – 43.0%
45 Punkte = von 29.1 – 32.0%	0 Punkte = von 43.1 – 100.0%

Bankenkreditoren Sicht und Zeit in Prozent der Total Passiven

65 Punkte = unter 20.0%	40 Punkte = von 32.1 – 35.0%
60 Punkte = von 20.1 – 23.0%	30 Punkte = von 35.1 – 38.0%
55 Punkte = von 23.1 – 26.0%	20 Punkte = von 38.1 – 41.0%
50 Punkte = von 26.1 – 29.0%	10 Punkte = von 41.1 – 43.0%
45 Punkte = von 29.1 – 32.0%	0 Punkte = von 43.1 – 100.0%

Sonderkommentar zum Interbankgeschäft: Das Interbankgeschäft sollte nicht Teil des Bankgeschäfts sein, bei dem Bankendebitoren durch kurzfristige Bankenkreditoren spekulativ mit geringen Gewinnmargen aufgebläht werden, um höhere Bilanzsummen auszuweisen. Ausgenommen sind reichliche Mittelzuflüsse von international operierende Banken und supranationalen Organisationen und Regierungen als zusätzliches Liquidität Polster und zur Ertragssteigerung. Die Entwicklung des Interbankgeschäfts wird auch durch Schwankungen und Turbulenzen im Devisen- und Wertpapiermarkt beeinflusst. Folglich dienen Bankdebitoren auch zur Absorbierung von Überschuss Liquidität, mangels alternativer Anlagemöglichkeiten. Bei der Bank Leu hatte das Interbankgeschäft, auch als Anlaufstelle für Regionalbanken, mit hohen Bankendebitoren immer zu grosse Bedeutung.

Sie war deshalb auch ein aktiver Partner der Pleite gegangen Regionalbank SLT 1991, was die Bank Leu teuer zu stehen kam. Hinzu kommt, dass früher, während vielen Jahren, die Schweizer Banken viel Wert auf möglichst grosse Bilanzsummen legten, um sich im Markt als erfolgreiche Bank zu profilieren. Bank Leu war dabei besonders ehrgeizig und war bis in die 1970er Jahren zusammen mit Bankgesellschaft, Bankverein, Credit Suisse und Volksbank noch eine „Grossbank", aber nie eine echte Privatbank seit 1755, weshalb der Markt die Bank weder als „Fisch noch Vogel" einstufte. Außer Bank Leu verzichteten die anderen Banken weitgehend auf das geringmarginale Nullsummenspiel durch „pushing up" riskanter kurzfristiger Banken- und Bankenkreditoren.

Ein weiterer negativer Aspekt sind die kapitalhungrigen Bankschuldner die für ihre Aktivitäten ebenfalls günstige Zinsbedingungen suchen. Anderseits erwarten kreditgebende Banken von ihnen, dass sie mit Zusatzgeschäften rechnen dürfen. Doch das war meist "Wishful Thinking", da Bankschuldner die Zusammenarbeit mit international tätigen Banken bevorzugen. Ein anderer Nachteil ist das erwähnte Kreditrisiko von ausstehenden Bankendebitoren, wie der Konkurs der Bank SLT 1991 bestätigte. Danach erlitten hunderte weiterer Schweizer Banken das gleiche Schicksal. Im Übrigen schwanken bei kurzfristigen Banken- und Bankenkreditoren die Zinssätze erheblich. Somit kann eine teure Refinanzierung im falschen Zeitpunkt existenzgefährdet sein. Somit Vorsicht bei großen Ausständen von Bankendebitoren und Bankenkreditoren. Dagegen eignet sich die beschränkte Duration der Bankenkreditoren besonders gut zur Finanzierung von Geldmarkt- und Akkreditiv Geschäften.

Kundenkredite ohne hyp. Deckung in Prozent der Total Aktiven

100 Punkte = von 50.0 – 53.0%	60 Punkte = von 25 – 29.9%	
90 Punkte = von 45.0 – 49.9%	50 Punkte = von 20 – 24.9%	
80 Punkte = von 40.0 – 44.9%	40 Punkte = von 15 – 19.9%	
70 Punkte = von 35.0 – 39.9%	30 Punkte = von 10 – 4.9%	
65 Punkte = von 30.0 – 34.9%	0 Punkte = von 0 – 9.9%	

Kommentar: Das differente Kommerz- Kredit- oder Darlehensgeschäft ist die wichtigste und profitabelste Ertragsquelle. Schwankungen bei Zinserträgen können durch weitere indifferente Erträge, wie Kreditkommissionen, Handel mit Devisen, Akkreditivgeschäfte etc. gemildert oder kompensiert werden. Gewährte Kreditlinien oder Darlehen werden durch Faustpfänder, oder durch Sicherheiten aller Art, wie Garantien etc. sichergestellt. Von Bedeutung sind Lombardkredite die durch Wertpapierdepots und Edelmetalle sichergestellt sind. Zinsschwankungen bei Krediten ohne hypothekarische Deckung können bei veränderten Marktbedingungen respektive Zinssteigerungen den ausstehenden Krediten angepasst bzw. den Kunden jederzeit belastet werden. Kreditzinsen aus politischen Gründen tief zu halten ist eine typisch schweizerische Praxis, weshalb bei Zinshaussen Schweizer Banken inkl. UBS das Hypothekargeschäft quer subventionierten. Ausserdem gibt es auch in dieser Banksparte wenig bis keine Zusatzgeschäfte von Kunden. Trotzdem haben Schweizerbanken gegenüber Auslandbanken weit mehr Kundenkredite mit hypothekarischer Deckung in ihren Büchern die noch teilweise von den boomenden 1980er Jahren stammen, als "Häuslebauer" mit tiefen Zinsen umworben wurden. Doch die Schweizer Bankenkrise 1990 und die weltweite Bankenkrise 2007-2008 machte aus "Hausträumer Albträumer" und aus Schweizer Banken hunderte lahme Enten zu schwach um noch lange zu überleben.

Kundenkredite mit hyp. Deckung in Prozent der Total Aktiven

100 Punkte =	below		25.0%	60 Punkte =	von	45.1 –	55.0%
90 Punkte =	from	25.1 –	30.0%	50 Punkte =	von	55.1 –	65.0%
80 Punkte =	from	30.1 –	35.0%	40 Punkte =	von	65.1 –	75.0%
70 Punkte =	from	35.1 –	40.0%	30 Punkte =	von	75.1 –	85.0%
65 Punkte =	from	40.1 –	45.0%	0 Punkte =	von	85.1 –	100.0%

Kommentar: Im Gegensatz zu den meisten Schweizer Regional- und Lokalbanken sowie staatlichen Kantonalbanken die hauptsächlich das Hypothekargeschäft pflegen, betrachtet die westschweizerische Banque Cantonale Vaudoise, Lausanne, Hypothekarkredite mit einem Anteil von 25% der Bilanzsumme als oberste Limite. Diese Limite wurde auch während und nach dem Immobilien Boom in den 1980er Jahren eingehalten. Die BCV blieb deshalb von notleidenden Hypothekarkrediten verschont.

Typisch schweizerisch ist auch, dass nur 25% der Einwohner in eigenen Häusern leben, während der Rest gemietete Wohnungen und Apartments bewohnt. Folglich jeder Zinsanstieg bewirkt eine überproportionale Verteuerung der Mietzinskosten mit politischen Konsequenzen. Dadurch haben Banken zusätzliche Probleme bei der Realisierung von Hypothekar Krediten. Ferner viele neue Hausbesitzer verschuldeten sich beträchtlich in der Annahme, dass die Immobilienpreise weiter steigen werden. Doch, dass war oft "Wishful Thinking", den in Wirklichkeit verschlechterte sich das Kreditportfolio der Banken dramatisch. Fazit: Das Hypothekargeschäft ist somit nur unter gewissen Bedingungen sicher und lukrative, weshalb bei der Bewertung eine gewisse Vorsicht empfohlen wird.

Wertpapiere der Bank in Prozent der Total Aktiven

70 Punkte =	unter	10.0%	40 Points =	von	18.1 –	21.0%
60 Punkte =	von	10.1 – 12.0%	30 Points =	von	21.1 –	24.0%
55 Punkte =	von	12.1 – 14.0%	20 Points =	von	24.1 –	27.0%
50 Punkte =	von	14.1 – 16.0%	10 Points =	von	27.1 –	30.0%
45 Punkte =	von	16.1 – 18.0%	0 Points =	von	30.1 –	100.0%

Kommentar: Aktien und Wertpapiere haben eine ähnliche Funktion wie Warenlager der Verarbeitungsindustrie. Zu kleine Lager hindern Unternehmen beim Produktionsprozess und zu grosse Lager führen zu höheren Kosten und Verlusten, sofern eine rechtzeitige Realisierung nicht gelingt. Dagegen haben Banken mit zu tiefen Beständen von Aktien und Obligationen folgende Probleme

- Kein Eigenhandel mit Aktien und Obligationen
- Keine Möglichkeit bei Markt Turbulenzen an der Börse intervenieren zu können etc
- Keine Ausübung von "Market Maker" Funktionen
- Keine Liquidität von National oder Zentralbanken ohne Hinterlegung marktgängiger Wertpapiere.

Welches sind die Konsequenzen von zu hohen Beständen von Aktien und Obligationen?

- Verluste durch Preisschwankungen der Wertpapiere in SFr. und in Fremdwährungen
- Relativ hohe Überwachungskosten
- Ertrags- und Refinanzierungsprobleme durch Anstieg der Zinssätze
- Annahme dass Lombard Kredite gegen Kundendepots gewährt wurden.
- Keine andere Anlagemöglichkeiten, als nur in Wertpapiere zu investieren.

Ähnlich wie das Interbankgeschäft sollte auch das Wertpapiergeschäft für eigene Rechnung nicht das Bankgeschäft, wie bei einer Finanzgesellschaft dominieren. So ist die Verwendung kurzfristiger Bankenkreditoren zur Finanzierung von Aktien und Obligationen zur Zinsarbitrage und zu Spekulationszwecken eine riskante Strategie. In Anbetracht des mehr unterstützenden Charakters der Wertpapiere für Bankaktivitäten sind sie generell tiefer zu bewerten.

STABILITÄT P – Maximum = 300 Punkte bzw. 100%
Struktur Total Bank Passiven

Eigene Mittel in Prozent der Total Passiven

100 Points = über 10.0%	60 Points = von 4.5 – 4.9%	
90 Points = von 7.0 – 8.9%	50 Points = von 4.0 – 4.4%	
80 Points = von 6.0 – 6.9%	40 Points = von 3.5 – 3.9%	
70 Points = von 5.5 – 5.9%	30 Points = von 3.0 – 3.4%	
65 Points = von 5.0 – 5.4%	0 Points = von 0 – 2.9%	

Kommentar: Je grösser die Eigenen Mittel sind, desto besser ist die Stabilität. Die Schweiz hatte früher die strengsten Eigenkapitalvorschriften mit dem Nachteil, dass das differente Bankgeschäft der Schweizer Banken beschränkt war. Das Gleiche war der Fall bei der Gewährung von Garantien aller Art, was zur Erhöhung der Eventualverbindlichkeiten führte. Doch die teilweise Sicherstellung des differenten und indifferenten Bankgeschäfts mit hohem Eigenkapital ist teuer. Folglich siedelten viele Auslandbanken in der Schweiz nach Luxemburg. Das ging gut bis zur Rezession in den 1990er Jahre gefolgt von der Schweizer Bankenkrise die schließlich nur gut kapitalisierte Banken gut überstanden. Dagegen waren Banken bei der Gier nach schnellen und hohen Gewinne, wegen schief gelaufenen Transaktionen, die großen Verlierer. Aufgrund dieser Faktoren erstellte die supranationale Bank BIZ in Basel erstmals internationale Bankregeln. Danach müssen die Eigenen Mittel zusammen mit einem Teil der Wertpapiere und Rückstellungen mindestens 8% der Bilanzsumme betragen. Doch die gestiegene Komplexität der Bankgeschäfte inkl. alle Arten von Derivaten, Devisentransaktionen und Verpflichtungen außerhalb der Bankbilanz erstellte BIZ neue Regeln mit der Bezeichnung „Basel II" die im Beispiel Citigroup auf Seite 144 näher erläutert werden. Als Folge der weltweiten Bankenkrise 2007-2008 beschlossen die Teilnehmer am Gipfeltreffen der G20 Staaten in Pittsburg 2009 strengere Regeln einzuführen, doch ohne bindende Beschlüsse. Alsdann wurden gemäss Einleitung neue Regeln mit Basel III geschaffen, doch ungenügend für die Schweizer Nationalbank. Die untenstehende Tabelle zeigt zur Erinnerung die einst gute Kapitalisierung der Schweizer AAA Banken 1989 exkl. Stille Reserven.

AAA Banken	UBS	SBC	CS
Eigene Mittel 1. Tier	7.7%	6.5	5.9
Rückstellungen und Reserven	4.2%	2.9	1.7
Eigene Mittel in Prozent der Bilanzsumme	11.9%	9.4	7.6
Inkl. ausgewiesene Rückstellungen in Mio. SFr.	25.7	18.2	11.3

Noch im ersten Halbjahr 2007 war UBS die best kapitalisierte Bank, mit hoher Ertragskraft, gut geführt und mit hohen ethischen und moralischen Werten. Das neue Management, getrieben von Gier und Arroganz, glaubte, dass der boomende US Immobilien und Häusermarkt in Verbindung mit spekulativen Derivaten eine Win-Win Situation wäre. Dabei erlitt UBS so hohe Verluste, dass die hohe Eigenkapitalbasis, wie von einem Hurrikan weggeblasen wurde. Zurück blieb nichts mehr als ein großes Loch von SFr. 70 Mrd. UBS wäre heute pleite, wenn nicht die Schweizer Regierung und die Schweizer Nationalbank in einer "Nacht- und Nebelaktion" der UBS zu Hilfe geeilt wären. Doch das US Debakel war vorauszusehen, wie die Schweizer Bankenkrise 1991, deren Ausbruch der Autor verhinderte.

Im 2. Halbjahr 2007 wurde der negative Wirtschaftstrend zum Desaster: Die Finanzmärkte kollabierten und grosse Banken gingen Pleite. Das war der Beginn der Bankenkrise 2007-2008.

Bankenkreditoren, Kundenkreditoren, Kundengelder, Obl., Anleihen in Prozent
Bankendebitoren, Kundenkredite mit und ohne hypothekarische Deckung

100 Punkte = über 120.0%	60 Punkte = from 95 – 99.9%
90 Punkte = von 115 – 119.9%	50 Punkte = from 90 – 94.9%
80 Punkte = von 110 – 114.9%	40 Punkte = from 85 – 89.9%
70 Punkte = von 105 – 109.9%	30 Punkte = from 80 – 84.9 %
65 Punkte = von 100 – 104.9%	0 Punkte = from 0 – 87.9%

Kommentar: Die Kundengelder umfassen folgende Spargelder und Finanzinstrumente:

- Kunden Kontoguthaben, Festgelder, Sparbücher
- Kassa Obligationen, Schuldbriefe, handelbare Anleihen Obligationen
- Obligationen von Pfandbriefzentralen durch erste Hypotheken der Banken sichergestellt
- Bankenkreditoren und Kundenkreditoren auf Sicht und Zeit

Ausmass und Grösse der Kapitalflüsse von den oben erwähnten Marktquellen hängen von deren Ruf, Vertrauen der Investoren und Zinskonditionen ab. In den Jahren volatiler Zinssätze bevorzugen Investoren in höher verzinsliche Bankenkreditoren anzulegen, womit für die Banken die Refinanzierungskosten steigen. Letztere hatten zu Beginn der 1990er für viele Banken fatale Folgen, da die Zinserträge der Kundenkredite nicht einmal mehr die Refinanzierungs- kosten deckten. Generell refinanzieren Schweizer Banken ihre Kredit- und Kommerzkredite mit Kundengelder und Obligationen. Die Banken mit den grössten Kapitalzuflüssen sind die Banken in Liechtenstein und die Schweizer Privatbanken. Folglich beträgt der Unterschied zwischen Kundengelder und Kundenkrediten bis zu 400%. Dagegen müssen Auslandbanken, die in der Schweiz tätig sind, ihre Refinanzierung in der Regel hauptsächlich mit höher verzinslichen kurzfristigen Bank- und Kundenkreditoren bewerkstelligen.

Kundengelder, Obl., Anleihen in Prozent
Bankendebitoren, Kundenkredite mit und ohne hypothekarische Deckung

100 Punkte = über 100.0%	60 Points = from 70 – 79.9%
90 Punkte = from 95 – 99.9%	50 Points = from 60 – 69.9%
80 Punkte = from 90 – 94.9%	40 Points = from 50 – 59.9%
70 Punkte = from 85 – 89.9%	30 Points = from 40 – 49.9 %
65 Punkte = from 85 – 84.9%	0 Points = from 0 – 39.9%

Kommentar: Bereits im Kapitel "Kundenkredite mit hyp. Deckung in Prozent der Total Aktiven" auf Seite 122 wurde der politische Charakter der Hypothekarkredite beschrieben. Die Lang- fristigkeit dieser Kredite mit festen Zinssätzen die bei einer Zinshausse nicht angepasst werden können, verursachen Gewinnschmälerungen wegen zusätzlicher Refinanzierungskosten der Banken. Solche Einschränkungen gibt es bei Kommerzkrediten nur, wenn besondere Verein- barungen getroffen wurden. Das Hypothekargeschäft mit engen Gewinnmargen ist somit nur unter gewissen Bedingungen per se lukrativ. Die Schweizer Bankenkrise 1991 und die weltweit schlimmste Bankenkrise 2007-2008 illustrierten deutlich die katastrophalen Konsequenzen, wenn Immobilien,- Häuser- und- Hypothekenmärkte aus den Fugen geraten.

VIII. Beispiele von Quantum und Standard Research Von Bankbilanzen und Erfolgsrechnungen

Zusammenfassung und Übersicht der max. bewerteten Finanzkriterien der Banken

Max. Bewertung für Berufs Ethik, Management & Finanzstärke	200 Punkte	100%
Max. Bewertung der Liquidität 2. Grads	100 Punkte	Nicht fixiert
Max. Bewertung der Profitabilität	400 Punkte	100%
Max. Bewertung der Stabilität "A" = Struktur der Aktiven	400 Punkte	100%
Max. Bewertung der Stabilität "P" = Struktur der Passiven	300 Punkte	100%
Total	**1.400 Punkte**	**400%**

Allgemeine Information

Die Zusammenfassung der oben erwähnten Bewertungskriterien zeigt deren Maximalpunkte für jede einzelne Kategorie, wobei die Prozentzahlen, mit Ausnahme der Liquidität, immer unverändert 100% bleiben. Das Total von 1.400 Punkten oder 400% kann keine Bank erreichen, aber 200 Punkte bzw. 100% für Berufsethik und 100 Punkte bzw. 100% für die übrigen Kategorien sind bei guten Banken möglich.

In Abschnitt VII „Bewertung von Bankbilanzen und Erfolgsrechnungen Seite 117 wurden bereits die Faktoren zur Bewertung der oben erwähnten fünf Finanzkriterien erwähnt. Dazu ist noch beizufügen, dass die Zahlen der Liquidität 2. Grades den Jahresberichten entnommen wurden. Dabei müssen die Prozentzahlen mindestens 33% betragen zur Erreichung der maximalen Punktzahl von 100. Bei weniger als 33% sind sowohl Punkte als auch Prozente tiefer zu bewerten. Selbst bei weit über 33% bleibt die Punktzahl immer unverändert, denn wichtig sind die variablen Prozentzahlen zum Vergleich mit andern Banken. Als Folge des teilweise spekulativen Interbankgeschäfts sind die Maximalwerte der Bankendebitoren und Bankenkreditoren um total 70 Punkte tiefer und die Wertpapiere, um total 30 Punkte tiefer bewertet. Die Stabilität "P" weist deshalb 100 Punkte weniger aus, als das übliche Total von max. 400 Punkten. Die Tieferbewertung der Wertpapieren ist bedingt durch den hauptsächlich nicht operativen Charakter im Bankgeschäft. Dagegen werden Stabilität „A" und „P" mit dem Maximum von 700 Punkten bewertet, wenn deren Aktiven gut strukturiert und hauptsächlich mit Eigenen Mitteln und langfristigen Fremdmitteln kongruent refinanziert wurden. Bei Bankvergleichen ist ferner zu beachten, dass zu hohe Profitabilität Kennzahlen, infolge schwacher Eigenmittel, die Kennzahlen bzw. Ratios tiefer zu bewerten sind.

Das Gleiche gilt, wenn durch grosse Verluste und Abschreibungen die „Cash Flows" aufgebläht wurden und somit zu falschen ROE führen. Folglich ist nicht nur das Gesamttotal der Bewertungspunkte, sondern auch die Zwischentotal der fünf Finanzkriterien von Bedeutung. Im Übrigen beweisen die folgenden Beispiele, dass gute und schlechte Bewertungskriterien auch die Reputation, das Vertrauen, die Kreditwürdigkeit und die Bonität der Banken reflektieren. Keine Bank kann deshalb besser oder schlechter sein, als die Spitzen im Verwaltungsrat, die Führungskräfte und die Mitarbeiter im Bankbetrieb.

Name der Bank	%	Seite	Name der Bank	%	Seite
Regionalbank SLT	23%	130	Liechtensteinische Landesbank	72%	140
Privat Bank Leu	38%	132	Privat Bank Bär	92%	142
Schweizer Volksbank	57%	134	Privat Bank Vontobel	80%	142
CH-Auslandbank Royal Trust	46%	136	Liechtensteinische Privatbank VPB	83%	142
CH-Auslandbank BNP	47%	138	Citigroup USA	64%	144

Der Zerfall der Immobilienpreise nach dem raschen Ende der 1980er Boomjahre war SLT die erste Bank die in Konkurs ging. Die Bank Leu Geschäftsleitung fand kein Rezept die Bank, weg vom Interbankgeschäft, profitabel zu positionieren. Stattdessen bereicherte sie sich und offerierte die Bank der CS zur Übernahme, um ihre Positionen zu halten. Den offiziellen Status einer Privatbank erhielt sie erst 1998. Die solide SVB hatte Pech mit Immobilienfinanzierungen. Royal Trust spekulierte zuviel und der BNP wurde das Geschäft mit Commodities zum Verhängnis. LLB, Bär, Vontobel und VPB sind echte und renommierte Privatbanken, wie die Bewertungen zeigen. Citigroup & führende Bank im US Hypothekargeschäft erlitt hohe Verluste. Neue Strategien und Umstrukturierungen brachte sie wieder in die Gewinnzone. Erstaunlich ist ihre vorbildliche Stabilität, bedingt durch die gute Refinanzierung der klar strukturierten Aktiven 2010 konnte die US Regierung ihren Aktienanteil von Citigroup von 36% bzw. $45 Mrd durch Aktienverkauf auf 12.4% verringern und erzielte dabei für die Steuerzahler Milliarden Gewinne.

In der Bankindustrie ist ein starker Wettbewerb, um Kunden und Marktanteile, doch nicht jede Bank hält, was sie den Kunden verspricht. Besonders bunt und grotesk warb die Bank Leu mit ihren unwahren Slogans auf Seite 108 im Zusammenhang mit den Empfehlungen ihrer Finanzanalysten die Aktien der Konkursfirma Interdiscount zu kaufen. Auch die Behauptung vieler Swiss Banker, wonach die Kunden ihr Geld nur dank besten Bank Service in die Schweiz brachten, ist nur bedingt richtig. Manche „Bank- und Kundenberater" etc. waren oft gescheiterte Finanzanalysten mit Uni-Abschluss mit wenig praktischem Wissen, aber oft arrogante Fragesteller denen ethisches Verhalten fremd war. Sie wählten deshalb den einfacheren Job als Fonds Manager und kopierten einen Index den sie selten schlagen konnten. Ein lukrativer Job für Bank und Fonds Manager, aber viel zu teuer für die Kunden. Letztere sollten deshalb die billigeren, effizienten und liquiden Exchange Traded Fonds (ETF) wählen die genau den Index mit kleinstem Aufwand nachbilden. Schliesslich zeigen die Inhalte der linken Seite der Banktabelle, wie unqualifizierte CEO und Bank Manager aus Neid und Gier gegen die Business Ethik verstießen. So wurde z.B. der Autor Opfer von Handlungen die in der EU strafbar sind, Dies, obwohl er den Finanzplatz Schweiz 1991 vor einem Ausbruch der Bankenkrise ohne Dank warnte und ein Desaster verhinderte, weil niemand davon wusste. Diese Tatsache wird auch heute noch verschwiegen und vertuscht. Wer jedoch zu solchen Mitteln greifen muss, hat erfahrungsgemäss viel zu verbergen. Doch am Schluss kommt die Wahrheit, wenn auch sehr spät, dennoch ans Licht.

Konkurs der Spar- und Leihkasse Thun (SLT) 1991
Quantum Research und Standard Research

Bank Rating = Max P. 200 – Liquidität = Max P. 100	1990	P	1989	P	1988	P
Für Berufs Ethik, Management und Finanzstärke	0.0%	0	0.0%	0	0.0%	0
Liquidität 2. Grades = min. 33% als int. Richtwert	7.1%	0	11.6%	0	4.0%	0
Zwischentotal	0%	0	0%	0	0%	0
Profitabilität = Max. Points 400 or 100%	**1990**	**P**	**1989**	**P**	**1988**	**P**
Reingwinn % Eigene Mittel = ROE	7.1%	30	7.1%	30	7.0%	30
Cash flow % Eigene Mittel = ROE	-1.8%	0	-0.7%	0	-0.1%	0
Reingwinn % Aktiven = ROA	0.3%	0	0.2%	0	0.2%	0
Cash flow % Aktiven = ROA	-0.1%	0	-0.1%	0	0.0%	0
Zwischentotal	7%	30	7%	30	7%	30
Stabilität der Aktiven = Max. Punkte 400 bzw. 100%	**1990**	**P**	**1989**	**P**	**1988**	**P**
Bankendebitoren % Aktiven	2.8%	65	4.7%	65	1.8%	65
Bankenkreditoren % Passiven	2.5%	65	1.0%	65	2.9%	65
Kundenkredite ohne hyp. Deckung % Aktiven	6.6%	0	7.2%	0	10.4%	30
Kundenkredite mit hyp. Deckung % Aktiven	83.1%	0	80.5%	0	79.8%	0
Wertpapiere % Aktiven	4.8%	65	5.2%	65	6.0%	65
Zwischentotal	49%	195	49%	195	57%	225
Stabilität der Passiven = Max. Punkte 300 bzw. 100%	**1990**	**P**	**1989**	**P**	**1988**	**P**
Eigene Mittel % Passiven	3.6%	0	3.1%	0	3.4%	0
Bank Kred., Kunden Kred., Kunden Sparsortiment % Bank Deb., Kundenkredite mit & ohne hyp. Deckung.	98.5%	60	99.9%	60	100.0%	65
Kunden Sparsortiment (Spargelder, Obl., Anleihen) % Bank debt, Kundenkredite mit & ohne hyp. Deckung	55.9%	40	56.2%	40	50.3%	40
Zwischentotal	33%	100	33%	100	35%	105
Total in % der Max. Punkte von 1.400 bzw. 100%	**23%**	**325**	**23%**	**325**	**24%**	**330**

ERFOLGSRECHNUNG in Mio. SFr.	1990	%	1989	%	1988	%
Zinssaldo	16.7	71.4%	8.7	54.0%	6.0	46.5%
Kredit Komissionen	4.1	17.5%	3.1	19.3%	2.5	19.4%
Übrige Erträge	2.6	11.1%	4.3	26.7%	4.4	34.1%
Gesamtertrag	**23.4**	**100.0%**	**16.1**	**100.0%**	**12.9**	**100.0%**
Personalkosten	-5.3	-22.6%	-5.4	33.5%	-4.9	-38.0%
Geschäftsaufwand	-5.6	-23.9%	-3.3	20.5%	-3	-23.3%
Betriebsgewinn	**12.5**	**53.4%**	**7.4**	**46.0%**	**5.0**	**38.8%**
Verluste, Abschreibungen, Rückstellungen.	-6.9	-55.2%	-3.9	-24.2%	-2.4	-18.6%
Steuern	-2.8	-12.0%	-1.3	-8.1%	-0.5	-3.9%
Reingewinn	**2.8**	**12.0%**	**2.2**	**13.7%**	**2.1**	**16.3%**
Cash flow	-4,1		-1,7		-0,3	

BILANZ in Mio. SFr.	1990	%	1989	%	1988	%
Bankendebitoren	30.3	2.8%	47.5	4.7%	16.3	1.8%
Kundenkredite mit hyp. Deckung	907.2	83.1%	812.7	80.5%	713.2	79.8%
Kundenkredite ohne hyp. Deckung	71.7	6.6%	73.2	7.2%	92.9	10.4%
Wertpapiere	52.8	4.8%	52.6	5.2%	53.3	53.3%
Übrige Aktiven	29.6	2.7%	23.7	2.4%	17.8	17.8%
BILANZSUMME in Mio. SFr	**1.091.6**	**100.0%**	**1.009.7**	**100.0%**	**893.6**	**100.0%**
Bankenkreditoren	27.6	2.5%	11.1	1.1%	25.8	2.9%
Kundenkreditoren	401.6	36.8%	397.2	39.3%	386.8	43.3%
Kassen Obligationen und Obligationen Anleihen	564.6	51.7%	524.5	52.0%	414.3	22.7%
Übrige Passiven	58.5	5.4%	45.8	4.5%	36.7	4.1%
Eigene Mittel	**39.3**	**3.6%**	**31.1**	**3.1%**	**30.0**	**3.4%**

Allgemeine Information

Als Folge des Aktien Crashs an der NYSE am 17. Oktober 1987, als der DJ Index um über 500 Punkte tauchte, versorgte die Schweizer Nationalbank das Schweizer Bankensystem mit viel kurzfristiger Liquidität, um Engpässe zu vermeiden. Die Schweizer Wirtschaft erholte sich rasch und Milliarden billiges Geld wurde in den Immobilienmarkt investiert, wo die Preise buchstäblich explodierten. Insbesondere SLT beteiligte sich überdurchschnittlich am überhitzten Immobilien Boom, weshalb ihre Kundenkredite mit und ohne hypothekarische Deckung in die Höhe schnellten. Doch die Tatsache, dass die langfristigen Kundenkredite zum grössten Teil nur kurzfristig refinanziert wurden, verletzte SLT die „Goldene Bankregel" wonach unter anderem langfristige Aktiven entsprechend refinanziert sein müssen. 1989 gab es bereits Anzeichen, dass der Immobilienmarkt übersättigt war und steigende Zinssätze den Markt verunsicherten. Trotzdem feierte die SLT unter Anteilnahme von viel Prominenz aus Politik und Wirtschaft inklusive Bank Leu im Frühling 1991 das 125 jährige Jubiläum der SLT. Doch der Einbruch der Zinserträge und die hohen Verluste durch dauernde Tieferbewertungen der Immobilienkredite, vernichteten vollständig die Eigenen Mittel. Schlimmer noch: Die Kunden standen in langen Schlangen vor der Bank, um ihre Guthaben und Ersparnisse abzuziehen. Daraufhin wurde die SLT am 3. Oktober 1991 für immer geschlossen und hinterließ einen riesigen Schuldenberg an dem auch die Bank Leu substantiell beteiligt war.

Quantum Research
Profitabilität and Stabilität

Die traurige Finanzlage der Bank findet ihre Bestätigung in der tiefen Gesamtwertung von 23%. Doch niemand auf dem Finanzplatz Schweiz inkl. Bank Leu, Schweiz. Nationalbank. Schweiz. Bankiervereinigung, Schweiz. Bankenkommmission sowie alle übrigen Banken bemerkten nicht, dass der wirtschaftliche Abwärtstrend der Schweiz im Gleichschritt mit dem Zinsanstieg schon 1988 begann. Bei der Liquidität war die SLT die einzige Bank die die min. Anforderungen von 33% nicht erfüllte. Die Probleme der schwachen Profitabilität sind zum grössten Teil hausgemacht und bei der Stabilität wird klar, dass die SLT ihre Kundenkredite sorglos kurz/lang finanzierte. Dagegen zeigte das Standard Research die dramatische Schieflage der SLT nicht auf den ersten Blick sofort, da hohe Wachstumszahlen die Finanzlage etwas verschleierten. Fazit: 0 Bewertungspunkte für Berufsethik, Management und Finanzstärke.

Standard Research
Profitabilität and Stabilität

Vor dem Hintergrund der Tatsache, dass die SLT eine aggressive und unverantwortliche Expansionspolitik betrieb, sind die erstaunlichen Wachstumszahlen 1988-1990, wie Zinserträge plus 178.3%, Betriebsgewinn plus 150% nicht mehr beeindruckend. So waren Gewinnmargen, Eigene Mittel, Refinanzierung und Abschreibungen bei weitem ungenügend. Trotz hohen Finanzierungskosten expandierte die SLT weiter. So stieg die Bilanzsumme 1988-1990 um SFr. 198 Mio bzw. 22.2%, doch das Wachstum war nur dank fragwürdiger Refinanzierung und Unterstützung anderer Banken möglich, die blind und unprofessionell die SLT mit Liquidität versorgten. Dabei war die Bank Leu im Rahmen ihres überdimensionierten Interbankgeschäfts und Anlaufstelle vieler lokal- und Regionalbanken besonders großzügig und kaufte von SLT Kassa Obligationen und Anleihen Obligationen in beträchtlichem Ausmass. Sie und ihre Kunden erlitten deshalb die grössten Verluste. Am Ende zahlten alle Kreditgeber einen hohen Preis für eine Bank der Gewinnstreben wichtiger war, als elementare Bankregeln einzuhalten.

Übernahme der Schweizer Bank Leu durch Credit Suisse 1990
Quantum Research und Standard Research

Bank Rating = Max P. 200 – Liquidität = Max P. 100	1990	P	1989	P	1988	P
Für Berufs Ethik, Management und Finanzstärke	0.0%	0	0.0%	0	0.0%	0
Liquidität 2. Grades = min. 33% als int. Richtwert	66.4%	100	84.0%	100	96.7%	100
Zwischentotal	66.4%	100	84.0%	100	96.7%	100
Profitabilität = Max. Points 400 or 100%	**1990**	**P**	**1989**	**P**	**1988**	**P**
Reingwinn % Eigene Mittel = ROE	0.2%	0	3.9%	50	3.5%	50
Cash flow % Eigene Mittel = ROE	-8.4%	0	6.9%	0	2.8%	0
Reingwinn % Aktiven = ROA	0.0%	0	0.4%	40	0.3%	30
Cash flow % Aktiven = ROA	-0.8%	0	0.3%	40	0.2%	30
Zwischentotal	0%	0	32%	130	27%	110
Profitabilität der Akt. = Max. Punkte 400 bzw. 100%	**1990**	**P**	**1989**	**P**	**1988**	**P**
Bankendebitoren % Aktiven	36,1%	30	46.8%	0	49.0%	0
Bankenkreditoren % Passiven	31,9%	45	36,0%	45	30,7%	45
Kundenkredite ohne hyp. Deckung % Aktiven	19.9%	40	15.6%	40	12.9%	30
Kundenkredite mit hyp. Deckung % Aktiven	26.6%	90	21.1%	90	18.4%	100
Wertpapiere % Aktiven	9.9%	65	7.5%	65	7.6%	65
Zwischentotal	67%	270	49%	195	60%	240
Stabilität der Pass. = Max. Punkte 300 bzw. 100%	**1990**	**P**	**1989**	**P**	**1988**	**P**
Eigene Mittel % Passiven	9.5%	100	9.0%	100	8.7%	100
Bank Kred., Kunden Kred., Kunden Sparsortiment % Bank Deb., Kundenkredite mit & ohne hyp. Deckung.	103.7%	65	105.6%	70	109.1%	70
Kunden Sparsortiment (Spargelder, Obl., Anleihen) % Bank debt, Kundenkredite mit & ohne hyp. Deckung	36.2%	0	37.7%	0	44.2%	30
Zwischentotal	55%	165	57%	170	67%	200
Total in % der Max. Punkte von 1.400 bzw. 100%	**38%**	**535**	**42%**	**595**	**46%**	**680**

ERFOLGSRECHNUNG in Mio. SFr.	1990	%	1989	%	1988	%
Zinssaldo	60.8	19.1	65.7	54.0%	44.4	16.5
Kommissionen	64.8	20.4	73.9	19.3%	68,7	25,9
Ertrags aus Wertpapieren und Edelmetallen	61.7	11.1	116.0.	26,7%	132.0	49.1
Verkauf von Beteiligungen	117,9	37,0	5,8	2,1%	7,0	2,6
Übrige Erträge	13,2	4,1	12,4	4,5%	15,9	6,3
Gesamtertrag	**318.4**	**100.0%**	**273,8**	**100.0%**	**269,0**	**100.0%**
Personalkosten	-119.9	-37.3%	-121.8	44.5.%	-123.3	-45.8%
Geschäftsaufwand	-63,0	-18.9%	-50.3	-18.4%	-56.9	-23.3%
Betriebsgewinn	**136,5**	**42,9%**	**101,7-**	**37,1%**	**88,9**	**33,0%**
Verluste, Abschreibungen, Rückstellungen.	-117.2	-36.8%	-39.4	-14.4%	-30.2	-18.6%
Steuern	-16.6	-5.2%	-.9.5	-3.5%	-12.9	-3.9%
Reingwinn	**2.7**	**0.8%**	**52.8**	**19.3%**	**5.8**	**17.0%**
Cash flow from operation	-114.5		92.2		36.0	

BILANZ in Mio. SFr.	1990	%	1989	%	1988	%
Liquide Mittel	130	0.9%	211	1.4%	201	1.4%
Bank Debitoren	5.147	36.1%	6.842	45.8%	7.278	49.0%
Kundenkredite ohne hyp. Deckung	2.838	19.9%	2.363	15.8%	1.912	12.9%
Kundenkredite mit hyp. Deckung	3.791	26.6%	3.156	21.1%	2.729	18.4%
Wertpapiere	1.410	9.9%	1.327	9.9	1.328	7.6%
Übrige Aktiven & Sachanlagen	925	6.5%	1.030	6.9%	1.405	9.5%
BILANZSUMME in Mio. SFr	**14.241**	**100.0**	**14.929**	**100.0%**	**14.853**	**100.0%**
Bankenkreditoren	4.548	31.9%	5.375	36.0%	4.555	30.7%
Kundenkreditoren	3.397	23.9%	3.025	20.3%	3.177	21.4%
Kunden Sparsortiment (Spargelder, Obl., Anleihe	4.265	29.9%	4.657	31.2%	5.274	35.5%
Übrige Passiven	671	4.7%	534	3.6%	554	3.7%
Eigene Mittel	**1.360**	**9.5%**	**1.338**	**9.0%**	**1.293**	**8.7%**

Allgemeine Information

Bank Leu wurde 1755 gegründet und ist die älteste Schweizer Bank die später das Potential hatte eine führende Bank zu werden, wie ihre grössten Schweizer Konkurrenten. Als Folge der politischen und wirtschaftlichen Stabilität der Schweiz floss viel ausländisches Kapital in das Land. Vor Ausbruch des zweiten Weltkriegs investierten Schweizer Banken beträchtliche Mittel in Deutschland, wo die Zinssätze höher waren. Als das NS Regime am Ende war, floss kein Geld mehr aus Deutschland in die Schweiz und die Bank Leu überlebte nur dank tatkräftiger Unterstützung durch den früheren Schweizerischen Bankverein. In der Folge, konnte die geschwächte Bank nicht mehr vom wirtschaftlichen Boom der Nachkriegsjahre profitieren, zumal gute Führungskräfte, qualifizierte Mitarbeiter und Kunden andere Banken bevorzugten. Bank Leu forcierte deshalb das Interbankgeschäft. Um unerwünschte Investoren fernzuhalten, machten Leu CEO Kapitalerhöhungen für ausgewählte Investoren, womit man das Eigenkapital erhöhte, aber effektiv „Giftpillen" waren. Als den Leu CEO klar wurde, dass die Bank nicht mehr unabhängig bleiben konnte füllten sie zuerst ihre eigenen Taschen und offerierten sie der CS Holding im März 1990. Monate später gab die Bank Leu einen Verlust von SFr. 100 Mio. bekannt, was für CEO und Aktionäre ohne Folgen blieb, da sie Leu-Aktien in CS Titel tauschten

Quantum Research
Profitabilität und Stabilität

Seit Jahrzehnten wurde mangels Ideen und Konzepten am überdimensionierten Interbankgeschäft festgehalten, obwohl es ein riskantes Nullsummengeschäft ist. Dazu gehörte auch die starke Beteiligung an der SLT die Leu hohe Verluste brachte, als diese Bank 1991 in Konkurs ging. 1990 erzielte die Bank Leu bei total SFr. 11.7 Mrd. Ausleihungen, Nettozinsen von SFr 60.8 Mio. bzw.0.50% und 1991 die SVB bei total SFr. 39.2 Mrd. Ausständen, Netto Zinsen von SFr. 331 Mio. bzw. 0.85%. 1990 betrog ein MA die Bank Leu während Jahren um Sfr. 60 Mio. ohne dies zu bemerken und wegen notleidenden Aktiven verlor die Bank weitere Sfr. 40 Mio. Nebst schwacher Ertragslage ist auch die Refinanzierung der Kredite und die Stabilität empfindlich schwach. Fazit: 0 Punkt für Berufs Ethik, Management und Finanzstärke.

Standard Research
Profitabilität and Stabilität

Ohne den Verkauf der Beteiligungen 1990 wäre die Profitabilität noch schlechter. Kein Ruhmesblatt war, wie nach erfolgter Übernahme SFr. 100 Mio Verluste "zufällig" entdeckt wurden. Hätte der Markt frühzeitig davon gewusst, wären die Leu Aktien wie Steine an der Börse gefallen. Doch Ex-CS CEO Rainer Gut, ein ehrenwerter Top Manager, wollte die CS mit Übernahmen so stärken und positionieren, dass sie kein Übernahmekandidat wird. Alles andere interessierte ihn nicht, auch nicht die folgende Darstellung die die stille Bereicherung der Leu CEO zeigt.

Business year versus prior year	1990	1989	1988	1987	1986
Number of staff	1.382	1.324	1.422	1.495	1.395
Income per capita	86.034	91.993	86.709	75.852	76.344
Bank's personnel expenses in MLN	118.900	121.800	123.300	113.400	105.500
Staff number increase/decrease in %	4.4%	-6.9%	-4.9%	7.2%	9.2%
Per capita increase/decrease in %	-6.5%	6.1%	14.2%	-0.6%	4,8%
Bank's cost increase/decrease in %	-2.3%	-1.5%	8.7%	6.5%	14.4%

Unter Annahme der Personal Schwankungen und Durchschnittskosten pro Mitarbeiter von ca. SFr 70.000 p.a, flossen nach Schätzungen ca. SFr 14 MLN in die Taschen der CEO. Ausnahmen waren 1987 der NYSE Aktien Crash and 1990 die Übernahme der Bank Leu. Nur dies stoppte die Selbstbedienung der alten und neuen CEO die das Leu Banking arrogant & unbescheiden in "Kultiviertes Banking" umtauften.

Übernahme der Schweizer Volksbank durch Credit Suisse 1992
Quantum Research und Standard Research

Bank Rating = Max P. 200 – Liquidität = Max P. 100	1991	P	1990	P	1989	P
Für Berufs Ethik, Management und Finanzstärke	50.0%	100	50.0%	100	NA	0
Liquidität 2. Grades = min. 33% als int. Richtwert	66.4%	100	84.0%	100	NA	0
Zwischentotal	116.4%	200	134.0%	200	NA	0
Profitabilität = Max. Punkte 400 bzw. 100%	1991	P	1990	P	1989	P
Reingwinn % Eigene Mittel = ROE	3,1%	50	5,0%	60	NA	0
Cash flow % Eigene Mittel = ROE	-10.2%	0	-2.2%	0	NA	0
Reingwinn % Aktiven = ROA	-0.1%	0	-0.4%	0	NA	0
Cash flow % Aktiven = ROA	-0.5%	0	-0.1%	0	NA	0
Zwischentotal	13%	50	15%	60	NA	0
Stabilität der Akt. = Max. Punkte 400 bzw. 100%	1991	P	1990	P	1989	P
Bankendebitoren % Aktiven	17,6	65	17,4	65	13,8	65
Bankenkreditoren % Passiven	17,6	65	18,6	65	12,5	65
Kundenkredite ohne hyp. Deckung % Aktiven	23,1	50	23,4	50	24,4	50
Kundenkredite mit hyp. Deckung % Aktiven	43,6	65	43,9	65	46,7	65
Wertpapiere % Aktiven	7,7%	70	6,9%	70	7.8%	70
Zwischentotal	79%	315	79%	315	79%	315
Stabilität der Pass. =Max. Punkte 300 bzw. 100%	1991	P	1990	P	1989	P
Eigene Mittel % Passiven	4.7%	60	4.9%	60	5,7%	70
Bank Kred., Kunden Kred., Kunden Sparsortiment % Bank Deb., Kundenkredite mit & ohne hyp. Deckung.	109,6%	70	112,7%	80	108.8%	70
Kunden Sparsortiment (Spargelder, Obl., Anleihen) % Bank debt, Kundenkredite mit & ohne hyp. Deckung	112,3%	100	113,8%	100	112.4%	100
Zwischentotal	77%	230	73%	220	80%	240
Total in % der Max. Punkte von 1.400 bzw. 100%	57%	795	57%	795	NA	0

ERFOLGSRECHNUNG in Mio. SFr.	1991	%	1990	%		
Zinssaldo	331.2	28.4%	331.2	31.7%		
Kommissionen	301.9	25.9%	292.4	28.0%		
Wechsel, Geldmarktpapiere, F/X & Edelmetalle	242.1	20.8%	217.6	20.8%		
Wertpapier- und übrige Erträge	290,2	24,9%	203,1	19,5%		
Gesamtertrag	1.165,7	100.0%	1.044,2	100.0%		
Personalkosten	-574,2	-49,2%	-536,7	44.5%		
Geschäftsaufwand	-208,6	-17,9%	-208,9	-20,0%		
Betriebsgewinn	382,9	32,8%	298,7	28,6%		
Verluste, Abschreibungen*, Rückstellungen.	-293.6	-25.2%	-157.1	-15.0%		
Steuern	-20.5	-1.8%	-32.9	-3.2%		
Reingwinn	68.6	5.9%	108.7	19.3%		
Cash Flow exkl. SFr. 100 Mio. Rückstellungen	-225,2		-48.4			

BILANZ in Mio. SFr.	1991	%	1990	%	1989	%
Liquide Mittel	490	1,1%	576	1,3%	33	1.4%
Bank Debitoren	8.174	17,6%	7.740	17,4%	5.315	13,8%
Wechsel & Geldmarktpapiere	1.273	2.7%	1.618	3.6%	832	2.2%
Kundenkredite ohne hyp. Deckung	10.747	23,1%	10.426	23,4%	9.383	24,4%
Kundenkredite mit hyp. Deckung	20.261	43,6%	19.586	43,9%	17.992	46,7%
Wertpapiere	3.595	7,7%	3.093	6,9%	3.014	7,8%
Übrige Aktiven & Sachanlagen	1.950	4,2%	1.591	3,6%	1.453	3,8%
BILANZSUMME in Mio. SFr	46.490	100.0%	44.608	100.0%	38.522	100.0%
Bank Kreditoren	8.185	17.6%	8.397	18.8%	4.797	12.5%
Kundenkreditoren	15.280	32.9%	14.430	32.3%	12.264	31.8%
Kunden Sparsortiment (Spargelder, Obl., Anleihe	19.550	42,1%	18.670	31.2%	18.463	47,9%
Übrige Passiven	1.268	2,7%	917	3,6%	818	2,1%
Genossenschafts- und PS Kapital	2,207	4,7%	1,292	4,9%	2,181	5.7%

Allgemeine Information

Der Schweizer Finanzplatz war im Verhältnis zum kleinen Land mit über 650 Banken viel zu groß und ist es mit 330 Banken heute noch. 1992 war Rezession und der starke Wettbewerb, auch von Nichtbanken und der Abfluss von Kundengeldern verschärfte den Margendruck auch bei der über 100 Jahre alten angesehenen Volksbank, trotz starken Wurzeln in der Schweizer Wirtschaft. In der Folge riskierte die Volksbank vor allem im Hypothekargeschäft zuviel. Der Versuch die Ertragslage im In- und Ausland durch vermehrte Wertpapier,- Wechsel- und Geld-marktgeschäfte zu erhöhen, brachte nicht die Trendwende. Doch sie war bei weitem nicht so angeschlagen wie die Lokalbank SLT die 1991 die in Konkurs ging. Die diversifizierten Ertrags-quellen der Volksbank unterstreichen, dass das Geschäftsmodell und das Management gut waren. Bedauerlich deshalb, dass sie bei der Immobilienfinanzierung hohe Verluste erlitt. Dagegen wurde die Bank Leu durch ihre arroganten CEO buchstäblich heruntergewirtschaftet. Aus Ideenlosigkeit und Unfähigkeit wurde jahrzehntelang ein margenschwaches Interbank-geschäft betrieben, um gezielt die Bilanz massiv künstlich aufzublähen, zumal grosse Bilanz-summen einst der Masstab für Erfolg bedeutete. Doch die ethische Volksbank war so begehrt, dass sie nicht bei CS und UBS anklopfen musste. Die Beiden kamen von sich aus und machten ihr lukrative Angebote. Die SVB entschied sich für die CS, weil ihr die Selbständigkeit innerhalb der CS Group zugesichert wurde. Jahre später wurde sie problemlos in die CS integriert und die SVB Aktien gegen CS Aktien umgetauscht. Dagegen gab es im Markt & in den Medien für die CS nach dem Leuen-Coup nur Hohn und Spott für den teuren & desolaten „Leuen Zoo" der erst nach 12 Jahren kostspieliger Sanierung und neuer Geschäftsleitung die Trendwende schaffte.

Quantum Research
Profitabilität and Stabilität

Die Quantum Research Tabelle zeigt, dass die Profitabilität der grösste Schwachpunkt der Volksbank ist. Trotzdem ist sie im Bank Leu-Vergleich viel besser. So ist die Volksbank eng mit der schweizerischen Wirtschaft verbunden, hat eine sehr solide Refinanzierung der langfristigen Kredite, wovon Leu nur Träumen konnte, hat eine diversifizierte Ertragsstruktur und betrieb das Interbankgeschäft nicht als Haupt,- sondern als Nebenzweck. Die SVB war ehrlich, offen und verschwieg nicht, dass sie bei der Immobilienfinanzierung sehr viel Geld verlor. Diese Offenheit und Berufs Ethik bewertete der Autor mit 100 Punkten, aber keinen Punkt für die Bank Leu die jahrelang einen Verlust von über SFr. 100 Mio. vertuschte, während die Leu-CEO Millionen heimlich in die eigenen Taschen steckten, laufend Kapitalerhöhungen inszenierten, um missliebige Interessenten fernzuhalten. Auch der Slogan Leu wäre eine Privatbank seit 250 Jahren stimmt nicht, weil sie den Status einer Privatbank erst seit 1998 besitzt. Ausserdem müssten die Kommissionen min. 50/60% der Gesamteinnahmen betragen. Doch diese waren nur 20% und somit weniger als bei der Volksbank mit 25%. Viele Sprüche und Ungereimtheiten kamen erst nach der Übernahme ans Licht, doch die Leu-CEO hatten vorgesorgt, um bleiben zu können.

Standard Research
Profitabilität and Stabilität

Höhere Finanzierungskosten drückten auf die Gewinnmargen. Die Ausdehnung des Interbankgeschäfts veränderte das Zinsergebnis nicht. Die Erhöhung des Wertpapierbestandes führte zur Verbesserung der Wertpapiererträge. Um einen Verlustausweis zu vermeiden, wurden SFr. 100 Mio Rückstellungen aufgelöst. Der Preiszerfall der Immobilien fand ihren Niederschlag in den hohen Abschreibungen. SVB hatte traditionell immer einen hohen Anteil an Kundengeldern. Neues Sparverhalten führte zu Umlagerungen in volatile teure Kundenkreditoren. 1992 war das Genossenkapital ungenügend erneut Kreditverluste zu decken. Das war das Ende von SVB.

End Spiel für die Schweizer Ausland Bank Royal Trust
Quantum Research und Standard Research

Bank Rating = Max P. 200 – Liquidität = Max P. 100	1990	P	1989	P	1988	P
Für Berufs Ethik, Management und Finanzstärke	0.0%	0	0.0%	0	0.0%	0
Liquidität 2. Grades = min. 33% als int. Richtwert	43.6%	100	42.2%	100	50.5%	100
Zwischentotal	43.6%	100	42.2%	100	50.5%	100
Profitabilität = Max. Punkte 400 bzw. 100%	1990	P	1989	P	1988	P
Reingwinn % Eigene Mittel = ROE	18.7%	100	11.5%	80	6.0%	60
Cash flow % Eigene Mittel = ROE	23.9%	70	16.6%	60	11.1%	50
Reingwinn % Aktiven = ROA	1.5%	100	1.0%	100	0.5%	60
Cash flow % Aktiven = ROA	1.9%	90	1.4%	70	1.0%	65
Zwischentotal	90%	360	77%	310	59%	235
Stabilität der Aktiven = Max. Punkte 400 bzw.100%	1990	P	1989	P	1988	P
Bankendebitoren % Aktiven	40.4%	20	38.6%	20	46.0%	0
Bankenkreditoren % Passiven	72.6%	0	70.7%	0	70.6%	0
Kundenkredite % Aktiven	24.7%	50	30.9%	65	28.7%	60
Wertpapiere % Aktiven	26.8%	20	21.2%	40	17.0%	45
Zwischentotal	22%	90	31%	125	26%	105
Stabilität der Passiven = Max. Punkte 300 bzw. 100%	1990	P	1989	P	1988	P
Eigene Mittel % Passiven	8.0%	90	8.5%	100	8.8%	100
Bankenkreditoren und Kunden Kreditoren % Bankendebitoren und Kundenkredite .	141.3%	0	131.6%	0	122.1%	0
Kunden Gelder % Bankendebitoren und Kundenkredite	0.0%	0	0.0%	0	.0.0%	0
Zwischentotal	27%	90	33%	100	33%	100
Total in % der Max. Punkte von 1.400 bzw. 100%	46%	640	45%	635	39%	540

EFOLGSRECHNUNG in Mio. SFr.	1990	%	1989	%	1988	%
Zinssaldo	12.9	15.8%	5.6	9.0%	-10.7	-24.4%
Kommissionen	13.2	16.2%	13.9	22.2%	11,3	25,7%
Wechsel, Geldmarktpapiere, F/X und Edelmetalle	10.1	15.4%	10.9	17.5%	12.0	27.4%
Wertpapiererträge	45,4	55,6%	32,1	51,4%	31,3	71,3%
Übrige Erträge	0	0%	0	0%	0	0%
Gesamtertrag	81.6	100.0%	62,5	100.0%	43.9	100.0%
Personalkosten und Geschäftsaufwand'	-21,5	-26.3%	-20.4	-32.6%	-15.8	-23.3%
Betriebsgewinn	60,1	73,7%	42,1	67.4%	28,1	64,0%
Verluste, Abschreibungen*, Rückstellungen.	-11.9	-14.6%	-11.7	-18.7%	-11.3	-18.6%
Steuern	-4.7	-5.8%	-4.1	-6.6%	-3.2	-3.9%
Reingwinn	43.9	53.3%	26.3	42.1%	13.6	31.0%
Cash Flow von Geschäftstätigkeit	55.8		38.0		24.9	

BILANZ in Mio. SFr.	1990	%	1989	%	1988	%
Liquide Mittel	0	0.0%	0	0.0%	0	0.0%
Bankendebitoren	1173	40.4%	1047	38.6%	1175	46.0%
Kundenkredite	717	24.7%	837	30.9%	733	28.7%
Wertpapiere	777	26.6%	574	21.2%	435	17.0%
Beteiligungen	235	8.1%	251	9.3%	211	8.3%
BILANZSUMME in Mio. SFr.	2903	100.0%	2709	100.0%	2554	100.0%
Bankenkreditoren	2109	72.6%	1914	70.7%	1802	70.6%
Kundenkreditoren	561	19.3%	566	20.9%	527	20.6%
Eigene Mittel	233	8.0%	229	8.5%	225	8.8%

Allgemeine Information

Nach Verlusten im internationalen Kredit- und Kommerzgeschäft wurde das Schwergewicht der Tätigkeit auf die internationale Vermögensverwaltung gelegt. Demzufolge stiegen in den letzten drei Jahren die Wertapapierbestände und Beteiligungen von SFr. 366 Mio. auf SFr. 1.012 Mio. die Erträge von SFr. 45.4 Mio. generierten. Die Kommissionseinnahmen blieben bescheiden, was bedeutete, dass die verwalteten Vermögen nicht substantiell waren. Die Schwankungen bei den Zinseinnahmen sind das Resultat volatiler Zinssätze, höhere Zinserträge von Banken-debitoren und der neuen Geschäftsstrategie durch Verkauf von Teilen der Aktiven 1988. Die Profitabilität sieht auf den ersten Blick zufriedenstellend aus. Die Tatsache jedoch, dass diese Erträge von Aktiven stammen die vollständig mittels temporären und riskanten kurzfristigen Bank- und Kundenkreditoren refinanziert wurden bewies, dass die Bank Manager eher Spekulanten waren. Demzufolge empfahl der Autor die Aktien zu verkaufen, obwohl der Bank CEO und Schweizer Akademiker von dieser Verkaufempfehlung nicht begeistert war. Dabei verlor er seine Contenance und schrie laut ins Telefon: "Sie sind dumm und unprofessionell". Doch der Autor ignorierte „dieses Komplement", da diese Reaktion eines unqualifizierten Swiss Bank Managers typisch ist. In der Tat, noch im laufenden Jahr stiegen die Zinssätze dramatisch, die Bankdividende wurde gestrichen, die Aktien an der Börse inklusive die Titel der "Spekulanten Bank" gingen auf Talfahrt und der CEO, der Andere für dumm hielt, musste unter Aufsicht die Bank verlassen. Im folgenden Jahr war Endzeit auch für die Spekulanten Titel, da sie an der Schweizer Börse dekotiert wurden.

Quantum Research
Profitabilität and Stabilität

Die Liquidität 2. Grads liegt im Rahmen der internationalen Richtlinien. Dagegen keinen Punkt für Berufs Ethik und Management aufgrund der oben erwähnten negativen Faktoren. So ist die optisch gute Profitabilität nur oberflächlich korrekt, da die Erträge von Aktiven stammen die nur kurzfristig refinanziert wurden. Ausserdem war die kleine Ausland Bank für Schweizer Kapital-geber ein besonderes Bonitätsrisiko der man nur kurzfristig vertraute, um im Notfall die Notbremse zu ziehen. Noch 1990 war die risikoreiche Strategie für die Bank erfolgreich, was die markante Zunahme der Erträge aus dem Wertpapier- und Interbankgeschäft zur Folge hatte. Als Folge dieses Erfolgs und die Wette auf anhaltend tiefe Zinssätze, pumpte die Bank weitere kurzfristige Schulden von SFr. 195 Mio. Dabei machte die relative gute Eigenkapitalbasis die schlechte Refinanzierungsstruktur nicht besser. Letztere vermittelte den Eindruck, dass die Bank eher eine Finanzgesellschaft mit wenig Mitarbeiter ist, was das tiefe Kosten/Ertrags-verhältnis von 21.5% bestätigte.

Standard Research
Profitabilität and Stabilität

Unter Berücksichtigung der früheren Verluste im Kreditgeschäft und dass die hohen Bankendebitoren kaum von bester Qualität gewesen sind, waren die Abschreibungen ungenügend. Die praktisch unveränderten Zahlen von SFr. 11 Mio. waren eher manipuliert als echt. Das Wachstum der Bilanzsumme 1990 ist auf die massiv gestiegenen Wertpapierbestände und Bankendebitoren zurückzuführen. Als die Situation für die Bank zunehmend kritisch wurde, zogen Kapitalgeber die Notbremse und verlangten das kurzfristige Geld sofort zurück. Arroganz, Gewinnsucht und Verletzung „Goldener Bankregeln" wurden auch für diese Bank zum Desaster die wie ein Kasino wirtschaftete, aber statt Chips, schlechte Nachrichten von Aufsichtsbehörden und Betreibungsämtern erhielt.

Anfang und Ende der Schweizer Auslandbank BNP
Quantum Research und Standard Research

Bank Rating = Max P. 200 – Liquidität = Max P. 100	1986	P	1985	P	1984	P
Für Berufs Ethik, Management und Finanzstärke	25.0%	50	25.0%	50	25.0%	100
Liquidität 2. Grades = min. 33% als int. Richtwert	66.6%	100	56.6%	100	54.5%	100
Zwischentotal	91.6%	150	81.6%	150	79.5%	200
Profitabilität = Max. Punkte 400 bzw. 100%	1986	P	1985	P	1984	P
Reingwinn % Eigene Mittel = ROE	9.5%	65	9.3%	65	9.3%	65
Cash flow % Eigene Mittel = ROE	21.9%	70	22.6%	70	23.2%	70
Reingwinn % Aktiven = ROA	0.7%	70	0.7%	70	0.7%	70
Cash flow % Aktiven = ROA	1.6%	80	1.6%	80	1.8%	80
Zwischentotal	71%	285	71%	285	71%	285
Stabilität der Aktiven = Max. Punkte 400 bzw.100%	1986	P	1985	P	1984	P
Bankendebitoren % Aktiven	47.4%	0	52.5%	0	49.8%	0
Bankenkreditoren % Passiven	71.1%	0	65.8%	0	65.1%	0
Kundenkredite % Aktiven	44.8%	40	40.7%	40	43.5%	40
Wertpapiere % Aktiven	4.5%	100	2.0%	100	2.1%	100
Zwischentotal	35%	140	35%	140	35%	140
Stabilität der Passiven = Max. Punkte 300 bzw. 100%	1986	P	1985	P	1984	P
Eigene Mittel % Passiven	7.4%	90	7.3%	90	7.6%	90
Bankenkreditoren und Kunden Gelder % Bankendebitoren und Kundenkredite .	95.5%	0	94.0%	0	94.0%	0
Kunden Gelder % Bankendebitoren und Kundenkredite	18.4%	0	23.4%	0	24.2%	0
Zwischentotal	30%	90	30%	90	30%	90
Total in % der Max. Punkte von 1.400 bzw. 100%	47%	665	47%	665	47%	665

EFOLGSRECHNUNG in Mio. SFr.	1986	%	1985	%	1984	%
Zinssaldo	22.3	33.5%	22.9	35.1%	22.7	35.6%
Kommissionen	28.4	42.7%	31.4	48.2%	29,4	46,1%
Wechsel, Geldmarktpapiere,	0.6	0.9%%	0.8	1,2%%	1.1	1.7%
F/X und Edelmetalle	8,0	12,0%	5,8	8,9%	4,2	6,6%
Wertpapier- und Beteiligungserträge	6,0	9,0%	3,2	4,9%	3,2	5,0%
Übrige Erträge	1.2	1,8%	1.1	1,7%	3.2	5,0%
Gesamtertrag	66.5	100.0%	65.2	100.0%	63.8	100.0%
Personalkosten und Geschäftsaufwand	-27,0	-40.6%	-25.7	-39,4%	-25.2	-39.5%
Betriebsgewinn	39,5	59,4%	39,5	60,6%	38,6	60,5%
Verluste, Abschreibungen, Rückstellungen.	-19.8	-29.8%	-20.4	-31.3%	-20.6	-32.3%
Steuern	-4.5	-6.9%	-4.9	-7.5%	-4.2	-6.5%
Reingwinn	15.1	22,7%	14.2	21,8%	13.8	21,6%
Cash Flow von Geschäftätigkeit	34.9		34.5		34.4	

BILANZ in Mio. SFr.	1986	%	1985	%	1984	%
Liquide Mittel	0	0.0%	0	0.0%	0	0.0%
Bankendebitoren	1.015	47.4%	1.105	52.5%	965	49.8%
Kundenkredite	959	44.8%	856	40.7%	842	43.5%
Wertpapiere und Beteiligungen	96	4.5%	43	2.0%	41	2.1%
Übrige Aktiven	72	3.4%	101	4.8%	89	4.6%
BILANZSUMME in Mio. SFr	2.142	100.0%	2.105	100.0%	1.937	100.0%
Bankenkreditoren	1524	71.1%	1385	65.8%	1261	65.1%
Kunden Gelder	364	17.0%	458	21.8%	437	22.6%
Übrige Passiven	95	4.4%	109	5.2%	91	4.7%
Eigene Mittel	159	7.4%	153	7.3%	148	7.6%

Allgemeine Information

Seit 1950 war die Bank in der Schweiz tätig und man nannte Sie die "Baumwoll Bank", da der Fokus im Handel und in der Finanzierung von Baumwolle und anderen Commodities lag. Andere Ertragsquellen waren das Interbankgeschäft. Doch das Commodity Geschäft ist mit vielen Risiken verbunden, wie sehr kleine Gewinnmargen, extreme Preisschwankungen, Währungsrisiko, da die meisten Commodities in US Dollar gehandelt werden. Ferner starke Konkurrenz, so dass nur exzellente und grosse internationale Gesellschaften in diesem Geschäft erfolgreich sind. Das war der Grund, weshalb auch die BNP Schweizer Tochter am boomenden Schweizer Kapitalmarkt sowie im Börsen- und Vermögensverwaltungsgeschäft teilhaben wollte. Demzufolge verlangten Investment Banker der Arbeitgeberbank vom Autor einen wohlwollenden Einführungsbericht, um die BNP Aktien im Markt zum Preis von Fr. 2600 pro Titel als IPO platzieren zu können. Doch der Autor erklärte, dass ein Preis von SFr. 2200 mehr als genug sei und es blieb beim Ausgabepreis von SFr. 2200. Im "Im Grauen Markt", bzw. vor Handelsbeginn, wurden die BNP Aktien bis auf SFr. 3.000 „hochgejubelt". Der Autor erhielt Dutzende wütende Telefonanrufe. Doch am ersten Handelstag im März 1987 lag der Eröffnungskurs bei SFr. 2600-2700 und schloss am Abend bei SF. 2250. In den folgenden Jahren hatte BNP viele Probleme und die Aktien wurden wie „heiße" Kartoffeln" gehandelt. Schliesslich offerierte BNP die Aktien im Oktober 1989 zum Preis von SFr. 1400 zurückzukaufen.

Quantum Research
Profitabilität and Stabilität

BNP erzielte jährlich stabile Profitabilität Zahlen, doch dabei blieb es, denn Gewinnsteigerungen waren nicht möglich, da das Commodity Geschäft in den letzten Jahren stagnierte. Die Ursachen waren Preiszerfall, schwache US Währung und weil viele Rohmaterialien in der verarbeitenden Industrie durch neue Werkstoffe ersetzt wurden. Im Interbankgeschäft war die BNP Schweizer Tochter besser positioniert als die erwähnte frühere "Baumwoll Bank", gleichwohl stagnierten die Zinserträge. Die Tatsache, dass die normalerweise 80 Punkte bewerteten Kunden-, bzw. Commodity Kredite viele Risiken bergen, wurden sie in der Tabelle mit 40 Punkten tiefer gestuft. Die Absicht der BNP Schweizer Tochter auch eine Vermögensverwaltung aufzubauen, zwecks Ertragssteigerung und Diversifikation der Bankgeschäfte, blieb erfolglos. Nicht überraschend, denn Basel als Grenzstadt mit Deutschland und Frankreich ist voll von Schweizer und Auslandbanken. Erfolglos war deshalb auch der Versuch im Kapitalmarkt Fuß zu fassen. Fazit: 50 Punkte für späte Lehren und gezogenen Konsequenzen.

Standard Research
Profitabilität and Stabilität

Die Tatsache dass die BNP für die Refinanzierung der Kundenkredite fast ausschliesslich kurzfristige Bank- und Kundenkredite verwendete war sehr spekulativ. Doch als Tochterbank der Muttergesellschaft in Paris hatte sie einen Vertrauensbonus, weshalb sie bei der Kreditschöpfung günstigere Bedingungen erhielt, als andere Banken. Andererseits waren die Commodity Kredite mit hohen Risiken belastet. 1989 war die Swiss Oil Company Gatoil nicht in der Lage Kredite von SFr. 200-300 Mio zurückzuzahlen. Das war ein herber Rückschlag für den Besitzer und Unternehmensgründer Khalil Gattas der als ehrlich und vertrauenswürdig galt. Er begann in Libanon mit einer Hühnerfarm und hatte ausgezeichnete Beziehungen zu arabischen Ölproduzenten. Als geschickter Vermittler zwischen Ölproduzenten und westlichen Ölgesellschaften verdiente er mit seiner Gesellschaft hohe Gebühren und Kommissionen. Vom Erfolg geblendet ignorierten BNP und Gattas, dass die Ölkredite zu hohe Klumpenrisiken waren.

Liechtensteinische Landesbank (LLB)
Quantum Research und Standard Research

Bank Rating = Max P. 200 – Liquidität = Max P. 100	1986	P	1985	P	1984	P
Für Berufs Ethik, Management und Finanzstärke	100.0%	200	100.0%	200	100.0%	200
Liquidität 2. Grades = min. 33% als int. Richtwert	61.7%	100	62.1%	100	62.7%	100
Zwischentotal	161.7%	300	162.1%	300	162.7%	300

Profitabilität = Max. Punkte 400 bzw. 100%	1986	P	1985	P	1984	P
Reingwinn % Eigene Mittel = ROE	8.4%	65	8.0%	65	6.9%	65
Cash flow % Eigene Mittel = ROE	14.9%	60	15.1%	60	13.5%	60
Reingwinn % Aktiven = ROA	0.3%	30	0.3%	30	.0.2%	0
Cash flow % Aktiven = ROA	0.5%	50	0.5%	50	0.5%	50
Zwischentotal	46%	185	46%	185	44%	175

Stabilität der Aktiven = Max. Punkte 400 bzw. 100%	1986	P	1985	P	1984	P
Bankendebitoren % Aktiven	59.5%	65	60.3%	65	59.5%	65
Bankenkreditoren % Passiven	0.4%	65	0.1%	65	0.1%	65
Kundenkredite mit hyp. Deckung % Aktiven	23.0%	50	21.2%	50	21.4%	50
Wertpapiere und Beteiligungen % Aktiven	15.3%	50	16.2%	45	16.9%	45
Zwischentotal	58%	230	57%	225	57%	225

Stabilität der Passiven = Max. Punkte 300 bzw. 100%	1986	P	1985	P	1984	P
Staatskapital % Passiven	3.5%	100	3.3%	100	3.5%	100
Bankenkreditoren, Kunden Sparsortiment % Bankendebitoren, Kundenkredite mit hyp. Deckung.	117.0%	100	118.5%	100	119.3%	100
Kunden Sparsortiment (Spargelder, Kassa Obl.,) % Bankendebitoren, Kundenkredite mit hyp. Deckung	116.5%	100	118.4%	100	119.1%	100
Zwischentotal	100%	300	100%	300	100%	300
Total in % der Max. Punkte von 1.400 bzw. 100%	72%	1015	72%	1010	71%	1000

EFOLGSRECHNUNG in Mio. SFr.	1986	%	1985	%	1984	%
Zinssaldo	12.5	28.0%	13.5	35.2%	13.5	39.4%
Kommissionen	13.0	29.1%	11.2	29.2%	9,4	27,4%
Wechsel, Geldmarktpapiere,	2.0	4.5%	2.2	5,7%	1.8	5.2%
F/X und Edelmetalle	4,2	9,4%	3,9	10,2%	3,6	10,5%
Wertpapier- und Beteiligungserträge	11,8	26,4%	7,0	18,2%	5,5	16,0%
Übrige Erträge	1.2	2,7%	0.6	1,6%	0.5	1,5%
Gesamtertrag	44.7	100.0%	38.4	100.0%	34.3	100.0%
Personalkosten und Geschäftsaufwand	-22,0	-49.2%	-18.3	-47.7%	-16.8	-49.0%
Betriebsgewinn	22,7	50,8%	20,1	52,3%	17,5	51,0%
Verluste, Abschreibungen, Rückstellungen.	-10.0	-22.4%	-9.4	-24.5%	-8.5	-24.8%
Steuern	0	0%	0	0%	0	0%
Reingwinn	12.7	28.4%	10.7	27.9%	9.0	26.2%
Cash Flow von Geschäftstätigkeit	22.7		20.3		17.5	
Ablieferung an den Staat & Stärkung Eigene Mittel	-12.2		-10.7		-7.9	

BILANZ in Mio. SFr.	1986	%	1985	%	1984	%
Liquide Mittel	0	0.0%	0.0	0.0%	0	0.0%
Bankendebitoren	2.553	59.5%	2.417	60.3%	2.199	59.5%
Kundenkredite mit hypothekarischer Deckung	985	23.0%	850	21.2%	790	21.4%
Wertpapiere und Beteiligungen	657	15.3%	650	16.2%	625	16.9%
Übrige Aktiven	98	2.2%	89	2.2%	81	2.2%
BILANZSUMME in Mio. SFr	4.291	100.0%	4.006	100.0%	3.695	100.0%
Bankkreditoren	17	0.4%	3	0.1%	5	0.1%
Kunden Sparsortiment (Spargelder, Kassa Obl.)	4.122	96.1%	3.889	96.6%	3.560	96.3%
Eigenkapital inkl. PS und Staatskapital	152	3.5%	134	3.3%	130	3.5%

Allgemeine Information

Das "Ländle", wie es seine Einwohner bezeichnen, umfasst 160 km2 Landesfläche und war Jahrhunderte lang ein armes Agrarland. Handwerksbetriebe waren vor über 200 Jahren kaum bekannt. Im Jahre 1812 wurden 6.000 Einwohner gezählt. 1719 wurde Liechtenstein offiziell zum Fürstentum ernannt. Als konstitutionelle Erbmonarchie pflegt sie gute Beziehungen zur Schweiz und hat mit ihr seit 1923 einen Zollanschlussvertrag, worin der Schweizer Franken als gültige Währung festgelegt ist und maßgeblich zur Neuorientierung des Landes beigetragen hat. Die Staats- und Landesbank LLB wurde 1861 gegründet und konnte sich in diesem Land, wo die Einwohner hauptsächlich als Bauern von der Landwirtschaft lebten nur langsam entwickeln. Als typische Spar- und Leihkasse investierte sie die Kundenersparnisse in Hypothekar Kredite bzw. Hypotheken. Die Wende kam nach dem II. Weltkrieg mit dem Zuzug von Industriebetrieben und Investoren die Liechtenstein als Industrie- und Wirtschaftsstandort, wegen der leistungsorientierten Bevölkerung, liberalen Gesetzgebung und Wirtschaftsordnung, schätzten. LLB wurde zur grössten Universalbank des Landes deren ausstehende Hypotheken einst 73% der Bilanzsumme betrugen. Als Staatsbank hat die LLB eigene Gesetze. Danach dürfen die Aktiven im Ausland 25% der Bilanzsumme nicht überschreiten, der Anteil des Partizipationskapitals ist auf max. 30% des Staatskapitals festgesetzt, keine Auslandkredite, sondern nur an Schweizer Banken im Rahmen des Interbankgeschäfts.

Quantum Research
Profitabilität and Stabilität

Die oben erwähnten Restriktionen und Auflagen verhindern eine Entfaltung der Bankaktivitäten. Als Folge der beschränkten Investitions- und Expansionsmöglichkeiten innerhalb des kleinen Landes zwingt die LLB den reichlichen Mittelzufluss von Kundengeldern vor allem im schweizerischen Interbankgeschäft zu verwenden. Das ist praktisch risikolos, weshalb auch die Gewinnmargen sehr eng sind. Bedingt durch den reichlichen Zufluss von Kundengeldern ist die LLB nicht auf Bankenkreditoren angewiesen. Doch, umso grösser sind die Probleme mit dem Anlagenotstand. Die tiefen ROA unterstreichen, dass die Verbesserung der Profitabilität nur im indifferenten Geschäft, wie Privat Banking inkl. Lombardkrediten und Dienstleistungen aller Art erreicht werden kann. Von der weltweiten Kritik am Bankgeheimnis ist nicht nur die LLB betroffen, sondern auch ihre Konkurrenten vor allem in Liechtenstein und in der Schweiz. Bei der LLB flossen deshalb erhebliche Kundengelder ab. Aber Banken die sich auf die Situation nach dem Bankgeheimnis eingestellt haben, wie die LLB, können damit gut umgehen. LLB hatte ohnehin Kundengelder im Überfluss. Die hohen ROE sind bedeutungslos, denn als Staatsbank benötigt die LBB geringe Eigene Mittel und ist sehr gut kapitalisiert. Aus den erwähnten Gründen wurden die hohen Bankendebitoren besser als gewöhnlich bewertet. Fazit: 200 Punkte für Berufsethik, Management und Finanzstärke.

Standard Research
Profitabilität and Stabilität

Die Zahlen der Erfolgsrechnung zeigen, dass jedes Jahr Fortschritte gemacht wurden. 1990 stieg der Gesamtertrag um 14.5%, doch gleichzeitig stiegen die Personal und Geschäftskosten um 12.0%. Zinserträge lagen um SFr. 1 Mio. tiefer bei SFr. 12.5 Mio. Unter Berücksichtigung der Banken- und Kundenkredite von Sfr. 3.538 Mio. gemessen an den Zinserträgen, war die Nettomarge nur 0,35%. Mögliches Nachlassen des Kundengelder Zuflusses und beschränktes Wachstum im differenten Bankgeschäft, sollte der Fokus erst recht auf das Private Banking gelegt werden, ansonst ist die Stabilität ausgezeichnet.

Führende Schweizer Privatbanken Bank Bär and Bank Vontobel and Liechtensteinische Verwaltungs- and Privatbank (VPB)

Quantum Research und Standard Research

Bank Rating = Max P. 200 – Liquidität = Max P. 100	BÄER	P	VON	P	VPB	P
Für Berufs Ethik, Management und Finanzstärke	100.0%	200	100.0%	200	100.0%	200
Liquidität 2. Grades = min. 33% als int. Richtwert	49.0%	100	88.1%	100	76.3%	100
Zwischentotal	149.0%	300	188.1%	300	176.3%	300
Profitabilität = Max. Punkte 400 bzw. 100%	**BÄER**	**P**	**VON**	**P**	**VPB**	**P**
Reingwinn % Eigene Mittel = ROE	27.7%	100	20.3%	100	18.7%	100
Cash flow % Eigene Mittel = ROE	31.6%	100	34.8%	100	21.6%	70
Reingwinn % Aktiven = ROA	2.3%	100	3.1%	100	1.8%	100
Cash flow % Aktiven = ROA	2.7%	100	5.3%	100	2.1%	100
Zwischentotal	100%	400	100%	400	92%	370
Stabilität der Akt. = Max. Punkte 400 bzw. 100%	**BÄER**	**P**	**VON**	**P**	**VPB**	**P**
Bankendebitoren % Aktiven	29.2%	50	43.4%	10	66.3%	0
Bankenkreditoren % Passiven	22.8%	60	18.1%	65	11.9%	65
Kundenkredite ohne hyp. Deckung % Aktiven	19.6%	40	14.7%	30	11.5%	30
Kundenkredite mit hyp. Deckung % Aktiven	2.5%	100	0.0%	100	9.4%	100
Wertpapiere % Aktiven	20.3%	40	20.2%	40	9.7%	65
Zwischentotal	72%	290	61%	245	65%	260
Stabilität der Pass. = Max. Punkte 300 bzw. 100%	**BÄER**	**P**	**VON**	**P**	**VPB**	**P**
Eigene Mittel % Passiven	9.5%	100	9.0%	100	8.7%	100
Bank Kred., Kunden Kred., Kunden Sparsortiment % Bank Deb., Kundenkredite mit & ohne hyp. Deckung.	157.8%	100	86.4%	40	100.8%	65
Kunden Sparsortiment (Spargelder, Obl., Anleihen) % Bank debt, Kundenkredite mit & ohne hyp. Deckung	113.3%	100	55.1%	40	87.2%	70
Zwischentotal	100%	300	60%	180	78%	235
Total in % der Max. Punkte von 1.400 bzw. 100%	**92%**	**1290**	**80%**	**1.125**	**83%**	**1.165**

EFOLGSRECHNUNG in Mio. SFr.	BÄER	%	VON	%	VPB	%
Zinssaldo	191	11.0%	78	8.8%	115	31.4%
Kommissionen	1.307	75.6%	539	60.9%	166	45,4%
Handelsertrag	196	11.4%	262	29,6%	71	19.4%
Beteiligungs-& Immobilienerträge, Übrige Erträge	24	2.0%	0.6	2.1%	0	0,0%
Gesamtertrag	**1.728**	**100%**	**885**	**100.0%**	**366**	**100.0%**
Personal- und Geschäftsaufwand	-1,009	40.0%	-444	-28.6%	-111	21.8%
Betriebsgewinn	**719**	**41,6%**	**441**	**49,8%**	**255**	**69,7%**
Verluste, Abschreibungen, Rückstellungen.	-64	-3.7%	-161	-18.2%	-32	-8.7%
Steuern	-192	11.0%	-56	-6.3%	-24	-6.7%
Reingwinn	**463**	**26.9%**	**224**	**25.3%**	**199**	**54.2%**
Cash Flow von Geschäftstätigkeit	527		385		231	

BILANZ in Mio. SFr	BÄER	%	VON	%	VPB	%%
Liquide und ähnliche Mittel	2.082	10.5%	51	0.5%	85	0.8%
Bankendebitoren	5.801	29.2%	3.125	43.4%	7.246	66.3%
Kundenkredite ohne hypothekarisch.Deckung	3.893	19.6%	1.047	14.7%	1.259	11.5%
Kundenkredite mit hypothekarische Deckung	495	2.5%	0	0.0%	1.028	9.4%
Wertpapiere und Edelmetalle	4.027	20.3%	1.456	20.2%	1.059	9.7%
Finanz Investitionen	1.817	9.1%	764	10.6%	7	0.1%
Übrige Aktiven	1.759	8.8%	763	10.5%	240	2.2%
BILANZSUMME in Mio. SFr	**19.874**	**100.0%**	**7208**	**100.0%**	**10.925**	**100.0%**
Bankenkreditoren	4.534	22.8%	1.306	18.1%	1.299	11.9%
Kunden Spargelder, Kassa Obl., Anleihen,	11.540	58.1.%	2.300	31.9%	8.311	76.1%
Übrige Passiven	1804	9.1%	2273	31.5%	85	0.8%
Eigene Mittel	**1.672**	**8.4%**	**1.102**	**15.3%**	**1.066**	**9.8%**

Weitere Information für das Jahr 2000	BAER	VONTOBEL	VPB
Aktiven nach Länder und Regionen	**100.0%**	**100.0%**	**100.0%**
Schweiz	37.9%	41.7%	NA
Europäische Union ohne Schweiz	37.4%	41.4%	NA
USA	12.2%	7.2%	NA
Asien	1.0%	0.3%	NA
Lateinamerika wovon Karibik 3%	0.3%	0.1%	NA
Übrige	11.1%	9.3%	NA
Aktiven nach Währungen	**100.0%**	**100.0%**	**100.0%**
SFr	49.6%	67.8%	42.5%
US Dollar	25.6%	10.4%	34.6%
EURO	15.2%	18.8%	18.5%
Übrige	9.4%	3.0%	4.4%
Indifferentes Bankgeschäft	**MLN SFr**	**MLN SFr**	**MLN SFr**
Verwaltete Kundenvermögen	142.300	76.652	31.000
Treuhandgeschäfte	10.315	3.495	NA
Volumen der Derivaten Finanzkontrakte	535.100	17.388	1.099
Eventualverbindlichkeiten	541.085	1.305	136

Allgemeine Information

Für jeden Prüfungskandidaten der in England an Universitäten, in privaten und öffentlichen Schulen studierte, sind die Zahlen 60, 70 und 80 von besonderer Bedeutung. So sind 60% das Minimum, um die Prüfung knapp zu bestehen. Mit 70% hat der Kandidat die Prüfung gut, doch mit 80% hat er sie erstklassig bestanden. Somit sind alle drei Banken erstklassig. Bei der Privat Bank Bär liegt der Fokus im klassischen Vermögensverwaltungsgeschäft das eine hundert- jährige Tradition hat. Die Privat Bank Vontobel Bank ist stark im Handelsgeschäft mit Wert- papieren und Derivaten. Bei der Verwaltungs- und Privat Bank (VPB) liegt das Schwergewicht im Schweizer Interbankgeschäft. Die Tatsache, dass diese Banksparte und das Hypothekar- geschäft mit Risiken verbunden sind, ist der Autor zurückhaltend diese Bankaktivitäten mit hohen Punktzahlen zu bewerten, da sie oft bis zu 100% mit riskanten kurzfristigen Banken- kreditoren refinanziert sind. Das ist nicht der Fall bei den drei Privatbanken die ihre Aktiven ausreichend mit stabilen Kundengeldern refinanzierten. Doch hohe Bankendebitoren sind nicht per se schlecht, da die Bank Vontobel mit den Partner Banken ein lukratives Handelsgeschäft pflegt. Das Gleiche trifft auch auf die VPB zu die ihre Kundengelder, mangels alternativer Anlage Möglichkeiten, zur Deckung des Finanzbedarfs der Schweizer Banken verwendet.

Quantum Research
Profitabilität and Stabilität

Die tabellarischen Darstellungen zeigen, dass die Profitabilität bei allen drei Bank sehr gut ist. Bei der Privat Bank Vontobel sind im hohen Cash Flow auch die Verluste von unsauberen Machenschaften von früher entlassenen drei Top Manager enthalten. Bei der Stabilität der Aktiven schnitten Vontobel und VPB gegenüber Bär wegen deren tiefer bewerteten Banken- debitoren schlechter ab. Auch ist die Refinanzierung der Aktiven ohne Bankenkreditoren bei Bär wesentlich besser. Fazit: 200 Punkte für all drei Banken für Berufs Ethik und Management.

Standard Research
Profitabilität and Stabilität

Hohe Zins- und Handelserträge von Vontobel und VPB reflektieren deren 2. Scherpunkt nebst der Vermögensverwaltung. Gute Anlageberater sind teuer, weshalb das hohe Kosten/Ertragsverhältnis von Bär. Auch die Handels- und Derivativ Spezialisten bei Vontobel sind nicht billig.

Verluste von Citigroup und langsame Erholung des US Häusermarkts
Quantum Research und Standard Research

Bank Rating = Max P. 200 – Liquidität = Max P. 100	2008	P	2007	P	2006	P
Für Berufs Ethik, Management und Finanzstärke	100.0%	200	100.0%	200	N/A	0
Liquidität 2. Grades = min. 33% als int. Richtwert	59.9%	100	62.5%	100	NA	0
Zwischentotal	159,9%	300	162,5%	300	NA	
Profitabilität = Max. Punkte 400 bzw. 100%	**2008**	**P**	**2007**	**P**	**2006**	**P**
Reingwinn % Eigene Mittel = ROE	-19.5%	0	3.2%	50	NA	0
Cash flow % Eigene Mittel = ROE	-5.0%	0	-12.6%	0	NA	0
Reingwinn % Aktiven = ROA	-1.4%	0	0.2%	0	NA	0
Cash flow % Aktiven = ROA	-0.4%	0	-0.7%-	0	NA	0
Zwischentotal	0.0%	0	13%	50	NA	0
Stabilität der Aktiven = Max. Punkte 400 bzw. 100%	**2008**	**P**	**2007**	**P**	**2006**	**P**
Bankendebitoren % Aktiven	8.8%	65	3.2%	65	NA	0
Konsumkredite mit hyp. Deckung % Aktiven	25.3%	90	30.1%	90	NA	0
Unternehmen Kredite mit hyp. Deckung % Aktiven	0.7%	100	0.3%	100	NA	0
Unternehmen Kredite ohne hyp. Deckung % Aktiven	8.3%	0	8.2%	0	NA	0
Beteiligungen % Aktiven	13.2%	55	9.8%	65	NA	0
Zwischentotal	77%	310	80%	320	NA	0
Stabilität der Passiven = Max. Punkte 300 bzw. 100%	**2008**	**P**	**2007**	**P**	**2006**	**P**
Eigene Mittel % Passiven	7.3%	90	5.2%	70	NA	0
Kundendep., Fed. Funds, langfr/ kurzfr Schuld, Broker % Bankendeb., Konsum & Firmenkredite, Bet., Brokerage	100.4%	100	103.7%	100	NA	0
Kundendep., langfr. Fed. Funds, langfr. Schulden % Bankendebitoren, kurzfr. Fed. Funds, Bet., ohne Broker	133,6%	100	162,8%	100	NA	0
Zwischentotal	97%	290	90%	270		
Total in % der Max. Punkte von 1.400 bzw. 100%	**64%**	**900**	**67%**	**940**	**NA**	**0**

EFOLGSRECHNUNG in Mio. $	2008	%	2007	%	2006	%
Zinssaldo	53.692	101.7%	45.378	57.8%	37.928	43.9%
Kommissionen, Gebühren, Administration	19.787	37.5%	29.838	38.0%	25.753	29.8%
Prinzipal Transaktion bzw. Handelsverluste	-22.188	-42.0%	-12.086	-15.4%	7.990	9.3%
Realisierte Verluste/Gewinn von Beteiligung.	-2.061	-3.9%	1.168	1.5%	1.791	2.1%
Versicherungsprämien	3.221	6.1%	3.062	3.9%	2.769	3.2%
Übrige Erträge	342	0,6%	11,135	14,25	10,096	11,75
Gesamtertrag	**52.793**	**100%**	**78.495**	**100.0%**	**86.327**	**100.0%**
Personal- und Geschäftsaufwand	-32.440	-61.4%	-35.695	-46.7%	-32.223	-37.3%
Miete, Technik, Marketing, Restrukturierung	-16.100	-29.9%	-12.667	-16.2%	-9.525	-11.0%
Übriger Betriebsaufwand	-22.614	-42.8%	-10.420	-13.3%	-8.543	-9.9%
Betriebsgewinn	**-18.361**	**-34,8%**	**18.693**	**23,8%**	**36.026**	**41,7%**
Kreditverluste, Gewinnansprüche Dritter	-34.714	-65.8%	-17.917	-22.8%	-7.537	-8.7%
Erträge aus nicht weiter geführten Aktivitäten	4.410	8.4%	628	0.8%	1.087	-1.3%
Einkommenssteuer	20.981	39.7%	2.213	2.8%	-8.038	-9.3%
Reinverlust/Gewinn	**-27.684**	**-52.4%**	**3.617**	**4.6%**	**21.538**	**24.9%**

BILANZ in Mio. $	2008	%	2007	100.0%
Liquide und ähnliche Mittel	29.253	1.5%	38.206	1.7%
Bankendebitoren	170.331	8.8%	69.366	3.2%
Fed Funds verkauft & Wertpapiere gekauft	184.133	9.5%	274.056	12.5%
Brokerage Guthaben auf Händler Konti	421.913	21.8%	595.343	27.3%
Beteiligungen	256.020	13.2%	215.008	9.8%
Konsumkredite mit Hypothekar Deckung	490.057	25.3%	576.190	26.3%
Firmenkredite mit Hypothekar Deckung	14.040	0.7%	6.376	0.3%
Firmenkredite ohne Hypothekar Deckung	160.503	8.3%	179.310	8.2%
Übrige Aktiven	212.220	10.9%	232.615	10.6%
BILANZSUMME in Mio. $	**1.938.470**	**100.0%**	**2.187.480**	**100.0%**
Kundengelder	774.185	39.9%	825.230	37.8%
Fed Funds gekauft & Titel belehnt oder verkauft	205.293	10.6%	304.243	13.9%
Brokerage Schulden & Händler Verpflichtungen	238.834	12.3%	287.033	13.1%
Kurzfristige Schulden	125.591	6.5%	146.488	6.7%
Langfristige Schulden	359.593	18.6%	427.112	19.5%
Übrige Verpflichtungen	92.684	4.8%	102.927	4.7%
Eigenkapital	**141.630**	**7.3%**	**113.447**	**5.2%**

Basel II – Kapital Positionen gemäss Regulierungs Richtlinien

Tier 1 Kapital in Mio. $	2008	Tier 2 Capital in Mio $	2008
Eigene Mittel	70.966	Rückstellung Kreditverluste	12.806
Fortwährende Vorzugsaktien	70.664	Qualifizierende Schulden	24.791
Rücknahmepflicht kündbarer Titel von Filialen.	23.899	Unrealisierte Gewinne auf	
Minderheits Intressen	1.268	marktfähige eigenen Aktien	43
Minus unrealisierte Gewinne/Verluste auf Titel.	-9.647	Restriktionen auf Kern-.	
Minus kum. Verluste auf Cash Flow Hedge	-5.189	Kapital Finanz Elementen	0
Minus steueradjustierte Pension Verpflichtungen	-2.615	**Total Tier 2 Kapital**	**37.640**
Minus inkl. kum. Effekt bei fairer Bewertung von		**Total Tier 1 und 2 Kapital**	**156.398**
Verpflichtungen zur Kreditwürdigkeit	-3.391	**Risikogewichtetes Kap.**	**996.247**
Minus Goodwill & übrige immmaterielle Aktiven	-37.739	Tier 1 Kap. Ratio min. 4.%	12.70%
Minus unerlaubte steuerliche Transitorische Akt*.	-23.520	Total Kap. Ratio min. 8%	15.70%
Total Tier 1 Kapital	**118.758**	Leverage Ratio min 3.0x	6.08x

*Von den $44 Mrd. steuerlichen Transitorischen Aktiven gibt es für $14 Mrd. keine Einschränkung zur Kapital Regulierung gemäss den Richtlinien zur Risiko Basis

Citigroup's Credit & Financial Ratings 09.30.09	Moody	Outlook	S& P	Outlook
Senior Schulden	A3	Stabil	A	Stabil
Nachrangige Schulden	Baa1	Stabil	A	Stabil
Junior nachrangige Schulden	Baa3	Negatif	B+	Stabil
Vorzugsaktien	Ca	Stabil	C	Watch List
Wechsel und Geldmarktpapiere	P-1	Stabil	A-1	Stabil

2009 erreichte Citigroup einen Gesamtertrag von $91.1 Mrd. und der Reinverlust betrug $1. 6 Mrd. Die Rückstellungen für Kreditverluste im 4. Quartal wurden um 36% auf $8. Mrd. reduziert, womit nun die gesamten Rückstellungen $36 Mrd. betragen. Zum Resultat bemerkte CEO Pandit: "Es ist unsere Verantwortung unser Haus wieder in Ordnung zu bringen. Wir haben unsere Finanzstärke sehr stark verbessert und reduzierten Bereich und Grösse der Citigroup. Der neue Fokus unserer Strategie ist, die Vorteile unseres konkurrenzlosen globalen Netzwerkes zu nutzen".

Allgemeine Information

2006 war Citigroup weltweit die grösste Bank mit 375.000 Mitarbeitern, erzielte Top Resultate und erhielt neun globale Auszeichnungen. Noch in der ersten Jahreshälfte 2007 war Citigroup weiterhin, wie alle übrigen Banken, erfolgreich Doch niemand erwartete im 2. Semester 2007 einen derart scharfen und einschneidenden Konjunktureinbruch der Weltwirtschaft, womit der Boom im Häuser- und Hypothekenmarkt schlagartig zu Ende ging. Als die Märkte für hypothekarisch gedeckte Derivate, wie "Asset Backed Mortgages oder Securities („ABM oder ABS") zweistellige Trillionen Volumen erreichten, ging die Übersicht verloren und sie wurden unkontrollierbar und kollabierten. Obschon Citigroup ein gutes Management hatte und die hypothekarisch gedeckten Kundenkredite nicht mehr als 26% der Bilanzsumme betrugen, aber einen Buchwert von über $500 Mrd. aufwiesen, erlitt die Bank 2008 Kreditverluste von $33.7 Mrd. Der anhaltende Preiszerfall im US Häusermarkt führte zur weiteren Verschlechterung des Kreditportfolios und zwang die Bank den Personalbestand auf 323.000 herabzusetzen. Daraufhin restrukturierte das Management Citigroup und bildete zwei operative Einheiten, nämlich Citicorp und Citi Holdings. Citicorp ist die globale Bank für Unternehmen und Konsumenten und umfasst die Global Bank für Institutionelle incl. Global Transaction Services, Corporate and Investment Bank und die Retail Bank. Letztere betreut die Konsumenten in den Regionen, das Kommerz Geschäft und die Kredit Karten Franchise weltweit.

Quantum Research
Profitabilität and Stabilität

Citigroup und Swiss UBS waren einst die grössten Banken in den USA bzw. in der Schweiz. Beide waren auch die best kapitalisierten und profitabelsten Banken ihrer Länder im ersten Halbjahr 2007 und Beide erlitten im US Subprime Immobilien- und Häusermarkt zweistellige Milliarden Verluste 2008. Bei Citigroup waren es über $30 Mrd. und bei UBS über SFr. 60 Mrd. Doch da UBS ein Mehrfaches kleiner ist als Citigroup, verlor sie das ganze Eigenkapital und wäre heute ohne massive Staatshilfe "weg vom Fenster". UBS war auch der aggressivste Marktspieler beim Entwickeln und Marketing komplizierter Derivate die heute zum grossen Teil wertlos sind. Citigroup gewährte Hausbesitzer Hypothekar Kredite die wegen Arbeitslosigkeit und schwacher Wirtschaft die Schulden nicht zurückbezahlten. Folglich lancierte Citigroup zweistellige Mrd. Hilfsprogramme, damit Kunden nicht ihr Haus verlieren. Ausserdem erhielten weitere 500.000 Hausbesitzer finanzielle Unterstützung. Trotz der Bedeutung der Citigroup im US Häusermarkt, ist der Anteil der Kredite mit und ohne Hypothekar Deckung nur 34.3% der Bilanzsumme. Dabei blieb die Stabilität, trotz negativer Profitabilität, dank guter Refinanzierung mit Kundengeldern sehr gut. Als führende Bank im Handel mit Wertpapier- und Geldmarkt-papieren und Derivaten erlitt Citigroup Verluste von $22.2 Mrd. Doch mit Brokerage Guthaben und Verpflichtungen von $421.9 Mrd. bzw. $238.8 Mrd. sind diese Verluste bald wieder kompensiert. Die Aussichten der Citigroup werden denn auch von den Rating Agenturen als stabil bezeichnet. Ferner bestätigt die Tabelle die ausgezeichnete Refinanzierung der Aktiven mit einer strukturellen Liquidität von 66%. Im 2. und 3. Quartal 2009 stiegen die hohen Kunden gelder um weitere $73 Mrd. Fazit: 200 Punkte für Berufs Ethik, Management und Finanzstärke.

Standard Research
Profitabilität und Stabilität

2008 wurden die Hypothekarkredite für Konsumenten und Firmen um 28% auf $504.1Mrd. und die lukrativen Firmenkredite ohne hyp. Deckung um 10.5% auf $160.5 Mrd. reduziert. Diese Kreditverminderungen wären schon früher nötig gewesen, denn die zusätzlichen Zinserträge von $8.3 Mrd. standen in keinem Verhältnis zu den Rückstellungen für Kreditverluste von $34.7 Mrd. Die übrigen Erträge stammen von vielen Dienstleistungen die den Kunden belastet wurden, wie Kredit- und Bankkartengeschäfte, Transaktionsabwicklungen, Beratungsdienste, Akkreditivgeschäfte, etc. Doch sie brachten nicht die erhofften Resultate, insbesondere nicht die Kredit- und Finanzdienste mit einem Verlust von $6.3 Mrd.

Diese Erträge waren früher alle besser, doch die einstigen und grössten "Money Maker", wie Beteiligungen und Handel waren mit Verlusten von $2.1 Mrd. bzw. $22.1 Mrd. die grössten "Money Loser" und reflektierten das schlechte Wirtschafts- und Börsenklima bzw. die globale Finanzkrise 2007-2008. Der immer wiederkehrende höchste Aufwand waren die Personalkosten von $32.4 Mrd, trotz Kostensenkung um rund 9%, aber mit einem Anteil von 61.4% am Gesamtertrag noch zu hoch im Vergleich zu 37.3% 2006. Die Kosten der übrigen Banksparten, wie Miete $7.1 Mrd. Marketing $2.3 Mrd. Technologie/Kommunikation $4.9 Mrd. und übriger Betriebsaufwand $22.6 Mrd. stiegen erheblich, während die Restrukturierung von $1.8 Mrd. ein Gewinnbringer werden soll und wie die spätere Entwicklung der Bank zeigt, auch war. Erleichterung brachte die Steuergutschrift von $20.9 Mrd. Ferner erhielt Citigroup von der Federal Home Loan Bank eine Hypotheken Garantie von $300 Mrd. und staatliche Unterstützung von $45 Mrd gegen Vorzugsaktien, was 36% des Citigroup's Aktienkapitals entsprach.

Noch anfangs 2010 machten Bloomberg Experten im US Fernsehen abschätzige Kommentare zur Citigroup. Doch gegenüber vielen anderen Banken in den USA, in der Schweiz und im übrigen Europa hatte die Geschäftsleitung von Citigroup aus dem Debakel viel gelernt und die Lehren daraus gezogen. Auch im Unterschied zu den Schweizer Grossbanken UBS und Credit Suisse entschuldigten sich die Citi CEO bei den Kunden und Investoren für die Unannehmlichkeiten während der grössten Bankenkrise 2007-2008. In der Folge wurde die weltweit komplizierte Bankstruktur von Citigroup vollständig umgebaut, um sie wieder profitabel und wieder zur führenden US Bank zu machen. Die markanten Fortschritte sowie die Entschlossenheit der CEO, Citigroup wieder in die Gewinnzone zu bringen und die Vorteile des konkurrenzlosen globalen Netzwerkes zu nutzen, hinterliessen bereits in den Bilanzen im April 2010 ihre Spuren, als die Aktien noch $2.50 notierten. Das blieb auch dem Markt und der Obama US Administration nicht verborgen, weshalb der Preisanstieg der Citi Aktien fast ohne Unterbruch sprunghaft weiter ging. Die US Regierung reduzierte in einem ersten Schritt im Sommer 2010 den Staatsanteil von 36% auf 12.4% gegen Verkauf von Citi Aktien und erzielte damit Milliarden Gewinne. Mit dem Verkauf der restlichen Citi Anteile im November 2010 zog sich die US Regierung vollständig von der Citigroup zurück. Staat und US Steuerzahler erzielten durch die Rettung der Citigroup insgesamt einen Gewinn von $12 Milliarden. Schliesslich brachte die Unterstützung hunderttausender alter und neuer Hausbesitzer Citigroup noch zusätzlich viel Goodwill.

IX. Lehren zur Weltweit Grössten Banken Krise 2007-2008

Weltweit frühere Bankenkrisen 1987-2001
Von der Hausse zum Crash

20 Jahre nach dem Börsenkrach in New York 1987 war keine Krise bis und nach 2001 von solch fatalem Ausmaß, **wie die Bankenkrise** 2007-2008. In der schlimmste **Rezession seit 1933** steuerten weltweit Wertpapiermärkte und Volkswirtschafen beinahe dem Abgrund zu.

17. Oktober 1987
Börsensturz an der NYSE nach dem die Aktien immer neue Höchstkurse verzeichneten.

Ende 1980er Jahre
Ausbruch der US Bankenkrise nach dramatischem Anstieg der Zinsen und Immobilienpreise.

29. Dezember 1989
Tokyo Börsensturz. Der Nikkei Index fiel von 39.916 auf 8.400 am 12. Okt. 2002, da Aktien- und Immobilienpreise ungeahnte Höhen erreichten, gefolgt von einer Dekade langen Rezession, doch der Aktienmarkt kam nur einige male kurzfristig über den Index Stand von 10.000 Punkten hinaus.

3. Oktober 1991
Konkurs Regionalbank SLT und danach Ausbruch der Swiss Bankenkrise durch Einzelperson verhindert.

27. Oktober 1997
Dow Jones fiel 554 Punkte bzw. 7.2% auf 7.160.2 wegen Ausbruch der Asienkrise ausgelöst in Thailand, bedingt durch den Kollaps der Währung und Aktienpreise.

August 31, 1998
Schulden Moratorium für Russland wegen ungelöster Währungs- und Wirtschaft Probleme, düstere Aussichten in Asien und Latein Amerika erschütterten weltweit die Finanzmärkte. An der NYSE verlor der DJ Index 512 Punkte bzw. 6.4% und fiel auf 7.539.

24. September 1998
Nachrichten zum beinahe Konkurs des US Hedge Fund LDCM führte weltweit erneut zu grossen Verlusten an den Finanzmärkten. In der Folge retteten 15 Banken LDCM durch Kapital Infusion von $3.75 Mrd. UBS verlor SFr. 0.9 Mrd. und der verantwortliche UBS CEO wurde gefeuert.

Jahre 2000-2001
ENRON & WORLDCOM waren Pleite, the NEW ECONOMY kollabierte und weltweit stürzten weit überbewertete Aktien ab die von Finanzanalysten aus Gier, Ego, Betrug und Tricks empfohlen wurden.

Untersuchungen offenbarten, dass Herkunft und Ursachen von Haussen und Crash auf Markt-akteure zurückzuführen sind die von Gier, Ego und grossen Ambitionen getrieben wurden, die zu Sorglosigkeit, Diebstahl und Betrug führten. Dies war möglich, weil ein effizientes und unab-hängiges Kontrollsystem fehlte. Ein weiterer Grund war, dass Warnungen ignoriert und sogar zurückgewiesen wurden, womit das Desaster seinen Anfang nahm. Die folgenden unvermeid-baren Crashs zerstörten weltweit Kapital in Milliardenhöhe infolge riesiger kumulierter Verluste. Um die illiquiden Märkte und geschwächten Volkswirtschaften am Leben zu erhalten erstellten Regierungen, Staats- und Privatbanken in aller Eile Rettungspläne und machten substantielle Kapitalinfusionen. Doch nach jeder erfolgreichen Rettungsaktion stiegen die Aktienkurse wieder, die Banken erholten sich und das Geschehene war bald vergessen. "Business as usual" und gewohntes Gewinnstreben bestimmte wieder den Tagesablauf bis zur nächsten Hausse.

Kaum waren ENRON, WORLDCOM and NEW ECONOMY inklusive viele „dot com" Firmen zu Grabe getragen und neue internationale Regeln, wie den Sarbanes-Oxley Act implementiert worden, opponierten nur die Schweizer Banken gegen die strengeren Regeln. Nicht willens ihre Eigenen Mittel zu stärken, im Sinne des Präsidenten der Eidgenössischen Bankenkommission bzw. EBK wurde er von den Schweizer Banken zurückgewiesen, worauf er die Demission ein-reichte. Das war dumm, arrogant und kurzsichtig, da eine neue Finanzkatastrophe langsam aber sicher am Horizont auftauchte, gleich wie der Tsunami der am Morgen des 26. Dezember 2004 über Südostasien hereinbrach und mehr als 200.000 Menschen tötete. Nur Wenige waren sich der kommenden Katastrophe bewusst und Jene die warnten wurden ignoriert. Das Gleiche war der Fall bei der weltweit schlimmsten Bankenkrise 2007-2008 mit dem Unterschied, dass es schon 2005 viele Warnungen gab, die aber weltweit grosse und kleine Banken ignorierten. Stattdessen rannten sie mit offenen Augen ins Desaster und wurden im zweiten Halbjahr 2007 mit Wucht, wie von „einem Tsunami unerwartet voll erwischt".

Genauso agierte auch der Finanzplatz Schweiz. Das erste Opfer war UBS die einst grösste und bestkapitalisierte Bank verlor sämtliche Eigenen Mittel und entging nur knapp dem Konkurs dank einer raschen Kapitalinfusion von SF. 70 Mrd. durch die Schweizerische Nationalbank. Nun müssen die früheren unwilligen und widerspenstigen Schweizer Banken nicht nur ihre Eigenen Mittel erheblich stärken, sondern auch den hohen Leverage Faktor d.h. Fremdkapital zu Eigenkapital herabsetzen. Ausserdem die risikogewichteten Aktiven viel kritischer prüfen Ferner wurden an den G-20 Banken Gipfeltreffen in Pittsburgh 2009, in Toronto 2010 und mit „Basel III" 2010 strengere Regeln und Kontrollen vereinbart. Und es darf in Zukunft keine Bank mehr geben die man schonen muss, weil sie "too big to fail" ist und System Risiken, wie UBS und Credit Suisse, darstellen Schliesslich erhielten die ambitiösen Schweizer Banker noch eine weitere Lektion, nämlich, dass das Finanzsystem für die Volkswirtschaft und nicht für spekulative Investments mit kurzfristigem Fremdkapital ist. Aus der Traum auch für jene Banker die nicht dem Land, sondern auf dem Rücken der Steuerzahler Milliarden für sich und die Bank scheffelten, wie UBS mit dem Leverage von 50x, was verwerflich und spekulativ war.

Auftauchen von Finanzderivaten basierend auf Immobilien und Hypotheken
In den 1980er Jahre wurden in den USA neue Finanzprodukte lanciert namens "Asset Backed Securities" (ABS) and "Mortgage Backed Securities" (MBS) durch Bündelung von Hypothekar-kredite von Banken, um sie als Bonds bzw. Obligationen im Markt zu verkaufen. Durch Verbriefung, Umwandlung und Verkauf von Krediten mit hypothekarischer Deckung in handel-bare Bonds bzw. ABS/MB entlasteten Banken ihre Bilanzen von Kreditrisiken und die Investoren erzielten höhere Erträge, als mit üblichen Obligationen.

Schweizer Beispiele sind zwei "Residential Mortgage Backed Securities" jede im Betrag von SFr 3 Mio. lanciert durch die Credit Suisse 2003. Doch diese Finanzierungsform war nicht ganz neu, den in den 1950er Jahren hatten Finanzagenturen der Schweizer Kantonalbanken, wie die Schweizer Pfandbriefzentrale, für Rechnung der Kantonalbanken solche Pfandbriefe auf den Markt gebracht. Mit dem Unterschied, dass diese Schuldbriefe nicht zu Bonds gebündelt, sondern bei den Kantonalbanken in speziellen Räumen aufbewahrt und von den Pfandbrief-zentralen kontrolliert wurden. Diese handelbaren Schuldbriefe sind erstklassige Wertpapiere, da sie maximal 60% der offiziellen Katasterschätzung des Hauses betragen durften. Folglich Finanzinstrumente, wie ,ABM/ABS und sichergestellt durch Vermögenswerte wie Schuldbriefe und Immobilien, sind attraktive und gute Finanzvehikel, vorausgesetzt die Verkäufer sind vertrauenswürdig und keine Betrüger die Sub Pime und Junk Bonds verkaufen deren Schuldbriefe weit über 60% des Wertes des Objekts liegen. Als Folge der Beliebtheit der ABM/ABS wurden sie in den USA zum Multi Trillion Geschäft, da sie, wie erwähnt, weit höhere Zinserträge bzw. Renditen erzielten.

In diesem boomenden Markt waren Betrüger nicht weit weg. So wurden Schuldbriefe von vermeintlich guten Objekten, die aber in Wirklichkeit nur minderwertige Schuppen waren, auf den Markt gebracht. Betrüger waren auch jene Händler die gutgläubigen Käufern ihre Häuser gegen hohe Zinsen abkauften, aber nicht in der Lage waren, weder die hohen Zinsen noch das Kapital zurückzahlen. Dies deshalb, weil der Kreditgeber vom zahlungsunfähigen Schuldner das Haus übernahm, um es mit Gewinn wieder zu verkaufen. So lange die Preise stiegen, war es für den Verkäufer ein WIN-WIN Geschäft, doch nur kurzfristig, weil durch den Preiszerfall das Haus billiger, als dessen Kaufpreis und Hypothek wurde. In diesem Fäll kann sich der Verkäufer in den USA vom Objekt trennen, indem er einfach den Schlüssel der Bank und Kreditgeber zurückschickt.

Explosives Wachstum der Hypotheken Derivate in den USA
In den Jahren nach der Jahrtausend Wende 2000 sanken die Zinssätze für Hausbesitzer bis auf 6.5% und der US Landesindex verzeichnete einen starken Anstieg. Die Wirtschaft prosperierte und war geprägt durch Wissen und Hightech. Dies führte zu haussierenden Immobilienpreisen und Spekulanten nutzten die Gelegenheit zur selten billigen Kreditschöpfung, bedingt durch die sinkenden Zinsensätze und Prime Rates bis zu 1% 2005. In der Folge erhielten auch zukünftige Hausbesitzer Hypothekarkredite, obwohl sie früher nicht kreditwürdig waren. Die schrittweise Erhöhung der Prime Rate 2006 wurde von Hausbesitzern und Banken lange Zeit ignoriert. Letztere generierten jährlich Hypotheken im Ausmass, wie folgt: $1.500 Mrd. 1998, $2.000 Mrd. 2001, $3.000 Mrd. 2002 und $4.000 Mrd. 2003 gemäss Angaben der US Währungsaufsicht. Der Markt für Subprime Hypotheken allein erreichte ein Volumen von $1.500 Mrd. 2007. Der grösste Teil dieser Summe wurde an Hypothekenhändler und Banken transferiert.

Durch Verbriefung wurden die Hypotheken bzw. Schuldbriefe in Bonds als "Asset Backed Mortgages ABM/ABS" umgewandelt und institutionellen Investoren zum Kauf angeboten. Allerdings dauerte es eine geraume Zeit bis die Banken merkten, dass die Qualität vieler dieser Bonds nicht prime, sondern subprime, ja selbst Junk waren. Das machte sie nervös und misstrauisch solche Finanzinstrumente von Dritten zu erwerben aus Angst jemals wieder das Geld zurückzuerhalten. In der Folge war im Trillionen US Markt das Vertrauen im Geschäft mit Hypotheken und Derivaten weg und der beginnende Zusammenbruch US Marktes ließ sich nicht mehr verhindern.

Ausbruch der Weltweit Grössten Bankenkrise im 2. Halbjahr 2007

Der überhitzte US Immobilienmarkt war auch in Europa für viele grössere und kleinere Banken attraktiv die an der rauschenden US Trillion Party für Immobilienderivate teilhaben wollten. UBS war dabei von allen Banken der aktivste Teilnehmer und mit den grössten Ambitionen eine Schlüsselrolle im Investment Banking einzunehmen. Der hohe Geldzufluss von Schweizer Investoren, die wenig für ihre Ersparnisse, im Vergleich zu deutschen Sparer, erhielten, ermöglichten es UBS, trotz Warnungen verschiedener Quellen, im grossen Stiel im Geschäft mit US Derivaten und im Häuser- und Hypothekenmarkt zu operieren. Die riskantesten Kredit Derivate waren die "collateralized debt obligation (CDO)" bzw. parallel laufenden Schuld-verpflichtungen. Dabei wurden die MBS/ABS bis zu 10 Einheiten nochmals gestückelt und auf den Markt gebracht.

> Am 23 Mai 2005 warnte das US Magazin *Business Week* mit der Schlagzeile "Übernahme von Risiken bis zum Extrem" – "Werden Derivate weltweit einen grossen Kollaps in den Kreditmärkten verursachen"? Und Investor *Warren Buffet* warnte: „Derivate sind Zeitbomben und Massenvernichtungswaffen für die Finanzmärkte". Eine andere Warnung kam vom früheren Chef der US Notenbank *Greenspan* der zitierte: "Investoren könnten unvorher-gesehene Verluste durch die Profilierung der Derivativprodukte erleiden, da sie im Markt noch nicht geprüft worden sind". Und ein *Wallstreet Top Banker* meinte zu den CDOs: „Sie können im Garten das Pflanzenwachstum fördern, oder sie zu Bomben machen". Am 23. Mai 2005 schrieb *Business Week* einen Spezial Artikel zu den CDOs: "Sie funktionieren für Investoren, wie im Casino beim Streben nach hohen Renditen und wenn es schief geht machen sie weltweit Wellen, da die Nachfrage nach Derivaten in Europa so umfassend geworden ist". Und 2005 warnte *Business Week* weiter: „Das Serven auf der Riesenwelle des globalen Kredit Marktes war bis heute erfolgreich", doch nur zwei Jahre später wurde aus der Riesenwelle ein Tsunami. Andre Quellen machten ähnliche Warnungen.

Folglich war es ein fataler Irrtum von UBS in diesen Markt mit drittklassigen Hypotheken zu groß und zu spät einzusteigen. Ausserdem kein Marktteilnehmer verbrannte so viel Geld wie UBS gemäss Spiegel vom 4. April 2008.

Trotz Warnungen vor der drohenden weltweiten Bankenkrise publizierte UBS am 3. Mai 2007 einen ersten Quartalsgewinn von SFr. 3.2 Mrd. sowie einen starken Anstieg der verwalteten Kundenvermögen auf SFr. 3.100 Mrd. Und wie schon in der Vergangenheit folgte nach der Hausse auch das Desaster. So stürzten Ende 2008 die verwalteten Kundenvermögen auf SFr. 1.599 Mrd., UBS erlitt zweistellige Milliarden Verluste und die stolze Schweizer Grossbank musste vor dem Konkurs gerettet werden, da der Markt für Derivate kollabierte.

Schlimmer noch: die Banken verloren die Kontrolle über ihre Engagements und waren nicht mehr in der Lage die strukturierten Produkte im illiquid gewordenen Markt zu bewerten. Doch, warum ereignete sich alles so schnell und für viele Banker so unerwartet? Weil der Zinsanstieg ignoriert und falsch eingeschätzt wurde und von den US Hausbesitzern die meisten Opfer forderte, da sie ihre Hypothekar Verpflichtungen nicht mehr erfüllen konnten und somit ihre Häuser verkaufen mussten. Das führte zu einem Domino Effekt indem auch „Investment Graded Asset Backed Securities" bzw. anlagefähige ABS/MBS de facto unverkäuflich wurden. In Übereinstimmung mit dem Kollaps der Immobilien- und Hypotheken Derivate stürzte auch der Verkauf neuer Häuser um 34.4% im November 2007 im Vergleich zu November 2006, was den tiefsten Fall innerhalb von 12 Monaten seit 1991 bedeutete. Ein grosser Teil des hohen Überangebotes im US Wohnungsmarkt war deshalb leer, weil die Besitzer ihre Zweit-wohnungen nicht für sich, sondern für spekulative Zwecke beanspruchten.

Ein weiterer Grund für das Überangebot waren Zwangsversteigerungen. Da die Liquidität der Banken und Spekulanten in ABM/ABS oder direkt in den US Immobilienmarkt investiert wurde oder durch Verluste verloren ging waren sie „ausgetrocknet" und eine rasche Erholung war noch nicht in Sicht. Nicht besser erging es Risiko Modellen die gut funktionierten so lange Kredit geber Geld in die hoch spekulativen und komplexen Finanzvehikel pumpten. Das plötzliche Ende des Mittelzuflusses führte zum Kollaps der Derivative Märkte. Dieser war so dramatisch, das selbst komplizierte Risiko Modelle Ihre Funktion Verluste zu verhindern verloren haben.

Die Anzahl Banken in Europa die durch den "Tsunami" zuerst getroffen wurden waren 4 in Deutschland, 2 in der Schweiz, 1 in Frankreich und 1 England. Alle wurden überrascht durch den unerwarteten Anstieg der Zinssätze. Und der frühere UBS Präsident Marcel Ospel bestätigte: "Wir haben die Entwicklung der Zinssätze völlig falsch eingeschätzt". Nachstehend folgende Rangliste der grössten Verlierer der weltweiten Bankenkrise 2008 gemäss "The Banker" Magazine vom Juni 2009.

1. $59.3 Mrd. Royal Bank of Scotland. GB;	6. $15.8 Mrd. HBOS ,GB
2. $53.0 Mrd. Citigroup, USA,	7. $14.0 Mrd. Credit Suisse Group, CH
3. $47.8 Mrd. Wells Fargo & Co, USA	8. $ 8.0 Mrd. Deutsche Bank, De
4. $28.2 Mrd. Fortis Bank, Belgien	9. $ 7.5 Mrd. Hypo Real Estate holding, De
5. $19.6 Mrd. UBS, CH – ohne $70 Mrd. Kapital Infusion	10 $ 7.2 Mrd. Bayerische Landesbank, De

Die Tatsache, dass in der westlichen Welt Trillionen von Kapital einfach verschwanden, infolge von Verlusten und wertlosen Derivaten, entstand eine Verschiebung der vier grössten Banken vom Westen in den Osten. Ausserdem hat China heute die Weltweit grössten Währungsreserven mit über $2.000 Mrd.

China 2009	**USA 2007**
1. Industrial & Commercial Bank of China	1. Citigroup
2. China Construction Bank	2. Bank of America
3. Bank of China	3. Wells Fargo
4. HSBC	4. Morgan Stanley.

Gebrauch und Missbrauch von Derivaten

Derivate erfüllen viele Funktionen und, wie bereits früher erwähnt, sind sie wie Kunstdünger, wenn korrekt und sinnvoll angewendet, fördern sie das Pflanzenwachstum oder zerstören sie. Derivate umfassen auch Finanzinstrumente die in Wertpapier,- Commodity and Soft Commodity Märkten zur Anwendung gelangen. Die meist **gehandelten Derivate** an den Welt Börsen sind **Optionsstrategien** d.h. **kaufen** von Call Kontrakten, bei günstigen Marktbedingungen, **verkaufen** von Call Kontrakten, bei negativen Markter-wartungen, **kaufen** von Put Kontrakten in Erwartung fallender Aktienkurse,

verkaufen von Put Kontrakten wenn der Markt nicht fällt und die Option im Geld liegt etc. Es gibt hunderte solcher Strategien, weshalb der Markt für Derivative weltweit zum Multi Milliardengeschäft für Banken geworden ist. Citigroup zum Beispiel benützt Derivate für zahlreiche Aktivitäten für Rechnung ihrer Millionen Kunden, kurz in den folgenden Beispielen dargestellt:

Futures and forward contracts sind Verpflichtungen ein Finanzprodukt, Commodity oder Währung zu einem vereinbarten Preis, zu einem späteren Datum zu kaufen oder zu verkaufen, der in bar oder durch Lieferung abgeschlossen wird.

Swap contracts sind Verpflichtungen die in bar oder zu einem späteren Datum oder im Zeitraum von einigen Tagen bis zu einigen Jahren zu begleichen sind, basierend auf Unterschieden zwischen Unterschieden definiert zwischen Finanz Indizes der auf dem prinzipiellen Kapital zur Anwendung kommt.

Option contracts gibt dem Käufer gegen Gebühr das Recht aber nicht die Verpflichtung innerhalb einer festgesetzten Zeit ein Finanzinstrument, Commodity oder Währung zu kaufen oder zu verkaufen zum vereinbarten Preis in bar zu begleichen, basierend auf Unterschieden zwischen def. Indizes oder Preis

Citigroup benützt Derivate im Zusammenhang mit Aktivitäten im Risiko Management zum Hedging und Neupositionierung des Risiko Profils. Folglich Citigroup ist kein Spekulant und verwendet Derivate nur zur Verminderung des Markt Risikos der Kunden. In dieser Funktion ist Citigroup mit JP Morgan, Chase, Goldman Sachs und Bank of Amerika einer der grössten Marktteilnehmer die 90% der US Handelsvolumen mit Derivaten kontrollieren. Weltweit erreicht der Over-The-Counter-Market (OTC) bzw. ausserbörsliche Handel ein Volumen von $450 Mrd, wovon Credit Default Swaps (CDS) bzw Tausch von Kreditrisiken wichtige Funktionen zur Risikoabsicherung erfüllen. Dabei hat sich der grösste US Risikonehmer AIG so übernommen, dass er eine staatliche Kapitalspritze von $180 Mrd. benötigte, um zu überleben. Die Tatsache, dass OTC Instrumente nicht standardisiert sind und der OTC Market nicht reguliert ist haben die US Behörden auf Druck von Präsident Obama 2010, trotz starker Opposition der grössten Marktteilnehmer, die grösste US Finanzreform seit dem II. Weltkkrieg durchgesetzt inkl. Regulierung des OTC Marktes

Obwohl Citigroup Hypothekarkredite von über $500 Mrd. in der Bilanz aufweist, wurden sie nie zur Schaffung von komplizierten Derivat Produkten zu Verkaufszwecken missbraucht. Das war bei UBS nicht der Fall. Der weltweit grösste Produzent von komplexen Derivat Produkten hebelte ihre Verpflichtungen zu unkontrollierbaren Volumen in der Absicht auch damit die Gewinne hebeln zu können. Das war eine dumme und unverantwortliche Fehlspekulation, weil der aufgepumpte Derivativ Markt ganz einfach implodierte. Schlimmer noch UBS erlitt dreistellige Milliarden Verluste und das ganze Eigenkapital war weg. Dank der Kapitalinfusion von SFr. 70 Mrd. durch Regierung und Nationalbank wurde UBS mit Steuergelder vor dem Konkurs bewahrt. Im Gegenzug übernahm die SNB von der UBS den unverkäuflichen Ramsch der immer noch ca. $20 Mrd. beträgt. Die gut positionierte Citigroup US Häusermarkt und mit engen Kontakten zur US Administration erlitt ebenfalls substantielle Verluste, weil die Bank die Preis Erosion der Immobilien und ABS und MBS nicht verhindern konnte. Trotzdem half 2008 die Bank 440.000 Hausbewohner dem Abwärtstrend zu trotzen. Zusätzlich entwickelte sie ein Hilfsprogramm womit 130.000 Hausbewohner Hypotheken zugesprochen wurden und Experten von Citigroup wurden beauftragt für sie individuelle Lösungen auszuarbeiten. Schliesslich wurden 500.000 Haushalten, bei Bedarf, finanzielle Unterstützung angeboten.

"Warum konnte niemand die kommende Finanzkrise voraussehen?"
Diese Frage wurde von der englischen Königin Elisabeth gestellt und bereits im Kapitel "Einleitung" am Anfang des Buches erwähnt. Die Studenten der London School of Economics hatten keine klare Antwort stattdessen entschuldigten sie sich gemäss der Schweizer Zeitung *"Tagesanzeiger"* vom 3. August 2009 die weiter bemerkte: "Ökonomen haben schon in normalen Zeiten einen zweifelhaften Ruf, da sie unfähig sind zuverlässige Prognosen zu stellen und die letzte Krise könnte jetzt vollständig ihren Ruf zerstören". Es würde zu weit führen alle publizierten Positivs und Contras aufzuzählen. Die Wahrheit ist, dass viele kreierten Modelle und Formeln die den Eindruck erweckten, die Wirtschaft sei eine genaue Wissenschaft sich als völligen Unsinn erwiesen haben.

„Warum wurden 2005 Warnungen auf die kommende Finanzkrise ignoriert?
Weil Gier, Ambitionen, Arroganz, Inkompetenz, Verantwortungslosigkeit die Oberhand hatten! Weitere Argumente wurden früher schon erwähnt, ebenso, dass nach dem Konkurs der Bank SLT im Okt.1991 der Ausbruch der Schweizer Bankenkrise, dank frühzeitiger Warnung des Autors verhindert wurde. Dagegen wurden 2005 die Warnungen der Medien wie folgt ignoriert:
1.
Die Verbriefung, das Bündeln und die Vermarktung der einzelnen Schuldbriefe zu Mortgage Backed Securities oder Assets MBS/ABS war eine neue Form sich Liquidität zu verschaffen und gleichzeitig die Bankbilanzen zu entlasten. Das funktionierte während vielen Jahren erfolgreich, da die unterlegten Schuldbriefe von guter Qualität waren. Die Erholung der US Wirtschaft nach 2000 und markant sinkende Zinssätze bis zu 1% der Prime Rate machten MBS/ABS so populär, bis der Markt für diese Finanzinstrumente explodierte und Versicherungen, grosse Banken aber auch viele zweifelhafte Agenten, Händler und Devisenhändler in den Strudel rissen.

2.
Die Tatsache, dass guten Schuldbriefen, minderwertige und Ramsch Schuldbriefe beigemischt und zu MBS/ABS gebündelt, verbrieft und als anlagefähige Produkte vermarktet wurden, machte Käufer und Marktteilnehmer misstrauisch. Ein weiterer negativer Aspekt war, dass Trillionen von Hypotheken Derivaten den Markt überschwemmten, womit Übersicht und Kontrolle verloren gingen, zumal die frühere Hausbesitzer/Bank Beziehung nicht mehr existierte und die neuen Hypotheken Besitzer den Millionen Hausbesitzer und Baufirmen unbekannt waren. Aber auch den Rating Agenturen glaubten viele nicht mehr wegen ihren unethischen Geschäftspraktiken, indem sie komplex strukturierte Finanzvehikel und ABS/MBS bzw. „Black Boxes" mit unbekanntem Inhalt zu gut bewerteten. Schlimmer noch war der Irrtum grosser Marktteilnehmer inkl. UBS, dass MBS/ABS Win-Win Geschäfte wären mit dem Haus als Pfand das bei Zahlungsunfähigkeit oder Konkurs des Hausbesitzers mit Gewinn verkauft werden kann. Doch der anhaltende Zerfall der Häuserpreise machte die Pfänder billiger als die Summe der gewährten Kredite. Selbst Jahre nach dem Erwerb der Häuser mittels, MBS/ABS ist der Markt für viele dieser Finanzvehikel immer noch zu wenig liquid, als Folge von Missbrauch und Zwangsversteigerungen. Dabei wurde UBS durch den späten Einstieg 2006 besonders stark getroffen, während andere Marktteilnehmer ihre Gewinne rechtzeitig realisierten.

3.

Im "Kapitel Ausbruch der Weltweit Grössten Bankenkrise im 2. Halbjahr 2007" Seite 152 haben prominente Leute in den USA die drohende Gefahr erkannt. Die erste und deutliche Warnung war der Bericht vom 23 Mai 2005 mit der Schlagzeile "Übernahme von Risiken bis zum Extrem" – "Werden Derivate weltweit einen grossen Kollaps in den Kreditmärkten auslösen"? Doch die Swiss Banker wussten, wie 1991 nichts, dabei war das grösste Desaster 2005 vorauszusehen.

4.

Ende des lukrativen Geschäfts mit Studenten Darlehen. Die gemeinnützige NHHEAF finanzierte ihre Aktivitäten durch Gewährung von Studenten Darlehen und bündelte sie zu Bonds mit einer Laufzeit von 20 bis 30 Jahren und verkaufte sie an institutionelle und private Anleger. Der Zinssatz wurde jeweils an Auktionen fixiert der tiefer war als der Zinssatz für Darlehen an Studenten. In guten Zeiten garantierte die Differenz der Zinssätze ein gutes Einkommen. Folglich erreichte der Markt für solche "Auction Rate Securities (ARS)" ein Volumen von $330 Mrd, wovon $85 Mrd. auf die Studenten Darlehen entfielen. Grosse Banken und insbesondere UBS waren aggressive Bieter für diese ARS und sorgten für Liquidität im Markt. Doch im Februar 2008 offenbarte UBS, „dass sie durch die unvorhergesehene Subprime Krise überrascht wurde". In der Folge verschwanden die Anleger und der ARS Markt funktionierte nicht mehr. UBS investierte $20 Mrd. in unverkäufliche ARS Titel und wurde mit $150 Mio gebüßt und Credit Suisse mit $15 Mio. da sie den Anlegern ihren unverkäuflichen Ramsch als gute ARS verkauften. Zudem wurden UBS und CS zur Leistung von Kompensationszahlungen verpflichtet

5.

Banken produzierten komplizierte Derivate vielfach zwecks spekulativer Gewinnsteigerungen mit Hebelwirkung aber nicht zur Absicherung und Verminderung der Risiken für ihre Kunden. UBS war der aggressivste Verkäufer solche Produkte. So war es auch im Investment Banking, wo UBS vom Ehrgeiz getrieben war zum weltweit führenden Marktführer aufzusteigen, was der Chef des UBS Investment Banking mit folgender Aussage unterstrich: „Unsere höchste Priorität ist der Angriff auf die Rangliste des Investment Banking" gemäss Deutscher Spiegel vom 2. April 2008. Folglich war UBS zu ambitiös und zu arrogant, um zu erkennen, dass der Markt begann aus den Fugen zu geraten und rannte deshalb mit offenen Augen in die Katastrophe..

6.

Trotz ernsten Warnungen von verschiedenen Quellen, Zinserhöhungen und steigenden Zahlen von Zahlungsverzug im US Immobilien- und Derivativ Markt erzielte UBS im ersten Quartal 2007 ein Rekordergebnis. Dieses hatte zwar kurzfristigen Charakter aber motivierte UBS mit der riskanten Geschäftsstrategie fortzufahren und lud den Aktiven noch mehr Hypotheken basierte Derivate auf. Die Refinanzierung war kein Problem, weil UBS auf dramatisch gestiegene billige und kurzfristige Kundeneinlagen zählen konnte. Der enorme spekulative Hebeleffekt der kurz- und langfristigen Schulden im Vergleich zu den Eigenen Mitteln war nur möglich, weil keine Regeln für eine Obergrenze der Capital Ratio existierten. Das hatte dramatische Folgen, da die prozentuale Eigenkapital Basis völlig ungenügend wurde, da allein die Kredit Derivate in der UBS Bilanz über $100 Mrd. betrugen. Und es kam, wie es kommen musste. Im Oktober 2007 erlitt UBS einen Verlust von SFr. 4 Mrd der unbeachtet blieb. Doch weitere Verluste von Fr. 12.6 Mrd. ließen vermehrt aufhorchen.

Bei den nur kurzfristig refinanzierten Geschäften vertraute UBS völlig den Rating Agenturen statt sich an die Worte von Lenin vor und 80 Jahren zu erinnern, nämlich: „Vertrauen ist gut, Kontrolle ist besser".

7.

Als Ergänzung zu den erwähnten Informationen über die weltweit grösste Bankenkrise 2007-2008 prüfte der Autor den Jahresbericht 2008 der Citigroup, weil sie im US Hypothekargeschäft und im Handel mit Derivaten eine führende Rolle spielt. Dies auch deshalb, weil auch sie in der Bankenkrise mit zweistelligen Milliardenverluste kräftig Federn lassen musste. Dabei überraschte Citigroup mit einer erstaunlich guten Struktur der Aktiven und ausgezeichneten Refinanzierungsstruktur der Passiven. Die Derivate waren in den Brokerforderungen und Handelskonten von $421.9 Mrd enthalten, während die entsprechende Gegenpartei in den Passiven als "counter position" nur $238.8 Mrd. betrug. Die Hypotheken von $500 Mrd. waren bis zu 71.3% mit langfristigem Fremdkapital refinanziert und auch die Eigenkapitalbasis von Citigroup ist solide. Dagegen hat UBS immer noch 20 Milliarden Franken Ramschpapiere bei der Schweizerischen Nationalbank deponiert die abzulösen und zu bezahlen sind. Folglich ist Citigroup viel besser positioniert als UBS. Letztere versucht verzweifelt das verlorene Vertrauen der Kunden zurückzugewinnen, um den anhaltenden Milliarden Abfluss von Kundenvermögen zu stoppen. Demzufolge will UBS die Bank vollständig restrukturieren, um wieder Marktführer im Investment Banking werden. Ausserdem will die Bank die Vermögensverwaltung mit höheren Margen profitabler machen, die angeschlagene Reputation wieder herstellen, die durch hausgemachte Skandale und negativen Folgen des Bank Desasters gelitten hat. Das sind ehrgeizige Ziele und ihre Umsetzung nicht einfach und somit eher "Wishful Thinking". Moody's taxierte deshalb 2009 die Finanzstärke von UBS tiefer und bewertete die Aussichten negativ.

UBS bezahlte einen hohen Preis, dass sie zu gierig, zu ambitiös, zu verantwortungslos war und dadurch ihren guten Ruf und Glanz verlor. Schlimmer noch: UBS verlor ihre Spitzenposition in der Weltrangliste der grössten Vermögensverwalter. Zusätzlich produzierte sie weltweit negative Schlagzeilen, als bekannt wurde, wie UBS US Kunden köderte, um Geschäfte mit dieser Swiss Bank zu tätigen. Dabei verstieß sie mit Hilfe des schweizerischen Bankgeheimnisses gegen US Gesetz. Heute ist das Bankgeheimnis auf Druck der USA nur noch ein Schatten davon. Das ist good für ehrliche Steuerzahler und schlecht für Swiss Banker die den früheren "Bankgeheimnis Vorteil" nicht mehr ausspielen können. Vorbei die Zeiten des leicht verdienten Geldes, indem ahnungslose Steuerhinterzieher oder ältere wehrlose Kunden mit überhöhten Gebühren und Kommissionen belastet wurden und wegen falschen „Anlageempfehlungen" viel Geld verloren.

Mit dem Ende des Schweizer Bankgeheimnisses wenden sich heute Kunden an Banken die den besten Service und zu vernünftigen Kosten bieten. Doch das ist nicht der einzige Grund, dass viele Kunden Vermögenswerte in Milliardenhöhe zu anderen Banken transferierten. Die Art und Weise wie Credit Suisse und UBS ursprünglich ahnungslose Kunden köderten, um Konti bei ihren Banken zu eröffnen, den Kunden als Berater, nicht ohne Eigennutz, während vielen Jahren dienten und sie später ultimativ aufforderten anderswo hinzugehen, war Motivation genug die beiden überdimensionierten UBS und Credit Suisse zu verlassen.

Tatsächlich ist der Finanzplatz Schweiz achtmal grösser, als das ganze BSP des Landes. In den USA erreicht das Total aller Bankaktiven nicht einmal das BSP. Im Übrigen entfallen auf UBS und Credit Suisse allein 76% aller schweiz. Bankaktiven mit dem negativen Effekt, dass weltweit keine andere Industrienation, wie die Schweiz, so stark vom Bankensektor abhängig ist der Regierung und Parlament maßgeblich beeinflusst. Prominente Schweizer Persönlichkeiten aus Politik und Wirtschaft fürchteten deshalb, dass die beiden Grossbanken "too big to fail" sind, um unterzugehen und somit zu Systemrisiken dieses Landes werden. An den G-20 Gipfeltreffen in Pittsburgh 2009, in Toronto 2010 und, wie erwähnt, in Basel 2010 am internationalen Treffen der Top Banker wurden strengere Regeln vereinbart. Doch mit der Schaffung von Basel III sind die neuen Regeln zum besseren der Schutz der Kunden zu harmlos. Die Schweizerische Nationalbank hat deshalb weit strengere Regeln entwickelt, um Systemrisiken, wie im Fall von UBS zu vermeiden.

Schliesslich ist noch erwähnenswert, dass keine Schweizerbank so viele Skandale „produzierte", wie die Credit Suisse Group. Es begann 1977 mit dem Chiasso Skandal, als italienische Kunden Milliarden von Lira mit Koffern nach Chiasso brachten, wofür die Kunden illegale Dokumente erhielten, worin Rückzahlung von Kapital und Zinsen in SFr durch die Credit Suisse garantiert wurden. Die Milliarden Lira wurden alsdann in eine neugegründete Finanzgesellschaft in Liechtenstein transferiert, wo die Gelder später wieder in Italien für Investitionen in Immobilien, Weinproduzenten, Firmen, Ländereien etc. investiert wurden. Als 1977 der Betrug und das ganze Ausmass der Verluste von SFr 1.3 Mrd publik wurden, stürzten die CS Aktien an den Börsen ab und die Schweizerische Nationalbank bot Credit Suisse einen "Standbycredit" an. In der Folge wurde Credit Suisse eine erfolgreiche Immobiliengesellschaft. Erfolgreich deshalb, da die gekauften Vermögenswerte in Italien derart an Wert zunahmen, dass sie die Verluste weitgehend, wenn nicht ganz kompensierten.

Mit dem Fall des Bankgeheimnisses wechselten viele Kunden zu ausländischen Banken, da sie meist kostengünstiger arbeiten und besseren Service bieten. Das würde noch mehr zur gesunden Redimensionierung des Finanzplatzes Schweiz beitragen. Ende 2007 verwalteten Schweizer Banken SFr. 5.235 Mrd Kundenvermögen die inkl. Preiserosion der Wertpapiere, um SFr. 1.413 Mrd bzw. um 27% auf SFr. 3.822 Mrd Ende 2008 fielen. Last but not least wurde die Finanzkrise auch durch viele Banken weltweit aus Gier und Ego mit verursacht.

In Anbetracht der erwähnten Faktoren, welche Bank arbeitet ethisch professionell und nicht nur für Geld, sondern auch zum Wohl der Kunden und Mitarbeiter? Ein Beispiel ist Citigroup die auch Kunden hilft ihre Finanzprobleme zu lösen. Im 2. und 3. Quartal 2009 stiegen die Kunden-gelder um $73 Mrd. Ein klarer Vertrauensbeweis von Kunden und Investoren, während UBS im gleichen Zeitraum Kundenvermögen von $72.2 Mrd. verlor. Die früheren grossen Verluste und 2009 von Citigroup tangierten deren guten Stabilität und Finanzstärke nicht, weshalb Moody's 2009 den Ausblick der Bank als stabil bewertete. Doch bereits im April 2010 zeigten die Citi Bilanzen, dass die CEO mit neuen Strategien Citi zur besten Bank umbauten. Das blieb im Markt nicht verborgen, da seit April Citi Aktien von $2.50 bis Ende Dez. 2010 auf $4.88 bzw. 95% stiegen, gegenüber -5% bzw. -27% der UBS und CS Aktien seit Jan. 2010, trotz Werbung.

Autor
Martin Zumbuehl